I0759826

RENCONTRES
362

Série *Théorie littéraire*
dirigée par Andrea Del Lungo
8

Lectures critiques du romantisme au XXe siècle

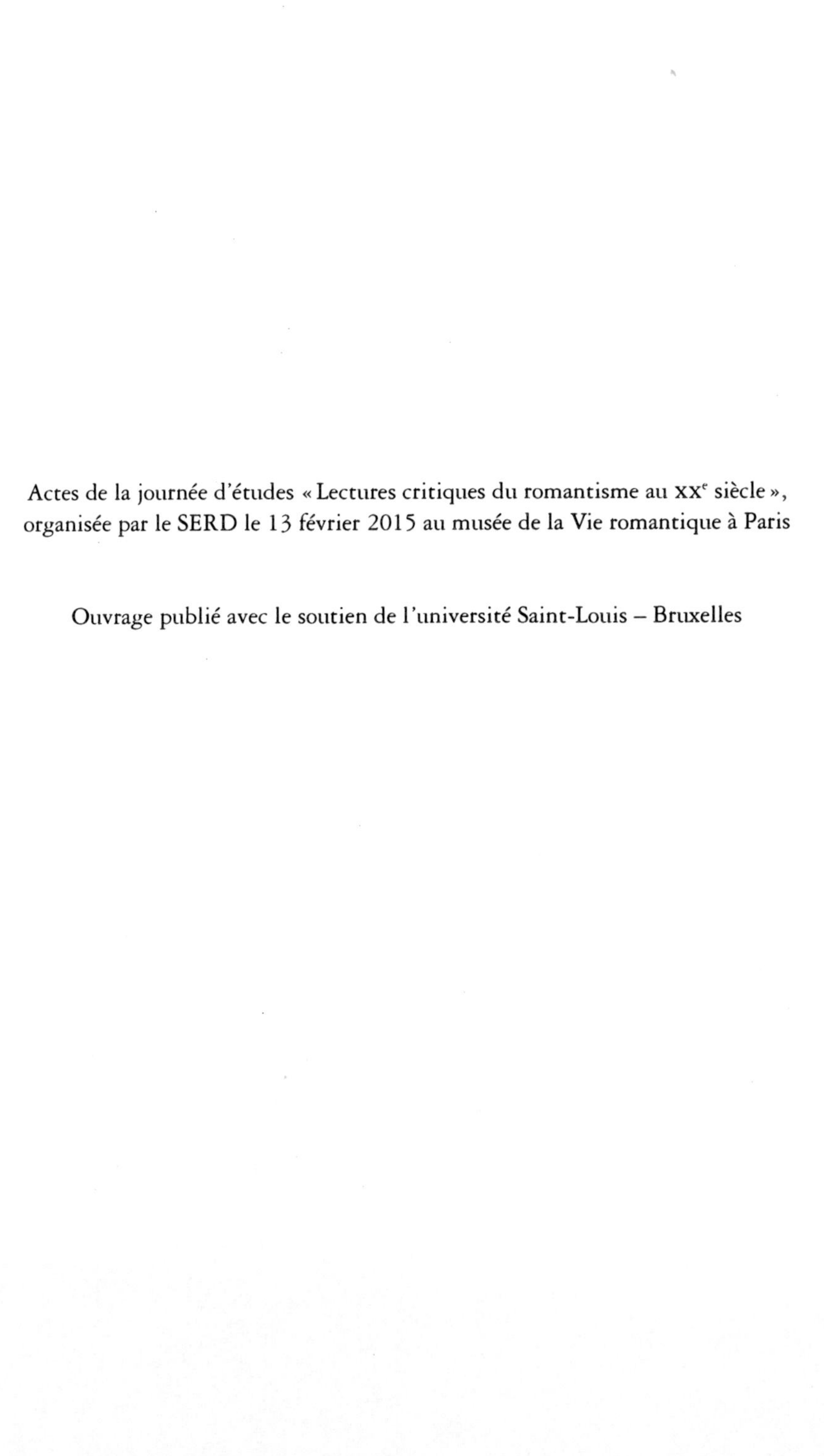

Actes de la journée d'études « Lectures critiques du romantisme au XXe siècle », organisée par le SERD le 13 février 2015 au musée de la Vie romantique à Paris

Ouvrage publié avec le soutien de l'université Saint-Louis – Bruxelles

Lectures critiques du romantisme au XXe siècle

Sous la direction de Victoire Feuillebois
et José-Luis Diaz

PARIS
CLASSIQUES GARNIER
2018

Victoire Feuillebois, ancienne élève de l'École normale supérieure de Paris, est agrégée de lettres modernes et docteur en littérature comparée. Ancienne postdoctorante à l'université Saint-Louis – Bruxelles, au sein du Centre Prospéro, dans le cadre des actions Marie Curie et Move In Louvain, elle est actuellement maître de conférences à l'université de Strasbourg.

José-Luis Diaz, professeur émérite de littérature française à l'université Paris-Diderot – Paris 7, est président de la Société des études romantiques et dix-neuviémistes et directeur du *Magasin du XIXe siècle*. Ses travaux portent notamment sur la représentation de l'écrivain au XIXe siècle, le biographique, Honoré de Balzac, Alfred de Musset, Charles-Augustin Sainte-Beuve et George Sand.

ISBN 978-2-406-08069-5 (livre broché)
ISBN 978-2-406-08070-1 (livre relié)
ISSN 2103-5636

INTRODUCTION

ROMANTISME :
PRO ET *CONTRA*

Qu'est-ce que le romantisme ? Le titre de l'ouvrage d'Henri Peyre pose en 1971 une question qui n'a cessé d'agiter les critiques tout au long du XXe siècle et à laquelle aucune réponse n'a jamais fait consensus. Plutôt que d'ajouter aux essais de définition et aux tentatives de description exhaustive, nous souhaiterions ici proposer un autre regard sur ces interrogations et nous demander, au miroir de la critique française et étrangère du siècle passé, non pas ce qu'est le romantisme, mais, dans la lignée du renversement proposé par Raymond Immerwahr, ce qui se passe quand on appelle un objet « romantique » ou quand l'on donne une définition à « romantisme[1] ».

Ce volume invite donc à une réflexion historique sur la manière dont les différents courants de critique et de théorie littéraire ont lu et appréhendé le romantisme dans le courant du XXe siècle. Pourquoi se pencher sur la réception critique du romantisme en particulier ? D'abord parce que, parmi les différents courants littéraires, le romantisme s'est régulièrement trouvé au cœur des débats théoriques tout au long du XXe siècle, et que les principaux paradigmes critiques l'ont érigé tour à tour en modèle et en contre-modèle. On trouve aux deux extrémités du siècle des moments de valorisation du romantisme : au début du XXe siècle, il constitue le corpus par excellence des premières approches comparatistes formalisées, destinées chez un Fernand Baldensperger ou un Paul Van Tieghem à dégager des traits littéraires

1 R. Immerwahr, « "Romantic" and its Cognates in England, Germany and France before 1790 », in *« Romantic » and its Cognates. The European History of a Word*, sous la direction de H. Eichner, Toronto, Buffalo, University of Toronto Press, 1972, p. 17.

transversaux communs à l'ensemble des littératures européennes[2]. Vers la fin du siècle, le romantisme est également remis à l'honneur : dans le contexte français actuel, le paradigme critique qui invite à relire les textes littéraires à la lumière de l'histoire culturelle s'est développé à partir de l'étude du *Zeitgeist* romantique, et considère le corpus romantique comme un lieu privilégié pour penser les processus littéraires et esthétiques.

Mais entre les deux, c'est une vaste zone troublée qui se déploie à une époque considérée comme l'âge d'or de la critique française : dans les courants théoriques des années 1960 et 1970, le rapport au romantisme se fait plus ambivalent et les différents paradigmes critiques sont amenés à se définir par rapport à lui – souvent par rejet radical. Le structuralisme, par exemple, avec son approche formelle et sa conception du texte autotélique, qui se réclame ouvertement de la double tradition flaubertienne et mallarméenne, discrédite l'aspiration des « mages romantiques » à faire de l'art la relève de la philosophie et de l'écrivain le dépositaire d'un sacerdoce moral. Et ce n'est que lorsque son emprise commence à se relâcher un peu qu'un Barthes revient à Balzac[3] pour mesurer jusqu'à quel point il ouvre déjà partiellement vers le pluriel du « Texte », ou qu'un Todorov s'intéresse aux « théories du symbole » des premiers romantiques allemands, rompant ainsi avec l'arbitraire du signe saussurien cher à Lévi-Strauss et à l'ensemble du structuralisme[4]. En revanche, le poststructuralisme tel que défini entre autres par une Julia Kristeva affiche d'abord une méconnaissance offensée du romantisme, et ne fait commencer les « révolutions du langage poétique » que passé le temps de son hégémonie[5]. Enfin, si elle se place en théorie dans la lignée de la polysémie romantique, tout un pan de la théorie de la « déconstruction » française continue de manifester une certaine méfiance pour le courant : ainsi, la « déconstruction » tend parfois à condamner la littérature romantique, héritière des théories du langage de Rousseau et Herder, en la soupçonnant d'une foi naïve en la « métaphysique de la présence » qui la confinerait dans une posture nostalgique et aveuglée. Jacques Derrida reconnaît par exemple de sa part un rapport « un peu

2 Nous renvoyons à la place qu'occupe le romantisme dans la longue préface au premier numéro de la *Revue de littérature comparée* que signe Baldensperger en 1921.

3 R. Barthes, *S/Z*, Paris, Seuil, 1970.

4 Tz. Todorov, *Théories du symbole*, Paris, Seuil, 1977.

5 Voir J. Kristeva, *La Révolution du langage poétique*, Paris, Seuil, 1974.

raide[6] » à certains romantiques allemands et français, pour qui le sacre de l'écrivain ne semble pouvoir se faire que dans une fétichisation de la voix charismatique de l'auteur, ce qui pour le penseur français est l'aveu d'une croyance erronée dans le caractère secondaire de l'écrit par rapport à la parole vive.

UN OBJET CRITIQUE SENSIBLE : ARCHAÏSME OU MODERNITÉ ?

Ce statut ambivalent met en lumière l'enjeu particulier que constitue l'interprétation du romantisme pour la théorie littéraire du XXe siècle. En effet, beaucoup de critiques s'accordent pour le considérer comme une ligne de partage entre archaïsme et modernité en littérature, mais sans pour autant trancher si l'avènement d'une littérature dans laquelle les contemporains se reconnaissent se fait *avec* le romantisme, ou au contraire *après* lui. Le romantisme fait-il partie de cette modernité dont il serait l'avant-poste, ou constitue-t-il au contraire la dernière étape avant les « révolutions du langage poétique » ? La question reste plus ouverte qu'on ne le soupçonnerait.

Dès la fin des années 1940, un Jean-Paul Sartre garde le romantisme en point de mire quand il récrit sous le nom d'« engagement » une nouvelle partition de la « fonction du poète » ; et il l'a toujours en vue lorsque, plus tard, il remonte aux « frères aînés » de « l'idiot de la famille » pour mieux comprendre la radicale rupture que signifie la tentation flaubertienne de l'impersonnalité. De même, à l'époque même où le structuralisme paraît dénier aux romantiques un rôle dans la production de la littérature moderne en faisant de Flaubert et Mallarmé les fondateurs d'une littérature de l'intransivité, d'autres penseurs tout aussi importants estiment que c'est au romantisme que l'on doit cette révolution. Lorsque Foucault traque dans *Les Mots et les choses* la métaphore de la transparence qui dévoile la grande utopie d'un « langage [...] où les choses elles-mêmes seraient nommées sans

6 Cité par Ph. Forget, « Romantisme et philosophie allemande », in *Dictionnaire du romantisme*, sous la direction d'A. Vaillant, Paris, Presses du CNRS, 2012, p. 650.

brouillage[7] », il valorise par contre-coup une littérature qui « s'enferme dans une intransivité radicale » et « devient pure et simple affirmation d'un langage qui n'a plus pour loi que d'affirmer [...] son existence escarpée[8] » : or, pour Foucault, « le mode d'être moderne du langage », amené à lutter tout au long du XIXe siècle avec une forme de réalisme cratylien, s'inaugure bien avec « la révolte romantique contre un discours immobilisé dans sa cérémonie[9] ». Chez Maurice Blanchot, toute la littérature moderne trouve sa source dans le romantisme, moment où le rêve d'une adéquation parfaite du langage cède la place à la recherche d'une intransivité radicale : pour ce critique, l'art de l'époque romantique est marqué par une perte externe de souveraineté, mais se trouve compensée par la conquête d'une nouvelle fonction interne, celle de « l'art comme recherche[10] ». De Hölderlin à Kafka, c'est un autre modèle littéraire qui s'impose alors, celui d'une œuvre toujours à la recherche de sa propre origine.

Avant même le retour de l'auteur dans les « biographèmes » du Barthes tardif[11] ou la préférence accordée au « figural » par Jean-François Lyotard au détriment des signes discursifs[12], le romantisme est loin d'être le mouton noir de la critique des années 1960 et 1970 : il apparaît comme un objet profondément pluriel, dont l'appréciation varie en fonction des romantiques et des romantismes que l'on sélectionne. On constate ainsi que l'influence méthodologique et certains modes concrets d'appropriation du romantisme diffèrent parfois du discours critique global porté sur lui : dans la critique du XXe siècle, le romantisme est souvent là où on ne l'attend pas. Pourrait-on même voir, à la suite de Jean-Marie Schaeffer ou Denis Thouard, des généalogies secrètes qui iraient des romantiques allemands à Bakhtine et au structuralisme[13] ou des héritages cachés du romantisme dans les pensées contemporaines[14] ?

7 M. Foucault, *Les Mots et les choses*, Paris, Gallimard, 1966, p. 113.

8 *Ibid.*, p. 313.

9 *Ibid.*

10 M. Blanchot, *L'Espace littéraire*, Paris, Gallimard, 1988 [1955], p. 229.

11 « J'aime certains traits biographiques qui, dans la vie d'un écrivain, m'enchantent à l'égal de certaines photographies ; j'ai appelé ces traits des "biographèmes" », R. Barthes, *La Chambre claire*, Paris, Gallimard, Seuil, 1980, p. 54.

12 J-Fr. Lyotard, *Le Figural*, Paris, Klincksieck, 1971.

13 Voir la généalogie esquissée par J-M. Schaeffer, *La Naissance de la littérature*, Paris, PENS, 1982.

14 D. Thouard, *Critique et herméneutique dans le premier romantisme allemand*, Villeneuve d'Ascq, Presses Universitaires du Septentrion, 1996, p. 46.

« SITUATIONS » DES LECTURES DU ROMANTISME : MOMENTS ET ESPACES DE LA RÉCEPTION CRITIQUE

Au-delà de l'interprétation du romantisme en lui-même, c'est donc une *lecture de ses lectures* qui devient possible. En replaçant les réceptions critiques dans leur cadre conceptuel, on fait en effet apparaître des effets de perspective, qui permettent de situer dans le temps et dans l'espace les différentes lectures du romantisme, mais aussi de mettre en relief les éventuelles lacunes ou mésinterprétations qu'ont pu engager des analyses pourtant devenues canoniques.

Ainsi, plusieurs ouvrages récents soulignent que l'appropriation du romantisme par toute une tradition critique au nom du principe d'intransivité repose en réalité sur une lecture biaisée par des préoccupations propres au contexte dans lesquelles elle se fait jour : ainsi des tenants d'une littérature close sur elle-même, qui revendiquent la tradition de « l'art pour l'art », mais sans reprendre la conception romantique qui lie autonomie et efficacité et veut que l'œuvre sublime conquière de fait un pouvoir renforcé sur le monde[15]. Le même type d'appropriation subjective paraît à l'œuvre dans la théorie de « l'Absolu littéraire », qui s'inspire des premiers romantiques allemands et de leur art clos sur lui-même comme un hérisson, mais laisse de côté le programme politique et social présent dans la philosophie de Fichte ou la « nouvelle mythologie » des frères Schlegel[16]. Dans les deux cas, le romantisme se trouverait promu autour d'un malentendu, ou au moins d'une vision partielle, qui évacuerait une ambition messianique jugée surannée à l'époque du Nouveau Roman ou un programme politique qui investit les notions de Nation et de race devenues profondément suspectes.

L'idée que les *moments* de la lecture romantique sont profondément informés par leur contexte historique se prolonge avec les nuances en termes d'*espace* que la réception critique du romantisme fait apparaître.

15 Voir notamment sur l'« art pour l'art » et l'« absolu littéraire » : W. Marx, *L'Adieu à la littérature*, chap. III « La Conquête de l'autonomie », Paris, Minuit, coll. « Paradoxe », 2005, p. 61-80.

16 É. Lecler, *L'Absolu et la Littérature du romantisme allemand à Kafka. Pour une critique politique*, Paris, Classiques Garnier, coll. « Théorie de la littérature », 2013.

Si, pour les déconstructionnistes français, le romantisme apparaît comme une littérature périmée, l'école de Yale d'un Paul de Man et aujourd'hui d'un Harold Bloom a totalement renouvelé l'étude des romantiques britanniques, à laquelle elle se consacre presque exclusivement. De même, dans le monde anglo-saxon, la littérature romantique, loin d'être exclue de la modernité, s'est trouvée au cœur de la constitution des principaux paradigmes critiques contemporains, des *postcolonial studies* qui prennent naissance dans les analyses d'Edward Said sur l'image de l'Orient chez les romantiques[17], à la notion de *world literature* qui revendique l'héritage de la *Weltliteratur* de Goethe et des romantiques allemands[18], en passant par la critique féministe dont la figure tutélaire, la « folle du grenier », est empruntée à un roman de Charlotte Brontë[19]. Pour revenir à notre point de départ, on notera également que la promotion initiale du romantisme par les premiers spécialistes de littérature comparée est l'œuvre d'universitaires issus de la tradition allemande de la romanistique : le Belge Paul Van Tieghem, le Français Fernand Baldensperger, créateur en 1928 du Cours Universitaire de Davos (*Davoser Hochschulkurse*), et plus tard le Suisse Albert Béguin voient dans le romantisme un signe de l'unité de la *culture* européenne, à une époque où déjà, en France, l'accent mis sur l'aspect *poétique* d'une littérature qui, selon Paul Valéry, « est et ne peut être autre chose qu'une sorte d'extension et d'application de certaines propriétés du langage[20] », lance une tradition critique de soupçon envers le romantisme.

La réception souvent heurtée du romantisme dans la critique du XXe siècle nous incite donc à proposer une historicisation du regard critique. Cet ouvrage, issu d'une journée de réflexion menée en février 2015 dans le cadre hospitalier du Musée de la Vie romantique, que nous remercions pour son généreux accueil, ne vise pas à dégager une

17 Ed. Said, *Orientalism*, London, Penguin Books, 1978 ; *L'Orientalisme. L'Orient créé par l'Occident*, traduction de C. Malamoud, Paris, Seuil, 1980.

18 A. Berman, *L'Épreuve de l'étranger. Culture et traduction dans l'Allemagne romantique : Herder, Goethe, Schlegel, Novalis, Humboldt, Schleiermacher, Hölderlin*, Paris, Gallimard, 1984.

19 S. Gilbert, S. Gubar, *The Madwoman in the Attic : The Woman Writer and the Nineteenth Century Literary Imagination*, Yale, Yale UP, 1978.

20 P. Valéry, « L'Enseignement de la poétique au Collège de France », in *Variétés V, Œuvres*, I, Paris, Gallimard, coll. « Bibliothèque de la Pléiade », 1944, p. 1440.

vision synthétique du romantisme – on s'est souvenu que le titre du premier numéro de la revue *Romantisme*, « L'Impossible unité » – et il ne prétend pas non plus à l'exhaustivité : il propose une série de perspectives dans cette histoire complexe et gigantesque, que d'autres livres auront soin de venir compléter[21]. Le chemin qu'il propose s'articule en plusieurs temps : d'abord, on reviendra aux commencements du problème romantique dans la critique européenne – les articles de Matthieu Vernet et de Victoire Feuillebois montrent ainsi que, de manière très différente et avec des visées critiques diverses, les années 1900 voient l'entrée en scène du romantisme comme problème critique fondamental, que l'on cherche à en donner une vision historicisée ou qu'il fonctionne comme un miroir des problématiques de l'esprit du temps. On soulignera ensuite le caractère fatalement kaléidoscopique des réceptions du romantisme à travers l'exemple du romantisme allemand : Patrick Marot, Philippe Forget et Éric Lecler soulignent à la fois le caractère productif de ces appropriations, leur éloignement relatif par rapport à l'original et les résultats très différents auxquels amène la lecture d'un même texte. Mais au-delà des lectures individuelles, ce sont bien des tentatives d'interprétation générales du romantisme qui caractérisent le siècle – soit, comme le montre José-Luis Diaz pour la génération 1970 et Mark Sandy dans son riche panorama des études romantiques ango-saxonnes, qu'elles tentent de dégager une image structurée et conceptualisée du romantisme, soit, ainsi que le souligne Yvon Le Scanff, qu'elles tendent à isoler des concepts pour penser le romantisme, comme celui de sublime qui apparaît paradoxalement opératoire. On se proposera enfin de clôre cette réflexion en mettant en valeur la place du romantisme dans les questionnements à la frontière entre le littéraire et le culturel : Serge Zenkine, Michael Löwy et Robert Sayre rendent sensibles le caractère singulier de la notion, qui excède de loin la dimension purement poétique, tout en continuant de porter une interrogation théorique forte, ce qui explique à la fois la variété de ses échos et la pérennité de la sensibilité dans d'autres espaces et d'autres temps. Nous espérons que ce panorama puisse contribuer à préciser le statut et la place des études sur le

21 Au premier chef l'ouvrage sur *Les XIX*e *siècles de Roland Barthes*, issu d'une autre journée de la SERD et en cours d'édition sous la direction de Mathilde Labbé et de José-Luis Diaz.

romantisme dans le champ intellectuel contemporain et à réfléchir aux outils épistémologiques légués par ces différentes approches pour penser le romantisme au début du XXIe siècle.

José-Luis DIAZ
et Victoire FEUILLEBOIS

PREMIÈRE PARTIE

ENTRÉES EN SCÈNE

LES DÉBATS SUR LE ROMANTISME AU DÉBUT DU SIÈCLE

LE MASSIF CENTRAL DE LA CRITIQUE FRANÇAISE

(1900-1930)

Le début du XXe siècle n'est pas une période faste pour la fortune critique du romantisme français ; c'est même une longue période de remises en cause, parfois virulentes. « Qu'est-ce que le romantisme – puisque c'est lui qu'il est question de confondre et de disqualifier, au profit du Classicisme dont nous ne savons pas davantage la juste définition[1] ? » s'étonne Anna de Noailles dans un dossier qu'a dirigé Émile Henriot pour *La Renaissance littéraire, politique, artistique* et qui portait sur le sens que le classicisme et le romantisme pouvaient encore avoir parmi ses contemporains. Yves Chevrel avait déjà esquissé l'ambivalence généralisée qui régnait à la fin du XIXe siècle à propos de ce qu'on n'osait pas même désigner comme l'héritage du romantisme tant les écoles et les courants fin-de-siècle semblaient en rupture avec lui[2].

L'effet pervers qui se retourne contre ses contempteurs tient au fait que ces nombreuses attaques placent le romantisme au centre des débats et entretiennent son actualité. Voici comment Thibaudet introduit un article consacré à la parution des *Origines romanesques de la morale et de la politique romantiques* d'Ernest Seillière (1920).

> M. Seillière a déjà consacré à la psychologie sociale du XIXe siècle et à certaines origines qui l'expliquent dans les deux siècles antérieurs une vingtaine de volumes, intelligents et copieux, d'autant plus intéressants qu'ils se relient, comme une de ses chaînes principales, à ce qui me paraît être depuis vingt ans le Massif Central de la critique française : une analyse, et, dans une certaine mesure, un essai de liquidation du romantisme. On sait quelle est ici la part

1 A. de Noailles, « Classicisme et romantisme », *La Renaissance littéraire, politique, artistique*, 8 janvier 1921, p. 2.

2 Y. Chevrel, « Présentation. Au-delà du romantisme ? », *Romantisme*, 2006, vol. 36, n° 132, p. 3-9.

> de M. Maurras[3], de M. Lasserre[4], de M. Benda[5]. M. Seillière, qui n'est pas comme eux journaliste et dont la forme est moins piquante, se trouve moins connu du grand public, ce qui n'a aucune importance[6].

Cette recrudescence des débats autour du romantisme et de ses héritages trouve son origine dans deux facteurs distincts, l'un littéraire et l'autre critique. Le premier tient au retour du « classicisme », du goût de la mesure et de la raison, de la clarté à la suite, d'une part, de l'école romane de Moréas et de son néo-classicisme – contemporain notamment de la réédition en volume, en 1891, des articles de Nisard contre le romantisme[7] – et, d'autre part, les débuts du règne de la *NRf* sur la production critique et littéraire française. Le 1er février 1909, Schlumberger livre des « considérations » dans le premier numéro de la revue, où il expose le programme du groupe en plaidant pour un classicisme élargi, récusant par-là les effusions néo-romantiques[8].

Le second facteur tient à l'activité effervescente de la critique littéraire naissante et ne manque pas de toucher, à partir de 1900, le romantisme. Ce phénomène signale avant tout un effet de génération. À l'image de Nisard qui meurt en 1888, les derniers témoins des grands romantiques disparaissent avec le siècle. Le début du siècle coïncide ainsi avec les premières années où « l'histoire du romantisme » n'est plus faite par des contemporains (génération née entre 1820 et 1830) ; l'« histoire » ne s'entend plus comme un synonyme de « souvenirs » ou de « témoignages » mais commence à être prise dans une acception critique et rétrospective[9]. C'est alors que s'engage une réflexion formelle et esthétique qu'il m'intéresse d'aborder ici.

---

3 Il s'agit notamment des *Amants de Venise. George Sand et Musset* (1902), avant l'échange que nous commenterons avec Raymond de la Tailhède en 1920.

4 P. Lasserre, *Le Romantisme français. Essai sur la révolution dans les sentiments et dans les idées au XIXe siècle*, Paris, Mercure de France, 1907.

5 Benda défend la raison contre l'intuitionnisme bergsonien et contre la place que les romantiques ont accordée à la sensibilité et aux sensations sur la raison.

6 A. Thibaudet, *Réflexions sur la littérature*, édition établie et annotée par A. Compagnon et Ch. Pradeau, Paris, Gallimard, coll. « Quarto », 2007, p. 438.

7 D. Nisard, *Essais sur l'école romantique*, Paris, Calmann Lévy, coll. « Bibliothèque contemporaine », 1891.

8 J-Th. Nordmann, *La Critique littéraire française au XIXe siècle. 1800-1914*, Paris, Librairie générale française, coll. « Références », 2001, p. 218 *sq*.

9 Voir la première édition de P. Van Tieghem, *Le Mouvement romantique*, Paris, Hachette, 1912, 119 p.

DE L'ÉVOLUTION ET LA RÉVOLUTION

Malgré la fracture générationnelle, la majorité des critiques n'entendent pas « classique » et « romantique » en un sens historique ou historicisé. Nombreux sont ceux pour qui le romantisme ne désigne qu'un premier état, un rapport au monde. Ainsi, par exemple, d'Émile Deschanel dans sa Leçon inaugurale au Collège de France pour une chaire « Langue et littérature françaises » où la distinction n'a plus de raison d'être :

> Assurément, il n'y a plus ni classique ni romantique ; depuis longtemps la bataille est finie ; mais on peut encore employer, dans la langue de la critique littéraire, les noms qui ont servis autrefois de drapeaux, surtout si c'est pour faire voir, comme je vous le propose, que ceux que l'on appelle aujourd'hui classiques ont commencé par être des romantiques, même avant que ce nom fût inventé. Je veux dire que ceux que nous admirons le plus aujourd'hui, et qui sont en possession d'une gloire désormais incontestée, furent d'abord chacun en son genre, des révolutionnaires littéraires[10].

C'est aussi ce que confesse Moréas à Barrès en une formule sentencieuse sur son lit de mort, dans une anecdote qui traverse à dos d'âne tout le « Massif central » : « Il n'y a pas de classiques et de romantiques. C'est des bêtises[11] ».

Le terme est pris par beaucoup comme un synonyme de « moderne », rejouant ainsi une Querelle des Classiques et des Modernes. Deschanel commence d'ailleurs son étude sur *Le Romantisme des classiques* avec le cas d'Horace, à propos duquel il conclut : « Horace était donc un *moderne*, contesté, critiqué, raillé ; aujourd'hui il est en possession de

---

10 É. Deschanel, *Le Romantisme des classiques*, t. I, Paris, Calmann Lévy, 1884, p. 9.

11 Ch. Maurras et R. de La Tailhède, *Un débat sur le romantisme*, Paris, Flammarion, 1928, 272 p., p. 21 ; A. de Noailles, *La Renaissance littéraire, politique, artistique*, 8 janvier 1921, p. 2. Même si tous n'en font pas la même lecture : « L'idée de Moréas n'était-elle point la suivante : il n'y a pas un principe classique et un principe romantique, comme il y a pour les Manichéens un principe du bien et un principe du mal ; le romantisme ne peut se définir que négativement ; c'est l'oubli, c'est la perte des conditions éternelles de l'art, c'est, relativement et à des degrés très divers, l'art à vil prix » (P. Lasserre, *Le Romantisme français*, *op. cit.*) ; interprétation très personnelle que partage d'ailleurs Maurras (Ch. Maurras et R. de La Tailhède, *Un débat sur le romantisme*, *op. cit.*, p. 39).

l'admiration universelle, et ses œuvres sont traduites dans toutes les langues[12]. » Avant d'enchaîner :

> La question des Anciens et des Moderne, chez les Romains, se trouve traitée aussi, en prose cette fois, dans le *Dialogue des Orateurs*, œuvre malheureusement mutilée, mais très remarquable, attribuée par les uns à Quintilien, par les autres à Tacite, avec plus de vraisemblance[13].

Cette conception de la littérature ne conçoit pas le classicisme et le romantisme comme des moments de l'histoire littéraire mais en fait plutôt des états. C'est d'ailleurs la définition qu'en donne *Littré* en 1877 : « Il se dit des lieux, des paysages qui rappellent à l'imagination les descriptions des poëmes et des romans. Aspect, site romantique » puis « se dit des écrivains qui s'affranchissent des règles de composition et de style établies par les auteurs classiques ». Le romantisme connote au premier chef l'idée de rupture et celle de révolte qui s'inscrit dans une perspective évolutionniste qui doit beaucoup à Brunetière – et que l'on retrouve chez Deschanel. Le romantisme correspondrait à une étape d'un processus naturel.

> Ceux qui n'ont pas fait révolution en leur temps n'ont pas survécu, parce qu'ils n'avaient ni assez de relief ni assez de ressort ; ou bien ils ne survivent qu'au second rang, ou au troisième, dans la mesure même et dans la proportion du plus ou moins d'originalité de leur talent. – C'est la sélection naturelle, le combat pour la vie, la loi de Darwin appliquée à la littérature[14].

Cette vision darwinienne de l'histoire littéraire souligne le caractère pionnier qu'aurait le romantisme ; on en retrouve clairement la trace chez Valéry quelques années plus tard :

> Les romantiques me font songer à ces aventuriers, qui découvrent des terres nouvelles, et commencent de les exploiter d'une façon magnifique et barbare. Puis viennent les sages organisateurs, ceux qui changent les pistes en routes et les passerelles en ponts de granit. Il n'y aurait donc pas d'âge classique sans un âge précédent, qu'on pourrait appeler romantique[15].

---

12 É. Deschanel, *Le Romantisme des classiques*, t. I, *op. cit.*, p. 29.

13 *Ibid.*

14 *Ibid.*, p. 9.

15 P. Valéry, « Classicisme et romantisme », *La Renaissance littéraire, politique, artistique*, 8 janvier 1921, p. 15.

Valéry pose en outre le problème de telle façon – en le rattachant à ses préoccupations – qu'il montre bien qu'il ne s'agit à ses yeux que d'un questionnement relatif à un moment de la vie de l'écrivain qui n'interroge en rien l'essence même du processus créatif.

> Mais en vérité [...] j'introduirais volontiers dans cette considération les mots de *formel* ou *pur*, et je les opposerais aux mots de *significatif* ou *appliqué*.
> Je dirai qu'il y a une littérature formelle, comme il y a une logique formelle. Et il y a aussi une littérature qui ne l'est pas[16].

En 1920, le romantisme n'apparaît pas comme un moment de l'histoire littéraire. Peu de critiques et d'écrivains historicisent réellement le terme. Parmi ces exceptions, on le relève le cas notable de Julien Benda qui oppose Apollon à Dionysos pour décrire les rapports du romantisme et du classicisme ; Dionysos[17], « l'homme du Nord, déferle sur l'Europe ; le dieu de la vie triomphe, refoule le dieu des formes[18] ». Cet affrontement entre ces deux forces poétiques marque le rythme de l'histoire de l'art, Benda opposant une Antiquité et une Renaissance apolliniennes à un Moyen Âge et un dix-neuvième siècle dionysiaques. Le romantisme n'est qu'un moment de l'histoire où le dionysiaque prévaut mais désigne bien en tant que tel une période en telle que telle. À la différence de Nietzsche, Benda voit toutefois la supériorité de l'Apollinien qui, par son calme et sa méthode, comprend les emportements dionysiaques que ces derniers rendent incompréhensibles le monde d'Apollon.

> Aujourd'hui, il est au comble de lui-même, il a pris de son essence une conscience, une fierté qui passent tout ce qu'on a vu ; il lance au dieu de clarté des défis dont l'audace doit l'effarer lui-même ; il ne crie même plus « Évoé », il crie « Dada » ; il porte son empire, il cueille ses ivresses en des domaines d'où il semblait à jamais banni : la critique, l'histoire la philosophie. Et tout, autour de lui, est pour lui : le monde devenu femme, la vie d'heure en

16 *Ibid.*, p. 16.

17 Nietzsche lie, quant à lui, Dionysos à l'Asie et à l'Orient mais désigne de la même manière cette idée de dissolution de l'individuel dans le tout de la nature qui comporte tout ce qui est instable, erratique, insaisissable, sensuel, inspiré et fougueux. Apollon est le propre du génie occidental et suppose au contraire ce qui est stable, ordonné, classique, rationnel et régulier.

18 J. Benda, « Classicisme et romantisme », *La Renaissance littéraire, politique, artistique*, 8 janvier 1921, p. 2.

> heure plus âpre et plus vibrante, les grands luxes de l'esprit de plus en plus impossibles, le moralisme qui envahit tout[19].

Finalement, Ferdinand Brunot est l'un des rares à faire, dans cette livraison de la *Renaissance littéraire, politique, artistique*, la lecture que nous ferions aujourd'hui. C'est aussi, de tous les contributeurs, celui dont le profil est le plus académique puisqu'il est l'auteur d'une monumentale *Histoire de la langue française des origines à 1900* et précurseur de la recherche linguistique française.

> Excusez-moi de ne pas répondre à votre question. Je ne la comprends pas. Il ne me semble pas qu'on puisse considérer le classicisme ou le romantisme autrement que comme des événements de l'histoire littéraire qui appartiennent désormais au passé, et dont il faut étudier les œuvres avec un même respect et une égale indépendance[20].

Brunot rejoint ainsi la position des comparatistes qui sont les seuls à s'intéresser au Romantisme dans sa dimension internationale protéiforme, proprement historique. À ce titre, Van Tieghem entend justement le mot dans une extension chronologiquement bornée et le définit comme « une modification générale de la sensibilité ou de son expression artistique, qui remonte à Rousseau et à son temps, et se prolonge pendant un siècle environ, jusqu'à la réaction objectiviste du milieu du XIXᵉ siècle[21] ». Cette définition temporelle rompt non seulement avec la perspective habituelle mais ne souligne pas non plus l'aspect révolutionnaire ou politique qu'on lui affabule, dans la plupart des cas, dans les deux premières décennies du siècle.

Le caractère politique du romantisme est en effet, que ses zélateurs ou ses contempteurs le veuillent ou non, toujours présent en toile de fond du débat qui occupe le champ critique au cours des trente premières années du XXᵉ siècle. La passe d'armes entre Raymond de La Tailhède et Maurras au début des années 20 est un exemple typique et marque aussi une reprise virulente – et politisée – du débat sur l'héritage et la définition du Romantisme. La Tailhède fait

19 *Ibid.*

20 F. Brunot, « Classicisme et romantisme », *La Renaissance littéraire, politique, artistique*, 8 janvier 1921, p. 7.

21 P. Van Tieghem, *Le Mouvement romantique (Angleterre, Allemagne, Italie, France)*, textes choisis, commentés et annotés, 2ᵉ édition, Paris, Vuibert, 1923, p. 139.

paraître, le 4 septembre 1920, un article dans *La Renaissance* dans lequel il brosse un panorama du paysage poétique en France depuis 1870. Ce jour de publication n'a rien d'anodin puisqu'il correspond au cinquantenaire de la IIIe République. La Tailhède commence d'ailleurs sa réflexion littéraire en évoquant, de manière abstraite et non définie, les longs régimes politiques qui, avec le temps, sont de moins en moins en phase avec les aspirations de la jeunesse de leur pays. Si La Tailhède ne cache pas son antipathie républicaine, il ne célèbre pas moins le romantisme et lui trouve des qualités poétiques à nulle autre pareilles. Maurras réagit vivement à ce qu'il prend comme une provocation, dénonçant le romantisme comme le prolongement d'un mouvement qui trouve son origine dans la Réforme et qui s'est renforcé durant la Révolution. À la triade, Réforme–Révolution–Romantisme, Maurras oppose un peu artificiellement la triade Catholicisme–Contre-Révolution–Classicisme[22]. L'origine de cette association du romantisme à la Révolution est liée en grande partie à la fameuse définition que donne Stendhal de ce mouvement, en 1823, dans *Racine et Shakespeare* : « Le romanticisme est l'art de présenter aux peuples les œuvres littéraires qui, dans l'état actuel de leurs habitudes et de leurs croyances, sont susceptibles de leur donner le plus de plaisir possible ». Cette définition suppose une révolution politique en ce qu'elle fait des peuples les dépositaires de la culture et prend acte des acquis de 1789.

Cette sanctification de l'individu et cette poussée égalitariste ne sont pas du goût de Maurras qui voit dans l'individualisme le mal moderne ; le romantisme ne fait que servir désormais les aspirations de la République et rendre fertile le terrain de l'anarchie. Cette image de l'anarchie et du désordre est d'ailleurs souvent reprise pour vitupérer contre le romantisme et contre la République : ainsi déjà La Tailhède concédait-il que le romantisme restait le terrain de la « demi-barbarie », se faisant l'écho de Barrès qui écrivait au début du siècle : « Avec tous mes pères romantiques, je ne demande qu'à descendre des forêts barbares et qu'à rallier la route royale[23] ».

22 A. Compagnon, « Maurras critique », *Revue d'histoire littéraire de la France*, 2005, n° 3, p. 523.

23 M. Barrès, *Le Voyage de Sparte* [1906], nouvelle édition, augmentée d'un chapitre, Paris, Plon-Nourrit et Cie, 1922, p. 244.

La critique s'empare de ce débat en l'appliquant à deux figures emblématiques qui deviennent typiques de la période : Racine et Baudelaire dont on veut faire à tout prix des parangons du romantisme pour le premier et du classicisme pour le second.

RACINE ET SHAKESPEARE *VS* RACINE ET BAUDELAIRE

La fortune critique de Racine et de Baudelaire se croise au tournant des XIXe et XXe siècles et connaissent deux trajectoires critiques intéressantes en ce qu'elles symbolisent l'affrontement des clans qui structurent le champ en ce début de siècle. L'un et l'autre sont délaissés par la critique jusqu'à ce qu'ils deviennent tous deux les symboles d'une littérature à « récupérer ». Les tenants du romantisme cherchent à s'approprier le classique Racine quand les tenants du classicisme, aux premiers rangs desquels se trouvent Proust, Gide et Anatole France, vont quant à eux tenter de Baudelaire un poète classique et pleinement traditionnel.

En cette période, Racine sort d'un certain oubli que le théâtre et la poésie romantiques avaient facilité. Il se trouve alors écartelé entre une lecture classique et puriste d'un côté et une lecture romantique et vériste de l'autre. Les mises en scène du début du siècle illustrent cette dualité. L'exemple d'*Esther* est exemplaire de cette ambivalence. Sarah Bernhardt monte en 1905 la pièce avec un jeu de mise en abyme de la lecture purisme : est installé, sur scène, un théâtre de cour sous Louis XIV dont les spectateurs (parmi lesquels on compte le roi, Mme de Maintenon et les jeunes religieuses) contemplent *Esther* mise en scène en costumes versaillais. À celle-ci s'oppose une *Esther, princesse d'Israël* montée à l'Odéon en 1912 qui, si l'on croit Henry Bordeaux, se déroule « à grand renfort de musique russe, de décors monégasques, de costumes archéologiques et de danses sans mystère[24] ». Se trouvent confrontées d'un côté une Esther vériste, orientale ou judéo-persane et de l'autre une Esther, puriste, versaillaise et chrétienne.

24 H. Bordeaux, *La Vie au théâtre. 1911-1913*, Paris, Plon-Nourrit, 1913, p. 126.

C'est d'ailleurs l'exemple que prend Anna de Noailles pour conclure sa réflexion sur l'opposition entre classicisme et romantisme.

> Qu'on donne [aux classiques] la place des dieux sans chercher à savoir si les grands drames de Corneille, arrachés aux lois qui les disciplinent, ne sont pas d'inspiration romantique, alors que le miracle racinien, comme un fleuve unique, traverse l'histoire de la poésie du monde, nous le voulons certainement[25].

Cette cristallisation autour de Racine est intéressante dans la mesure où l'on doit, comme dans le cas de Baudelaire, ces relectures et ces redécouvertes à la lecture critique et universitaire – confirmant par-là le glissement générationnel et le changement de rapport à l'objet « romantisme » –, à la faveur notamment des études de Brunetière et de Lemaître qui relèvent le fait suivant :

> Toute une large part de la poésie moderne, presque tout le théâtre, enfin tout le roman, procèdent de Racine [qui peut donc être considéré comme] le plus *moderne* de nos classiques [...], celui dont l'influence est encore féconde[26].

Parmi les descendants de Racine – selon la logique de l'évolution des genres[27] –, Brunetière compte notamment Marivaux, Laclos, Stendhal, Balzac, Lamartine, Chénier, Rousseau et Chateaubriand ; Lemaître reprendra à Brunetière sa théorie du « romantisme » racinien qui se fondait sur le thème de la passion-fatalité. D'ailleurs, il ajoutera à la liste des influences raciniennes : Musset et Baudelaire, que Brunetière avait en horreur[28].

La situation symétrique à celle de Racine est à chercher dans la réception critique de Baudelaire ; comme pour le romantisme, il paraît important de remarquer que le renversement critique survient avec la disparition de ses derniers contemporains, comme si les questions d'ordre privé et biographique pouvaient désormais laisser la place à des questionnements plus proprement littéraires. La critique s'évertue alors à louer le classicisme de Baudelaire comme pour mieux l'extraire

25 A. de Noailles, « Classicisme et romantisme », *La Renaissance littéraire, politique, artistique*, 8 janvier 1921, p. 2.

26 « La tragédie de Racine », *Revue des Deux Mondes*, 1884.

27 F. Brunetière, *L'Évolution des genres dans la littérature française. Introduction : évolution de la critique depuis la Renaissance jusqu'à nos jours* [1892], Paris, Pocket, coll. « Agora », 2000.

28 J-J. Roubine, *Lectures de Racine*, Paris, Armand Colin, coll. « U2 », 1971, p. 167 *sq.*

d'un romantisme dont il serait l'ange noir. C'est le cas notamment d'Anatole France qui condamne certes quelques pièces qu'il juge malsaines mais qui s'étonne malgré tout de la forme et de la tournure classiques de ses poèmes, et notamment parmi ceux qui sont les plus licencieux. Albert Cassagne, dont l'ouvrage sur la versification et la métrique fait autorité depuis 1906, souligne également le rythme et la construction des plus classiques des *Fleurs du Mal.* Proust se fera, à son tour, le chantre d'un Baudelaire classique, de 1905 jusqu'à son grand article de 1921 « À propos de Baudelaire » et semble même prendre parti de la lutte qui se joue entre Racine et Baudelaire puisqu'il écrit, en 1905, à Mme Straus : « A-t-on dit que c'était un décadent ? Rien n'est plus faux. Baudelaire n'est pas même un romantique. Il écrit comme Racine[29]. » Proust remonte au classique en passant par le romantique.

Dans son article de 1921, soit quelques mois après l'enquête d'Émile Henriot pour *La Renaissance* à laquelle Proust a participé, le romancier joue de toute évidence avec l'ambivalence de la réception des deux écrivains et la caducité de l'opposition entre romantisme et classicisme

> Et, en tenant compte de la différence des temps, rien n'est si baudelairien que *Phèdre*, rien n'est si digne de Racine, voire de Malherbe, que *Les Fleurs du Mal*[30].

Proust précisera ailleurs sa réflexion sur ces deux mouvements – qu'il ne prend pas comme tel – et dont il propose une lecture assez originale qui n'est pas sans rappeler la lecture évolutionniste

> On pourrait presque aller jusqu'à dire, renouvelant peut-être, par cette interprétation d'ailleurs toute partielle, la vieille distinction entre classiques et romantiques, que ce sont les publics (les publics intelligents, bien entendu) qui sont romantiques, tandis que les maîtres (même les maîtres dits romantiques, les maîtres préférés des publics romantiques) sont classiques[31].

On retrouve là encore un écho au *Racine et Shakespeare* de Stendhal qui appelait « romantiques » les œuvres qui donnaient « le plus de plaisir

29 M. Proust, *Correspondance*, texte établi, présenté et annoté par Ph. Kolb, Paris, Plon, 1970, t. V, p. 127.

30 *Id.*, *Contre Sainte-Beuve*, précédé de *Pastiches et Mélanges* et suivi de *Essais et Articles*, édition établie par P. Clarac et Y. Sandre, Paris, Gallimard, coll. « Bibliothèque de la Pléiade », 1971, p. 627.

31 *Ibid.*, p. 190.

possible » aux publics contemporains. Romantique serait-il à prendre comme synonyme de modernité ?

Le « Massif central » telle que l'évoque Thibaudet en 1920 désigne cette zone centrale qu'occupe le romantisme au sein des débats et des réflexions au début du XXe siècle. Il reste un courant incontournable, en ce qu'il ne laisse personne indifférent. Sa présence est manifeste au moins par la négative. Le romantisme se distingue aussi dans la mesure où sa définition et ses enjeux touchent à des questions très sensibles en ce début de siècle : le régime politique et la République, le statut de l'individu (et partant l'autonomie du discours critique et son approche plus ou moins subjective, plus ou moins scientifique) et une dimension morale, qui implique un certain rapport au monde.

> 1° Affaire de sentiment littéraire. La nature humaine est ainsi faite que celui qui n'aime pas contre quelque chose ou contre quelqu'un, paraît aimer froidement. Or, il faut aimer chaleureusement les poètes.
> 2° Affaire politique. Au XVIIe siècle, une élite française estima, avec apparence de raison, qu'on était en jésuitisme ; de là le jansénisme. Il paraît à beaucoup d'excellents esprits que depuis Rousseau nous sommes en romantisme et qu'une partie de nos maux vient de là. C'est probable. Et il est probable aussi qu'il nous en vient quelque bien.
> 3° Affaire morale surtout. Chacun de nous identifie plus ou moins le romantisme avec ses propres jouissances de jeunesse et d'illusion. De sorte qu'à mesure que nous nous dépouillons de notre jeunesse et de nos illusions, que nous mûrissons, (et aussi que nous vieillissons), nous idéalisons cela en disant que nous réagissons contre le romantisme[32]

À quarante ans, on réagira toujours contre ses quinze ans.

Matthieu VERNET
Université Paris-Sorbonne

---

32 A. Thibaudet, « Classicisme et romantisme », *La Renaissance littéraire, politique, artistique*, 8 janvier 1921, p. 13.

LE ROMANTISME DES COMPARATISTES

(1900-1960)

En 1984, dans *L'Épreuve de l'étranger*, Antoine Berman déclare : « Le romantisme est l'un de nos mythes[1] ». Le germaniste et comparatiste emploie ici le terme de « mythe » dans son sens de *récit fondateur*, et il répète ainsi un geste fréquent consistant à faire remonter la généalogie de la discipline comparatiste, née au début du XXe siècle, au modèle de la comparaison présent au début du XIXe siècle dans la pensée critique des romantiques, notamment à travers les questions d'existence, de délimitation et de communication des littératures nationales. Mais de manière significative, on pourrait donner d'autres sens, moins flatteurs, à cette formule équivoque et comprendre par exemple que ce « mythe romantique » élaborerait en réalité une généalogie fictive ou bien que le romantisme lui-même serait devenu un objet intouchable à force de faire autorité et qui viendrait faire écran à toute tentative de compréhension objective. Nous voudrions ici prendre au sérieux les différentes significations possibles de la phrase de Berman, en partant du constat que, si le romantisme a été constitué par la littérature comparée à la fois en grand ancêtre et en objet d'études privilégié, c'est en dehors de toute continuité historique effective, puisqu'un siècle sépare la naissance de la sensibilité comparative en Europe, que Berman fait débuter autour de 1800, et la stabilisation épistémologique et disciplinaire de la littérature comparée autour de 1900. Ce mythe qui élabore un lien de ressemblance et de filiation entre romantisme et littérature comparée est donc bien le résultat d'une construction et c'est ce processus qui retiendra ici notre attention : au-delà de l'inventaire d'un héritage direct, nous souhaiterions souligner que le mythe romantique en littérature comparée s'apparente à une appropriation rétrospective visant à consolider un paradigme

1 A. Berman, *L'Épreuve de l'étranger. Culture et traduction dans l'Allemagne romantique*, Paris, Gallimard, coll. « Tel », 1984, p. 38.

disciplinaire et qu'il s'élabore moins à partir de l'évidence d'une origine que dans la nécessité d'investir un objet qui figure la spécificité de la démarche comparatiste.

C'est la raison pour laquelle nous voudrions en revenir au contexte particulier de l'affirmation théorique et académique de la littérature comparée au début du XXe siècle et en particulier au moment où la nouvelle discipline se met à regarder du côté du premier XIXe siècle, en dépit de la discontinuité historique que nous avons relevée, puis procède à une naturalisation de ce choix en constituant le romantisme comme l'objet essentiel des études comparatives. Plutôt que de faire l'histoire des lectures du romantisme produites par les comparatistes en confrontant par exemple différentes analyses d'un même texte ou d'un même auteur sur le long XXe siècle, pour faire apparaître par contraste les évolutions propres de la discipline, nous proposons donc de nous concentrer sur la lecture par les premiers comparatistes du XXe siècle, Joseph Texte, Fernand Baldensperger ou Paul Van Tieghem, du romantisme au sens large, c'est-à-dire à la fois la critique, les œuvres et la pédagogie ; par ce dialogue critique, ils finissent par se constituer en héritiers de la génération des Claude Fauriel, Abel-François Villemain et Jean-Jacques Ampère, qui ont forgé l'expression « littérature comparée » au début du XIXe siècle, mais sans lui donner d'existence académique, ni de légitimité épistémologique. Mais cet héritage est revendiqué parce qu'il acquiert au début du XXe siècle une actualité nouvelle, dans le contexte de l'invention d'une discipline dont le but principal est d'étudier les rapports entre les littératures de différentes aires culturelles et linguistiques et qui doit donc légitimer le paradigme de la comparaison comme outil d'analyse : ce contexte incite les premiers comparatistes à faire le choix du romantisme comme ancêtre et comme objet d'étude, ce qui n'a rien d'évident au départ et n'est pas nécessairement le premier mouvement d'un certain nombre des comparatistes. Ce choix fondateur a posé les bases de la critique comparatiste française pour une large première moitié du XXe siècle, période d'affirmation et de diffusion du modèle comparatiste français à l'échelle mondiale[2], jusqu'au début des années 1960 : cette date correspond au moment où la littérature comparée est institutionnalisée

2 Ainsi que le souligne Paul Van Tieghem : « La littérature comparée est une science en grande partie française » (P. Van Tieghem, *La Littérature comparée*, Paris, Armand Colin, 1951 [1931], p. 31).

et rendue obligatoire à l'université[3], mais où dans le même temps apparaissent les premières critiques du paradigme ainsi mis en place et les premières remises en cause de caractéristiques qui tiennent souvent à cet ancrage romantique de la discipline – en 1959, René Wellek écrit un article célèbre sur la « crise de la littérature comparée[4] », avant qu'en 1963 Étiemble ne déclare que *Comparaison n'est pas raison*[5], annonçant les critiques à venir d'une discipline perçue comme enfermée dans le cadre étroit de l'étude des littératures européennes, en particulier du XIXe siècle[6]. Les bornes chronologiques que nous annonçons ne sont donc pas taillées grossièrement dans le siècle[7], mais nous espérons montrer qu'elles dessinent une sorte de « moment » du romantisme chez les comparatistes, lié aux conditions dans lesquelles naît la discipline et non consubstantiel au comparatisme lui-même. Ainsi, là où Berman postule une sorte d'alliance naturelle et immédiate entre la sensibilité romantique et la pratique comparative, on peut peut-être déceler les traces d'un mariage de raison, et donc voir une mythologie plutôt qu'un mythe proprement dit.

Le premier point sur lequel il faut insister est qu'à la fin du XIXe siècle, le romantisme ne constitue pas le modèle unique sur lequel on pourrait choisir d'étayer une étude comparative de la littérature. Pour mettre

3 « En 1966, notre discipline connaissait, au plan pédagogique, un grand saut qualitatif et quantitatif [...]. À la faveur de la réforme "Fouchet", sous l'appellation "histoire littéraire générale", la littérature comparée devenait "littéraire générale", la littérature comparée devenait matière obligatoire pour les deux premières années, ouvrant largement les programmes et les esprits aux littératures et aux cultures étrangères. », D-H. Pageaux, « Avant-propos », in *La Recherche en littérature générale et comparée en France, Aspects et problèmes*, Paris, Minard, 1983, p. 3-4.

4 R. Wellek, « The Crisis of Comparative Literature », *Comparative Literature : Proceedings of the Second Congress of the ICLA*, sous la direction de W. P. Friederich, 2 vol., Chapel Hill, University of Carolina Press, vol. 2, p. 149-159.

5 Étiemble s'empresse d'ailleurs de trouver d'autres ancêtres, autant que d'autres lieux discursifs, que le romantisme pour appuyer sa critique : « Le comparatisme est aussi vieux que la civilisation écrite : ceux-là faisaient du comparatisme sans le savoir qui, à Sumer, compilaient voilà plusieurs millénaires des dictionnaires plurilingues. [...] Les travaux comparatistes continuent même au temps médiéval. », Étiemble, art. « Littérature comparée », *Encyclopaedia universalis*, vol. 13, 1977, p. 909.

6 *Cf.* G. Ch. Spivak, *Death of A Discipline*, New York, Columbia University Press, 2003.

7 C'est également la chronologie adoptée par Carl Fehrman dans un texte qui constitue l'une des premières tentatives d'historicisation de la discipline : C. Fehrman, *Du repli sur soi au cosmopolitisme : Essai sur la genèse et l'évolution de l'histoire comparée de la littérature*, trad. M. et J-Fr. Battail, Paris, Éditions TUM/Michel de Maule, 2003.

en valeur ce phénomène de construction du mythe romantique des comparatistes, il faut donc rappeler le climat particulier dans lequel s'effectue la naissance officielle de la littérature comparée comme discipline académique. Ce contexte est en effet caractérisé par une interrogation croissante sur les rapports entre le national et l'étranger qui se développe dans le sillage de ce que l'on a appelé « la querelle du cosmopolitisme[8] », laquelle divise la presse entre 1886 et 1895. Il s'agit d'une interrogation fondamentale, née de l'entrée dans le panthéon littéraire dans le dernier quart du XIXe siècle d'œuvres étrangères, du roman russe au théâtre scandinave, ce qui suscite chez certains polémistes la crainte que le génie national ne se trouve phagocyté par les modèles venus de l'extérieur, tandis que d'autres encouragent la pratique de la littérature étrangère comme une forme d'« ethnologie littéraire empirique[9] », pour reprendre la formule de Michel Espagne, qui participerait à la formation du goût. Si l'est trop réducteur d'opposer de manière frontale un camp nationaliste et un camp cosmopolite, on constate néanmoins que la question qui agite le monde intellectuel est bien celle du rapport entre national et étranger, que « l'épreuve de l'étranger » soit pour les nationalistes destinée à laisser une marque illégitime ou que, pour les cosmopolites, elle contribue au processus de *Bildung*.

Cette querelle qui se tient pour l'essentiel dans la presse participe ainsi à la prise de conscience qu'il est nécessaire d'analyser spécifiquement ce rapport – or, dans le champ académique de la fin du XIXe siècle, il n'existe plus d'espace à l'université pour le penser puisque les chaires de littérature étrangère, à l'origine occupées par des professeurs généralistes qui offraient de vastes tableaux des littératures européennes, se sont progressivement spécialisées dans un champ culturel et linguistique

8 La formule « querelle du cosmopolitisme » a été forgée par Paul Delsemme dans : P. Delsemme, *Teodor de Wyzewa et le cosmopolitisme littéraire en France à l'époque du symbolisme*, Bruxelles, Presses universitaires de Bruxelles, 1967 (chap. II, 1). Le critique s'inspire notamment du titre de l'article de Maurice Barrès paru dans *Le Figaro* le 4 juillet 1892, « La Querelle des nationalistes et des cosmopolites ». Voir aussi les travaux récents de Nicolas Di Méo et Blaise Wilfert-Portal : N. Di Méo, *Le Cosmopolitisme dans la littérature française. De Paul Bourget à Marguerite Yourcenar*, Genève, Droz, 2009 ; Bl. Wilfert-PORTAL, « Cosmopolis et l'homme invisible. Les importateurs de littérature étrangère en France, 1885-1914 », *Actes de la recherche en sciences sociales*, 2002/2, p. 33-46.

9 *Cf.* M. Espagne, *Le Paradigme de l'étranger. Les chaires de littérature étrangère au XIXe siècle*, Paris, Le Cerf, coll. « Bibliothèque franco-allemande », 1993.

unique et ne communiquent donc plus avec la littérature française, ni avec les autres littératures[10].

La création de la première chaire de littérature comparée en 1895 à Lyon s'inscrit clairement dans ce climat. En effet, l'intitulé, inédit à l'université, de « littérature comparée » met fin à la tripartition traditionnelle entre littérature française, littérature étrangère et littérature classique qui avait prévalu jusque-là et substitue au terme moyen, la littérature étrangère[11], un champ académique qui s'occupe spécifiquement de la relation des littératures étrangères entre elles et au premier chef de leur rapport à la littérature française et *vice versa*. De plus, cette chaire ouvre en 1895, année de point culminant de ce débat autour des influences étrangères, et elle est attribuée à Joseph Texte qui, au moment où il prend sa chaire, vient de publier un ouvrage intitulé *Jean-Jacques Rousseau et les origines du cosmopolitisme littéraire : étude sur les relations littéraires de la France et de l'Angleterre au XVIII*e *siècle* (1895)[12], ce qui pourrait suggérer que la création de cette chaire constitue une forme de prolongement et de déplacement dans le champ académique de la « querelle du cosmopolitisme » qui avait agité la presse.

On constate ainsi que, au moment où cette chaire est créée en 1895, la littérature comparée se trouve au cœur d'une tension entre deux ancêtres possibles, ce qui engage, on va le voir, son contenu théorique : d'un côté, les premiers travaux comparatistes portent sur le XVIIIe siècle, dans une perspective cosmopolite qui fait clairement écho aux débats contemporains ; mais de l'autre, l'intitulé « littérature comparée » renvoie à une époque plus tardive, qui implique un autre paradigme d'étude des relations des littératures entre elles.

En effet, l'expression « littérature comparée » est empruntée au début du XIXe siècle, le « siècle de la comparaison[13] » : ainsi que le rappelle le premier numéro de la *Revue de littérature comparée* en 1921, le terme est

10 *Ibid.*, p. 142 *sq.*

11 Celui-ci disparaît à la Sorbonne en juillet 1901, où il est remplacé par la littérature comparée.

12 D'autres chaires suivent, notamment à Paris en 1910 et à Strasbourg en 1918. En 1930, la Sorbonne fonde l'Institut de Littérature Moderne et de Littérature comparée : à cette date, les chaires sont devenues très nombreuses en France.

13 Y. Chevrel, L. D'Hulst, Ch. Lombez (dir.), *Histoire des traductions en langue française. Dix-neuvième siècle*, Paris, Verdier, 2012, p. 40.

utilisé pour la première fois dans l'anthologie *Leçons françaises de littérature et de morale* par François-Joseph-Michel Noël et Guislain François Marie Joseph de Laplace, dont l'édition de 1816 porte le sous-titre *Cours de Littérature comparée*[14]. Dans le sillage de Noël et Laplace, de nombreux professeurs reprennent à leur tour le terme autour de 1830 : Claude Fauriel développe une méthode comparative à la Sorbonne[15] ; Jean-Jacques Ampère, dans sa leçon d'ouverture de l'Athénée de Marseille en 1830, prévoit une « histoire comparative des arts et de la littérature chez tous les peuples » dont doit sortir la philosophie de la littérature et des arts ; la préface d'Abel-François Villemain en tête de son *Tableau du XVIIIe siècle* (cours professé en 1827 et 1828) parle d'une « étude de littérature comparée[16] » : dès 1829, il emploie dans son cours

14 Ce sous-titre n'apparaît pas lors de la première édition de 1804. Dans les autres langues, le terme *vergleichende Literaturgeschichte* est utilisé pour la première fois par Moritz Carrière en 1854 ; en anglais, Matthew Arnold traduit la notion d'« histoire comparative » de Jean-Jacques Ampère par *comparative literatures* dans une lettre de 1848 (cité dans : Cl. Pichois, A-M. Rousseau, *La Littérature comparée*, Paris, Armand Colin, 1967, p. 19).

15 Les manuels de littérature comparée, qui font souvent l'historique de la discipline, désigne fréquemment Claude Fauriel comme le grand ancêtre parmi cette génération héroïque : « On ne sait plus guère aujourd'hui que le premier comparatiste officiel fut dans notre pays Claude Fauriel. Pour cet homme, qui avait célébré le culte officiel de la Raison au temps de la Révolution, qui était sur place recueillir les chants des Grecs opprimés par les Turcs, mais qui avait été aussi le familier de Mme de Staël et l'ami de Manzoni, avait été fondée en 1830 à la Sorbonne une chaire dite "de littérature étrangère". Il l'occupa jusqu'à sa mort en 1844, mais, malade, il avait déjà installé à sa place comme suppléant Frédéric Ozanam, qui lui succéda. » (P. Brunel, Y. Chevrel, « Introduction », *Précis de Littérature comparée*, sous la direction de P. Brunel et Y. Chevrel,, Paris, PUF, 1989, p. 11). Voir la thèse de Christine Pouzoulet : Ch. Pouzoulet, *La Construction du modèle de Dante comme poète national de l'Italie romantique : de Madame de Staël à Quinet, l'exemple de Claude Fauriel (1772-1844) et du réseau de ses relations*, thèse de littérature français nouveau régime, sous la direction de Ph. Berthier, Université de Paris III, 1996. L'intérêt des comparatistes pour leurs aînés romantiques se manifeste aussi dans le travail fait par Claude Pichois sur Philarète Chasles dans sa thèse, *Philarète Chasles et la vie littéraire au temps du romantisme* (1965).

16 Ainsi, dans d'autres manuels, c'est bien Villemain qui accède au rang de grand précurseur : « Villemain a donné à la Sorbonne durant le semestre d'été de 1828 et pendant le semestre suivant un Cours de littérature française dont une partie sera publiée en 1828 et 1829 sur des sténographies révisées : il y traite de l'influence que l'Angleterre et la France ont exercée l'une sur l'autre et de l'influence française en Italie au XVIIIe siècle. L'« Avis des éditeurs », en tête du deuxième volume, indique que l'orientation nouvelle des écrivains au XVIIIe siècle favorisait « cette étude comparée des littératures, qui est la philosophie de la critique ». Le quatrième volume, contenant la première partie du cours, ne paraîtra qu'en 1838 : Villemain emploie dans la préface l'expression « littérature

de littérature française professé en Sorbonne l'expression « littérature comparée » en analysant un récit en vers du XIIIe siècle consacré à la croisade contre les Albigeois. L'exemple de Villemain est très représentatif de la vitalité de ces prémices comparatistes, mais aussi du fait qu'il y a là la naissance manquée d'une discipline et d'une méthode : d'une part, Villemain est, comme les autres noms cités, professeur de littérature étrangère et non de littérature comparée et à ce titre s'occupe davantage d'élaborer de larges panoramas que d'authentiques comparaisons ; d'autre part, l'auteur est avant tout un enseignant et un pédagogue, dont la réflexion et la pratique comparatistes sont entièrement empiriques, et se trouvent stabilisées uniquement dans les préfaces de ses ouvrages, qui connurent de nombreuses rééditions et traductions au long du XIXe siècle. Il y décrit effectivement sa pratique comme nouvelle :

> Pour la première fois, dans une chaire française, on entreprenait l'analyse comparée de plusieurs littératures modernes qui, sorties des mêmes sources, n'ont cessé de communiquer ensemble, et se sont mêlées à diverses époques[17].

Mais Villemain poursuit sur un ton plus inquiet :

> Une telle analyse, à la vérité, pour avoir tout l'intérêt qu'elle peut offrir, aurait besoin d'être complète ; mais comment y parvenir ? L'examen simultané des littératures de l'Europe chrétienne serait une tâche infinie ; et cependant il y manquerait un grand côté du monde, l'Orient[18].

De fait, revendiquant l'exhaustivité mais n'ayant pas d'existence académique indépendante ni de méthodologie claire, le paradigme théorique esquissé par Villemain et ses contemporains ne conquiert pas une légitimité propre dans le courant du XIXe siècle et reste à l'état de

---

comparée » ; dans le cours lui-même, professé en 1828, il disait qu'il voulait montrer "par un tableau comparé ce que l'esprit français avait reçu des littératures étrangères, et ce qu'il leur rendit". Il avait laissé de côté l'Allemagne, parce qu'il leur redit ». Il avait laissé de côté l'Allemagne, parce qu'il en ignorait la langue et parce que Mme de Staël en avait déjà exploré les ressources. » (P. Brunel, Cl. Pichois, A-M. Rousseau, *Qu'est-ce que la littérature comparée ?* Paris, Armand Colin, 1983, p. 18). Voir aussi : R. Le Huenen, « *Comparative Literature in an Age of Globalization* : une réponse », *Canadian Review of Comparative Literature / Revue Canadienne de Littérature Comparée*, vol. 35, n° 4, décembre 2008, p. 348-352.

17 A-Fr. Villemain, *Cours de Littérature française*, t. 1, Paris, Didier, 1840 [2e édition], p. 1.

18 *Ibid.*

promesse[19], tandis que la question du national et de l'étranger se déplace dans la presse, ainsi que l'a souligné Philippe Régnier[20].

Si la première chaire de littérature comparée en 1895 reprend la formule popularisée par un groupe de professeurs au début du XIXe siècle, on a vu que le romantisme n'est pas d'emblée l'unique source critique, ni l'objet d'étude privilégié de la jeune discipline, puisque, dans le sillage de la querelle du cosmopolitisme, les premiers travaux comparatistes officiels portent sur un autre siècle. Or, ce choix d'objet engage un choix de modèle théorique : si le XVIIIe siècle est cosmopolite, c'est qu'il constitue des espaces de circulations et d'échanges accrus, mais dans une logique universaliste qui met l'accent sur le caractère homogène des phénomènes étudiés et sur le nivellement produit par l'imitation à grande échelle de structures littératures importées[21], et non sur les particularités nationales comme l'esthétique romantique le suppose. La littérature comparée naît donc sous le signe d'une hésitation entre deux modèles, qui restent jusqu'à aujourd'hui la grande ambiguïté théorique de la discipline : s'agit-il de faire émerger du geste comparatiste des modèles unitaires ou bien de mettre en valeur les variations singulières d'une structure unique – en d'autres termes la littérature comparée procède-t-elle d'une logique universaliste ou particulariste ? Or, dans le cas de la littérature comparée française, appelée à devenir un paradigme normatif dans la première moitié du XXe siècle, le deuxième pôle finit par l'emporter : mais c'est notamment, et c'est le second point que nous

---

19 En ce qui concerne la France : à l'étranger, on peut citer le cas du Danois Georg Brandes (1842-1927), auteur d'un imposant travail sur *Les Grands courants littéraires au XIXe siècle*, dont seul le volume consacré au romantisme a été traduit en français (G. Brandes, *L'École romantique en France*, collection « Les Grands courants littéraires au XIXe siècle », ouvrage traduit de la 8e édition allemande par A. Topin, Berlin, H. Barsdorf, Paris, A. Michalon, 1902) ; ainsi que celui de Hutcheson Macaulay Posnett (c. 1855-1927).

20 Ph. Régnier, « Littérature nationale / littérature étrangère au XIXe siècle : la fonction de la *Revue des Deux Mondes*, 1829-1870 », dans *Philologiques III. Qu'est-ce qu'une littérature nationale ?*, sous la direction de M. Espagne et M. Werner, Paris, Éditions de la maison des sciences de l'homme, 1994, p. 289-314.

21 La prégnance de ce modèle est soulignée par l'existence de nombreux travaux sur le cosmopolitisme dans la première époque comparatiste : P. Hazard, « Cosmopolite », in *Mélanges offerts à Fernand Baldensperger*, Paris, Champion, 1930, t. I, p. 354-364 ; J. Brandt Corstius, « The Impact of Cosmopolitanism and Nationalism on Comparative Literature from the Beginnings to 1880 », *Actes du IVe Congrès de l'Association Internationale de Littérature Comparée*, sous la direction de W.A.P. Smit, La Hague, Mouton, 1966, p. 380-389 ; H. H. Remak, « The Impact of Cosmopolitanism and Nationalism on Comparative Literature from 1880 to the post World War II period », *Ibid.*, p. 390-397.

mettrons en valeur, en raison de l'injonction positiviste d'élaborer une science de la comparaison, qui conduit à une appropriation du romantisme comme modèle théorique et comme objet d'étude.

La littérature comparée ne se constitue donc pas d'emblée en héritière naturelle du romantisme, mais elle le choisit comme modèle théorique parmi d'autres modèles possibles, notamment en raison de l'ancrage positiviste et scientiste de la discipline. En effet, en dépit du fait que le modèle romantique des rapports entre national et étranger a échoué à théoriser les principes d'une science de la comparaison, il se trouve à même, dans le contexte de 1900, de constituer un fondement épistémologique pour la jeune discipline en précisant le concept de « comparaison » qui la détermine[22].

C'est la raison pour laquelle nous faisons débuter le « romantisme des comparatistes » non en 1895, mais en 1900 : il s'agit de marquer le décalage entre la fondation de la discipline et le moment où elle érige le romantisme en étai paradigmatique, par opposition à l'autre modèle que l'on qualifiera dans ce contexte de « cosmopolite ». Le choix de l'année 1900 ne procède pas d'une vision rigide des mutations historiques, qui ferait de cette date l'année où tout change brutalement, mais il nous semble que cette dernière a le mérite de faire apparaître certains mécanismes dans le processus de constitution disciplinaire. Elle correspond en effet à deux événements révélateurs : d'abord, il s'agit de l'année où Fernand Baldensperger succède à Joseph Texte, mort prématurément, sur la chaire de littérature comparée créée à Lyon. Or, Baldensperger réoriente largement cette dernière vers l'étude du romantisme, mettant fin à l'ambiguïté originelle de la discipline, qui sera désormais consacrée, moins à l'étude de la fertilisation réciproque de toutes les littératures dans un espace de circulation et de langage communs[23], qu'au processus

22 Daniel-Henri Pageaux est, à notre connaissance, le seul à associer ces deux moments décorrélés dans sa quête des ancêtres de la comparée (« Il ne nous a pas semblé pensable de rompre avec la tradition. Nous apprendrons donc qui étaient nos ancêtres comparatistes. », D-H. Pageaux, *La Littérature générale et comparée*, Paris, Armand Colin, 1994, p. 7) : « romantisme, libéralisme et scientisme » marquent le comparatisme du XIXe siècle, « triple et lourd héritage qu'il ne faut jamais oublier pour comprendre l'épanouissement de la jeune discipline pendant la première moitié du XXe siècle » (*Ibid.*).

23 Nous forçons à dessein l'opposition entre Texte et Baldensperger : s'il n'a pas donné sa pleine mesure en raison de sa disparition précoce, Joseph Texte est lui aussi marqué par l'enseignement de Brunetière. Son ouvrage sur Rousseau ouvre vers le romantisme,

de constitution des littératures nationales par la confrontation avec l'étranger. Ensuite, 1900 est l'année d'un célèbre discours de Ferdinand Brunetière au Congrès des Historiens de Paris, dans lequel se dessine le programme de la littérature comparée pour les années à venir, marqué par la volonté d'utiliser la comparaison pour rendre manifeste à la fois les caractéristiques nationales de chaque littérature et l'évolution de la littérature en général.

Cette date doublement importante pour notre sujet souligne que l'orientation romantique que prend alors la littérature comparée ne tient pas uniquement à une différence de sensibilité entre les titulaires d'une chaire, mais bien que le romantisme est devenu, au tournant du XXe siècle, un objet critique chaud. Le principal moteur de ce basculement des comparatistes vers le romantisme est que, dans les discours contemporains sur les rapports de l'étranger et du national, une troisième voie l'emporte, qui était en réalité déjà présente dans la querelle du cosmopolitisme[24] : celle-ci affirme qu'en dehors de la ligne cosmopolite et de la ligne nationaliste, on peut considérer les littératures étrangères comme un outil pour délimiter et comprendre la littérature de son propre pays et que c'est en définitive en faisant l'épreuve de l'étranger qu'on consolide le national. Dès lors, la comparaison n'est plus une pratique hasardeuse procédant par « points erratiques », pour reprendre la formule de Fernand Baldensperger[25], mais elle est constituée en outil structurel de toute entreprise d'investigation littéraire : Brunetière donne de fait une légitimité à la discipline en faisant de « la connaissance comparative [...] la base de la connaissance complète[26] ». Certes, le rôle joué par Brunetière, maître de nombreux jeunes comparatistes à cette

présenté comme la forme suprême du cosmopolitisme (« Le romantisme, c'est le cosmopolitisme », J. Texte, *Jean-Jacques Rousseau et les origines du cosmopolitisme littéraire : étude sur les relations littéraires de la France et de l'Angleterre au XVIIIe siècle*, Paris, Librairie Hachette, 1895, p. 454 ; cité par C. Fehrman, *op. cit.*, p. 60). Mais Texte ne semble pas percevoir la différence intrinsèque qui sépare XVIIIe et XIXe siècles dans la relation entre les espaces littéraires, qui pour lui s'articule de part et d'autre de la notion de « nation littéraire ».

24 Nous renvoyons aux travaux de Blaise Wilfert-Portal, cités plus haut, qui soulignent qu'on ne peut pas opposer nationalistes et cosmopolites selon un axe symétrique. Voir aussi : A-M. Thiesse, *La Création des identités nationales*, Paris, Seuil, 1999, chapitre I « La Révolution esthétique », p. 64 *sq.*

25 F. Baldensperger, « Littérature comparée : le mot et la chose », *Revue de littérature comparée*, n° 1, 1921, p. 7.

26 Mss IV, 2, ε ; cité par P. Moreau, « Brunetière professeur de "littérature comparée" », *Revue de littérature comparée*, n° 30, 1956, p. 71.

époque[27] et qualifié par l'historiographie de la discipline d'« allié du dehors[28] », souligne que cette légitimation procède en réalité d'un renforcement de l'histoire littéraire nationale, puisque l'influence étrangère est d'abord expliquée par le contexte national et vient en faire ressortir les traits singuliers ; pour autant, elle change radicalement la donne et contribue à faire du romantisme un outil théorique indispensable pour réaliser le programme d'une connaissance historique efficace.

En effet, dès lors qu'il s'agit de faire de la comparaison un outil épistémique, cela suggère à la fois que les objets que l'on compare sont différents entre eux et qu'ils sont d'égale importance : or, ce modèle de la comparaison ne peut pas s'établir dans la logique du cosmopolitisme, où l'accent est mis sur la diffusion centrifuge d'un modèle unique dans lequel des littératures nationales viennent chercher une légitimité au prix de l'effacement de leurs particularismes. En revanche, le romantisme peut dans ce contexte servir de laboratoire, puisqu'il identifie et met en relation des variables : il suppose à la fois l'existence de littératures profondément idiosyncrasiques, délimitées par la langue et le sentiment d'appartenance nationale et susceptibles de varier dans le temps, et la possibilité qu'elles communiquent entre elles à l'échelle européenne et même mondiale au gré de rapports perpétuellement reconfigurés dans le mouvement de l'évolution littéraire. C'est dans cette configuration que s'établit le rapprochement entre ces deux moments séparés par près d'un siècle. Le XIXe siècle se retrouve ainsi à faire prolégomènes à toute comparaison future, ainsi que l'affirme en 1904 l'un des premiers ouvrages théoriques sur la littérature comparée : « le XIXe siècle aura vu se développer et se constituer l'histoire nationale des littératures, ce sera [...] la tâche du XXe siècle sera d'en écrire l'histoire comparative[29] ».

27 Dans l'introduction de sa thèse, Joseph Texte reconnaît : « Ce livre doit beaucoup à l'enseignement et aux conseils de M. Ferdinand Brunetière. Il a écrit quelque part et il a bien voulu me redire qu'"il serait bon de subordonner l'histoire des littératures particulières à l'histoire de la littérature de l'Europe". Il a pensé que "si l'on se plaçait à ce point de vue pour étudier l'histoire de la littérature française, elle n'en paraîtrait ni moins originale, ni moins classique", mais qu'assurément on la renouvellerait en partie » (J. Texte, *op. cit.*, p. XXIII).

28 La formule est de Paul Van Tieghem : P. Van Tieghem, *op. cit.*, p. 34. Dans un article de *La Revue de Belgique*, Maurice Wilmotte appelle Brunetière « l'initiateur de l'étude comparée des littératures auprès du grand public » (*Revue de Belgique*, 1907, p. 64).

29 J. Texte, « Introduction » à L-P. Betz, *La Littérature comparée. Essai Bibliographique*, Strasbourg, Karl J. Trübner, 1904, p. XXVII. Cette introduction est un texte posthume

De là, il n'y a plus qu'un pas à faire pour l'ériger en ancêtre direct du comparatisme : en 1921, dans l'essai introductif du premier numéro de la *Revue de Littérature Comparée*, « La Littérature comparée : le mot et la chose », Fernand Baldensperger revendique un lien généalogique et homologique avec le romantisme, en déclarant que celui-ci marque les débuts de l'histoire de la notion de comparaison en affirmant le principe de la « relativité de l'art[30] ».

Le romantisme devient ainsi un modèle théorique qui sert à étayer le concept de comparaison, indispensable à la constitution académique de la discipline[31]. Dans le même mouvement, les comparatistes naturalisent ce choix en faisant également du romantisme un champ d'étude : le romantisme ne se contenterait pas de théoriser, mais incarnerait en lui-même le caractère historique et relatif de la littérature. Ainsi, le grand chantier des premiers travaux consiste moins à donner une définition du romantisme qu'à confronter les définitions que l'on a données du courant[32] et à montrer à travers des études lexicologiques approfondies que

---

publié quatre ans après la mort de Texte et mis en exergue du livre de Louis-Paul Betz (1871-1904), autre personnage important de cette génération de fondateur, et disparu comme Texte à un âge précoce. Le manuel de 1904 est édité par Fernand Baldensperger.

30 F. Baldensperger, « La Littérature comparée : le mot et la chose », art. cité, parties II et III. Voir aussi dans les *Études d'histoire littéraire* : « Le début du XIXe siècle marque à cet égard [l'affirmation de la comparaison] un progrès incontestable » (Id., *Études d'histoire littéraire*, Paris, Librairie Hachette, 1907, p. VII).

31 Joseph Texte assimile même critique historique et comparative : « la critique *historique, c'est-à-dire comparative*, qui s'attache avant tout aux conditions de développement de l'art et à ses attaches avec le sol, le climat et les mœurs ambiantes, en tout lieu et à toute époque » (J. Texte, *Études de littérature européenne*, Paris, Armand Colin, 1898, p. 1 [nous soulignons]).

32 Ces deux questions dominent la bibliographie comparatiste durant la période évoquée et on en donnera ici seulement quelques exemples : A. O. Lovejoy, « On the discrimination of Romanticisms », *PMLA*, n° 39, 1924 ; rééd. in M. H. Abrams (dir.), *English romantic poets : Modern essays in criticism*, New York, Oxford University Press, 1960 ; J. Aynard, « Comment définir le romantisme ? », *Revue de Littérature comparée*, n° 5, 1925, p. 614-658 ; P. Kaufman, « Redefining Romanticism : a survey and a program », *Modern Language Notes*, vol. XL, 1925, p. 193-204 ; F. Baldensperger, « Pour une interprétation équitable du romantisme européen », *Helicon*, vol. I, 1938, p. 211-220 ; M. Levaillant, « Problèmes ou problème du romantisme », *Revue des Sciences Humaines*, vol. LXII-LXIII, 1952, p. 89-92 : J-B. Barrère, « Sur quelques définitions du romantisme », *Revue des Sciences Humaines*, vol. LXII-LXIII, 1952, p. 93-100 ; R. Wellek, « The Concept of "Romanticism" in Literary History », *Comparative Literature*, n° I, 1949, p. 1-23, p. 147-172, rééd. in *Concepts of criticism*, New Haven, Londres, Yale University Press, 1960, p. 128-199 ; M. Peckham, « Toward a theory of Romanticism », *PMLA*, vol. 66, n° 2, Mars 1951, p. 5-23 ; *Id.*, « Toward a Theory of Romanticism II. A Reconsideration », *Studies in Romanticism*, vol. I, 1961, p. 1-8.

le terme a pris des sens très différents dans le temps et dans l'espace[33]. Mais puisqu'il est question ici de théorie critique, nous souhaiterions revenir sur la construction de cette alliance prétendument objective entre le romantisme et le modèle d'une science littéraire historique, en détaillant trois axiomes de la littérature comparée de cette époque qui mettent selon nous en relief la fonction de l'appropriation du romantisme par les premiers comparatistes et, en même temps, le fait qu'il s'agit bien d'une lecture orientée.

Le premier de ces axiomes est que la littérature comparée se concentre spécifiquement sur les influences étrangères, écartant ainsi les influences qu'un auteur pourrait avoir reçues au sein de sa propre sphère de langue et de culture[34]. Cette spécification de la notion d'influence peut

33 A. François, « Mémoire sur le mot *romantique* », *Annales de la Société Jean-Jacques Rousseau*, n° 5, 1909, p. 199-236 ; D. Mornet, « Romantique », *Revue d'histoire littéraire de la France*, 1910, p. 876-877 ; A. Morize, « Romantique », *Revue d'histoire littéraire de la France*, 1911, p. 445 ; L. Delaruelle, « Encore "romantique" », *Revue d'histoire littéraire de la France*, 1911, p. 940 ; F. Baldensperger, « Romantique », *Revue de philologie française*, n° 25, 1911, p. 53-55 ; D. Mornet, *Le Romantisme en France au* XVIII*e siècle*, Paris, Hachette, 1912, p. 34-40 ; A. François, « De romantique à romantisme », *Bibliothèque Universelle*, et *Revue suisse*, n° 91, 1918, p. 225-233 et p. 365-376 ; *Id.*, « Où en est "romantique" ? », in *Mélanges d'histoire littéraire générale et comparée offerts à Fernand Baldensperger*, t. 1, Paris, 1930, rééd. Genève, Slatkine Reprints, 1972, p. 321-331 ; I. Babbitt, « The Terms Classic and Romantic », in *Rousseau and Romanticism*, Boston, Houghton, Mifflin, 1919, p. 1-31 ; G. Roth, « À propos de l'épithète "romantique" », *Revue de littérature comparée*, n° 1, 1921, p. 433-434 ; A. O. Lovejoy, « On the Discrimination of Romanticisms », *PMLA*, vol. XXXIX, 1924, p. 229-253, rééd. in *Essays in the History of Ideas*, Baltimore, Johns Hopkins University Press, 1948, p. 228-253 ; L. Pearsall Smith, *Four words*, Oxford, Clarendon Press, 1924 ; J. C. Grierson Herbert, « Classical and Romantic : A point of view », in *The Background of English Literature and Other Collected Essays and Addresses*, Londres, Chatto, 1925, p. 256-290 ; R. Ullmann, *Geschichte der Begriftes Romantisch in Deutschland*, Berlin, Nendeln, 1926 ; A. O. Lovejoy, « Romanticism and the Principle of Plenitude », in *The Great Chain of Being*, Cambridge, Harvard University Press, 1936, p. 228-314 ; F. Baldensperger, « "Romantique", ses analogues et ses équivalents, tableau synoptique de 1650 à 1810 », *Harvard Studies and Notes in Philology and Literature*, XIX, 1937, p. 13-106 ; W. Krauss, « Zur Bedeutungsgeschichte von romanesque im 17. Jahrhundert », *Zeitschrift für französische Sprache und Literatur*, n° 61, 1938, p. 297-320 ; A. O. Lovejoy, « The Meaning of Romanticism for the Historian of Ideas », Journal of the History of Ideas, vol. II, juin 1941, p. 257-278 ; H. Roddier, « Rousseau et le marquis de Girardin ou comment l'art des jardins conduit du romanesque au romantisme », appendice IV à Jean-Jacques Rousseau, *Les Rêveries du promeneur solitaire*, Paris, Classiques Garnier, 1960, p. 199-218 ; Fr. Jost, « Romantique : la leçon d'un mot », in *Essais de littérature comparée II*, Fribourg, Éditions Universitaires, coll. « Europaeana », 1968, p. 181-258.

34 « On doit réserver ce nom [d'influence] aux caractères que l'œuvre d'un écrivain doit au contact de l'œuvre de tel ou tel écrivain étranger. », P. Van Tieghem, *La Littérature*

paraître surprenante, mais elle s'explique par le fait qu'il s'agit, dans la comparaison, de faire apparaître par contraste les traits nationaux : dans son fameux discours, Brunetière affirme que

> [l'histoire comparée des littératures] aiguise en chacun de nous, Français ou Anglais, Espagnols ou Allemands, le sens de ce qu'il y a de plus *national* en nos grands écrivains. On ne se pose qu'en s'opposant ; on ne se définit qu'en se comparant ; et ce n'est pas se connaître soi-même que de ne connaître que soi[35].

Ce programme fait directement écho à l'une des missions de la critique romantique, qui consistait à faire entrer dans la république des lettres des littératures dont le lecteur n'était pas familier et dont on faisait ressortir les traits saillants en les présentant à la fois comme distincts et équivalents des littératures déjà admises au panthéon littéraire : ainsi, Jean-Jacques Ampère, de retour d'une visite à des poètes danois en 1827 et posant la question « Il y a donc une littérature en Danemark ? », inscrit la promotion de cette littérature dans le mouvement d'affirmation d'identités littéraires nationales et utilise la littérature française pour mieux faire comprendre à son lecteur quelles en sont les caractéristiques principales :

> C'est tout justement ce qu'on disait il y a quelques années de l'Allemagne. Alors on s'arrêtait au Rhin ; pourquoi nous arrêterions-nous à la Baltique ? Oui, il y a une littérature danoise. C'est le Danemark qui a produit le second poète comique de l'Europe. Holberg est moins loin que Molière que qui que ce soit[36].

L'autre est ici construit par une comparaison différentielle qui le rend légitime, puisqu'égal, et en même temps le constitue comme différent[37].

Ce principe est néanmoins arraisonné au contexte propre du début du XXe siècle. Dans la perspective des premiers spécialistes de la discipline, cette méthode comparative empirique est convertie en une preuve que l'épreuve de l'étranger sert en réalité à consolider le national : le

---

comparée, *op. cit.*, p. 135.

35 F. Brunetière, « La Littérature européenne », *Annales internationales d'histoire. Congrès de Paris de 1900. 6e section : Histoire comparée des littératures*, Paris, Armand Colin, 1901, p. 36.

36 J-J. Ampère, *Littérature et voyages, Allemagne et Scandinavie*, Paris, Paulin, 1833, p. 168.

37 On peut donner d'autres exemples de cette pratique : William Jones compare ainsi une ode turque au *Pervigilium Veneris*, une ode d'Hafiz aux sonnets de Shakespeare (cité par J. Corstius, art. cité, p. 383).

contraste avec les autres littératures y est perçu comme un accélérateur interne de différenciation dans le mouvement même de la création, autant que comme un révélateur des traits nationaux dans le cadre du geste critique. Le romantisme européen devient ainsi le parfait exemple de la façon dont les littératures nationales se posent en s'opposant : comme le souligne l'ouvrage théorique de Louis-Paul Betz de 1904,

> Le contact d'une nation avec les autres nations voisines ne produit pas nécessairement un abaissement de son originalité. Il y a eu des imitations fécondes et il y a eu aussi des réactions salutaires. L'Allemagne de Goethe et de Schiller a trouvé son compte à s'éprendre de la littérature anglaise et à l'opposer à la nôtre. Nous avons eu grand profit, vers 1830, à nous affranchir de l'influence antique, et à nous inspirer de l'Angleterre, de l'Allemagne, de l'Italie. Et c'est, à vrai dire, d'un sentiment exact de cette loi supérieure qu'est née l'histoire comparée des littératures modernes[38].

La dernière phrase suggère que l'affirmation nationale des œuvres n'est pas uniquement un processus esthétique, mais qu'elle participe d'une prise de conscience critique sur la relation entre les nations littéraires et sur le rôle spécifique de l'influence étrangère, qui n'est pas perçue comme un effacement de l'originalité, mais comme une manière de se construire sous la pression de l'étranger[39].

Cet accent mis sur l'émulation de l'influence conditionne également le second axiome, qui est que la comparaison doit s'effectuer sur un mode binaire, directement décalqué de la mode romantique des parallèles popularisée par Abel-François Villemain[40]. Critique romantique et critique comparatiste se rejoignent ici autour d'une pratique commune, qui est de considérer son propre pays, en l'occurrence la France, comme

38 L-P. Betz, *op. cit.*, 1904, p. XXV.

39 Ce double mouvement est revendiqué par Texte avant sa mort : « [la critique comparative] a pris pleinement conscience d'elle-même en Allemagne, et elle est sortie, avouons-le, d'une révolte contre le despotisme du joug français. Lessing, Herder, Schiller, Tieck, les deux Schlegel, tels sont ses véritables fondateurs. La lutte contre l'influence française et la substitution aux modèles français des modèles anglais, tels ont été les deux ressorts. Il fallait bien pour combattre l'étranger envahissant, l'étudier de près, et, pour lui opposer une littérature nouvelle et moins connue, se familiariser avec elle. Ainsi la critique comparative faisait ses preuves à la fois comme méthode de recherche et d'analyse d'une part, et comme force vivante et créatrice, de l'autre : on en voyait sortir à la fois la critique moderne et l'une des grandes littératures de l'Europe. » J. Texte, *op. cit.*, 1898, p. 9.

40 *Cf.* L-P. Betz, *H. Heine und Alfred de Musset : eine biographisch-litterarische Parallele*, Zürich, A. Müller, 1897.

l'un des pôles nécessaires de la comparaison effectuée, puisque cette comparaison a pour but de faire ressortir les traits nationaux, mais aussi parce que la France constitue à cet égard une forme de creuset qui la rend incontournable : elle est « le pays sympathique par excellence[41] », pour reprendre une formule de Philarète Chasles, fonctionnant en Europe, comme le dit Jean-Jacques Ampère, comme un cœur vers qui le sang reflue toujours[42], et dont, à en croire un des *credo* de 1900, le trait caractéristique est de pouvoir absorber toutes les influences.

Au-delà de ce préjugé commun, le caractère binaire de la comparaison permet de manifester l'équivalence entre ses deux pôles et de présenter leur rapport comme un jeu de variables déterminées par leur contexte propre. La logique des variables qui préside à ces études binaires vient entre autres de Germaine de Staël et de Sismondi et elle est comme telle reprise par la jeune garde comparatiste : Joseph Texte lui-même s'inscrit dans la lignée romantique lorsqu'il évoque « la critique historique, c'est-à-dire comparative, qui s'attache avant tout aux conditions du développement de l'art et à ses attaches avec le sol, le climat et les mœurs ambiantes, en tout lieu et à toute époque[43] ». Mais l'accent mis chez les romantiques sur la spécificité de chaque espace de réception se trouve ici étayer le principe d'une description précise et factuelle du contexte historico-littéraire qui est un des éléments principaux de la méthode positiviste et qui imprègne celle des premiers comparatistes. Il s'agit en effet chez ces derniers de déplacer le regard de l'influence elle-même vers le contexte de réception de cette influence, qui serait le véritable enjeu de l'investigation et dont la configuration déterminerait pleinement l'efficacité de l'élément importé. « On se tourne vers Ossian parce qu'on a Bernis, on se tourne vers Byron parce qu'on a Parny[44] »,

41 « La France est le pays sympathique par excellence. Elle a des émotions pour toutes les émotions, elle sait comprendre toutes les pensées. [...] Elle est centre, mais centre de sympathie. [...] Ce que l'Europe est au reste du monde, la France l'est à l'Europe ; tout retentit vers elle ; à elle tout aboutit. », Ph. Chasles, « Leçon à l'Athénée le 17 janvier 1835 », *Revue de Paris*, t. 1, janvier 1835, p. 222.

42 « La France est le cœur de l'Europe, elle reçoit le sang qui afflue de toutes les parties de ce grand corps et le renvoie à ses extrémités plus coloré, plus vivant. », J-J. Ampère, *Mélanges d'histoire littéraire et de littérature*, t. 1, Paris, M. Lévy, 1867, p. 118.

43 J. Texte, *op. cit.*, 1898, p. 1.

44 G. Lanson, « Fonction des influences étrangères dans le développement de la littérature française », *Revue des Deux Mondes*, 15 février 1917, rééd. dans *Essais de méthode de critique et d'histoire littéraire*, édités par H. Peyre, Paris, Hachette, 1965, p. 92.

dit Gustave Lanson dans un article au titre révélateur, « Fonction des influences étrangères dans le développement de la littérature française[45] ». Cet intérêt pour les particularités de l'espace de réception scelle une alliance entre la critique romantique, qui met l'accent sur les variables historiques et géographiques qui singularisent chaque espace littéraire par rapport aux autres, et une forme de factualisme positiviste, qui suppose d'analyser en détail l'horizon historique des œuvres et de faire des sources, influences et autres vecteurs de transfert un phénomène éclairant ce contexte idiosyncrasique[46]. L'accent mis chez les romantiques sur le caractère la spécificité de chaque espace de réception se trouve donc étayer la description précise et factuelle du contexte historico-littéraire qui est un des éléments principaux de la méthode positiviste et qui imprègne celle des premiers comparatistes. Cette ambition de cadastrer tous les détails d'un moment fait l'objet de deux salves de critiques contre Lanson et la critique de la Sorbonne, mais aussi contre la « littérature française comparée », l'une vers 1920 autour de la « querelle des sources[47] » et l'autre vers 1960 au moment où apparaissent les prémices

45 Fernand Baldensperger reprend la même idée : « Il est bien certain qu'une époque littéraire, lorsqu'elle découvre et annexe des idées ou des formes exotiques (des thèmes et des sentiments – peut-on ajouter) ne goûte et ne retient vraiment que les éléments dont elle porte, par suite de sa propre évolution organique, l'intuition et le désir en elle-même » (F. Baldensperger, *Goethe en France : essai de littérature comparée*, Hachette, Paris, 1904, p. 3). Cette interprétation fonctionnaliste était déjà celle de Sainte-Beuve : « cette importation de Shakespeare ne venait là [dans la bataille romantique] que comme machine de guerre et pour battre en brèche une muraille classique. Une fois la brèche faite, c'était avec des œuvres originales que l'on comptait bien entrer et se loger au cœur de la place. » (Ch-A. Sainte-Beuve, « Lettre à M. William Raymond » (1863), rééd. *Nouveaux Lundis*, Paris, M. Lévy, 1864, p. 455).

46 Lanson l'emporte ici sur Brunetière, qui restreignait la perspective internationale aux « cinq grandes littératures » et aux œuvres canoniques : Fernand Baldensperger lui objecte qu'une reconstruction complète du passé exige d'étudier « non seulement les œuvres distinguées dont nous avons encore gardé le souvenir, mais la masse des créations indifférentes aujourd'hui » (F. Baldensperger, art. cité, p. 25).

47 Dans un article éponyme de la *NRF* du 1er novembre 2913, Albert Thibaudet une « querelle des sources » contre toute une génération d'élèves de Lanson (*cf.* A. Compagnon, *La Troisième République des Lettres : de Flaubert à Proust*, Paris, Gallimard, 1983, notamment p. 114-119). Mais dès 1911, le pamphlet intitulé *L'Esprit de la nouvelle Sorbonne. La Crise de la culture classique. La Crise du français*, signé « Agathon » (Alfred de Tarde et Henri Massis) met en cause l'explication historique *alla* Lanson, qui se fait au détriment d'un jugement esthétique sur les œuvres. Le brûlot prolonge certaines polémiques de la querelle du cosmopolitisme puisqu'il évoque l'influence comme un rapport de dépendance – Massis fait en effet partie de l'Action Française. De manière

de la « crise de la littérature comparée[48] ». Ici encore, cette appropriation d'éléments empruntés au cadre conceptuel des romantiques correspond à une volonté de légitimer l'approche comparatiste, mais elle signale aussi un déplacement : là où les romantiques, Jean-Jacques Ampère en tête, donnaient leurs lettres de noblesse à des systèmes littéraires hétérodoxes, les premiers comparatistes réarticulent cette étude des variations nationales aux méthodes utilisées pour étudier la littérature française, souvent l'un des deux pôles étudiés, et la lisent comme un blanc-seing à un historicisme systématique.

Le troisième axiome suggère que la littérature comparée se préoccupe de relations « intérieures et extérieures », qui peuvent être de simples coïncidences dans l'apparition des phénomènes, et non des influences directes :

> On appelle histoire générale de la littérature, ou plus brièvement littérature générale, un ordre de recherches qui porte sur les faits communs à plusieurs littératures, considérés comme tels, soit dans leur dépendance réciproque, soit dans leur coïncidence[49].

On retrouve ici de manière très claire l'axiome formulé par Jean-Jacques Ampère un siècle plus tôt :

> Bornerons-nous l'étude des rapports de notre littérature avec les autres littératures à cette action mutuelle que je viens de signaler ? Non, messieurs, outre les rapports d'influence, il y a les rapports de comparaison. [...] Qu'importe à

---

significative, cette critique est prolongée par *La Doctrine officielle de l'Université* (1912) de Pierre Lasserre, qui s'en prend directement à Baldensperger, récemment nommé « professeur de littérature française comparée » à la Sorbonne : dans le *Goethe en France*, ouvrage de 383 pages, Lasserre relève 644 noms, dont la plupart sont selon lui totalement insignifiants et signalant le triomphe émollient de la philologie sur le jugement littéraire. Dans *La Farce de la Sorbonne* en 1911, René Benjamin, lui aussi très proche de l'Action Française, s'en prend particulièrement aux comparatistes, ainsi qu'à la présence trop grande d'étrangers dans les cours de Brunetière et Lanson : il affuble du sobriquet de « commissaires aux fiches » un certain nombre de critiques de l'époque, notamment des comparatistes.

48 « *All these flounderings are only possible because Van Tieghem, his precursors and followers conceive of literary studies in terms of nineteenth century positivistic factualism, as a study of sources and influences... They have accumulated an enormous mass of parallels, similarities and sometimes identities, but they have rarely asked what these relationships are supposed to show except possibly the fact of one's writer knowledge and reading of another writer.* », R. Wellek, « The Crisis of Comparative Literature », art. cité, 1963, p. 285.

49 P. Van Tieghem, *op. cit.*, p. 174.

> la philosophie de l'art que deux littératures ne soient point entrées en contact, pourvu que, dans un point ou sous une face quelconque de leur développement, elles donnent lieu à un rapprochement ou à un contraste fondés[50].

Cette distinction fondamentale entre influence et comparaison met en relief un autre point de rencontre entre ces deux formes de critique comparatives : toutes les deux participent de la croyance selon laquelle l'étude des littératures particulières dégage des lois de développement plus générales et renvoie ainsi à une évolution unique. Les premières comparaisons produites au début du XIXᵉ siècle mettaient en valeur des « temps forts » et des « temps morts » de chaque littérature à divers stades de son histoire[51] ; mais plus généralement, cette étude avait pour vocation de mettre au jour des dynamiques que tout le monde partage, ainsi que le suggère Ampère :

> L'âge où nous vivons, messieurs, travaille à une grande œuvre ; il a entrepris de comprendre, de refaire les siècles ; chacun a sa tâche à remplir, petite ou grande, dans cette entreprise immense qui doit s'accomplir par une foule de travaux partiels. Les uns cherchent dans les crises de la vie des peuples, dans les conquêtes, dans les révolutions, les lois qui gouvernent les destinées de la civilisation. D'autres s'attachent à en suivre les développements, dans les religions, dans la philosophie, dans les sciences, dans la législation, dans les arts, dans la littérature[52].

50 J-J. Ampère, *op. cit.*, p. 119, p. 120.

51 « Je voudrais en venir à comprendre sous un point de vue constant de comparaison les diverses littératures modernes. Je voudrais savoir à quelle époque l'une s'élève ici à son plus haut, tandis que celle-là décline, je voudrais suivre dans toutes ses phases de progrès, dans toutes ses transformations, le développement littéraire des peuples modernes. » (X. Marmier, « Lettre à Charles Weiss », 1834, cité par J. Dugast, « Xavier Marmier (1808-1893) », *Revue de Littérature Comparée*, 2000/3, p. 309).

52 J-J. Ampère, *op. cit.*, p. 10. Voir aussi Philarète Chasles : « Calculons l'action de la pensée sur la pensée, la manière dont les peuples se sont mutuellement modifiés ; ce que chacun d'eux a donné, ce que chacun d'eux avait reçu ; l'altération des nationalités par l'effet de cet échange perpétuel : comment le génie septentrional, longtemps isolé, s'est laissé pénétrer enfin par le génie du Midi ; quelle a été la force magnétique de la France sur l'Angleterre, et de l'Angleterre sur la France ; comment chaque subdivision du corps européenne a subi l'action de ses sœurs et les a dominées à son tour ; quelle a été l'influence de l'Allemagne théologique, de l'Italie artiste, de la France active, de l'Espagne catholique, de l'Angleterre protestante, et comment les teintes chaudes du Midi sont venues se mêler à l'analyse profonde de Shakespeare ; comment le génie romain et celui de l'Italie ont embelli et orné la foi catholique de Milton ; enfin les attractions, les sympathies, la constante vibration de toutes ces pensées vivantes, aimantes, exaltées, mélancoliques, réfléchies, les unes spontanées, les autres dues à l'étude, toutes soumises à des influences

De manière significative, Van Tieghem poursuit exactement dans la même direction :

> [L]e but essentiel reste toujours de reconnaître, de délimiter et d'étudier, à travers les différences qui séparent les littératures, les états communs et successifs de la pensée et de l'art dans les grands groupes de nation et de civilisation à peu près comparables[53].

Même s'il ne s'agit en rien de la même science, l'évolutionnisme littéraire de 1900 rejoint ici l'ambition scientifique de la littérature comparée de 1830, dont le nom est décalqué sur l'anatomie comparée de Cuvier.

Cette nouvelle voie de communication qui s'établit entre la première moitié du XIXe siècle et la première moitié du XXe, fondée sur la croyance en la possibilité de dégager une évolution générale de la littérature à partir de l'étude de ces parallèles, offre également une sorte de porte de sortie par rapport au modèle nationaliste et historiciste de la première littérature comparée, en suggérant qu'il s'agit toujours au fond de parler au nom de tous : après 1918, cette ligne tracée à partir de l'héritage positiviste évolue vers une revendication humaniste, incarnée notamment par Fernand Baldensperger[54], qui encourage à renouer avec

qu'elles acceptaient comme des plaisirs, toutes exhalant au loin des influences nouvelles, dont elles ne prévoyaient même pas l'avenir ! Voilà, messieurs, à quelle admirable étude je me suis laissé entraîner, c'est l'histoire intime du genre humain, c'est le drame de la littérature, car le drame n'est que le rapport des hommes avec les hommes ; c'est l'échange des sensations intellectuelles entre toutes les nations de l'Europe. », Ph. Chasles, *op. cit.*, p. 222-223.

53 P. Van Tieghem, *op. cit.*, p. 176. Là encore, on retrouve un consensus établi par Brunetière qui « s'efforce de persuader son auditoire que plus la littérature de chaque pays est marquée par son propre caractère national, plus elle appartient aussi à la littérature européenne considérée comme un tout organique » (C. Fehrman, *op. cit.*, p. 71).

54 Le contexte scientiste s'affaiblit en effet après 1918, permettant à Baldensperger de prophétiser dans la *Revue de Littérature Comparée* la venue d'un « nouvel humanisme » (« C'est à mon sens la préparation d'un nouvel humanisme qui résulterait surtout d'une pratique étendue de littérature comparée, au lendemain de la crise qui nous domine encore : une sorte d'arbitrage, à quoi aboutirait l'effort du "comparatisme", ouvrirait la voie à des certitudes nouvelles, humaines, vitales, civilisatrices, où pourrait à nouveau se reposer le siècle où nous sommes. » (F. Baldensperger, art. cité, p. 28-29) ; Marius-François Guyard lui emboîte le pas : « Le comparatisme aide chaque peuple à suivre en lui-même la naissance de ces "mirages" qu'il prend trop souvent pour des images fidèles : leçon de lucidité et d'humilité qui vaut ce que valent les leçons de l'histoire, méconnues mais certaines. À chacun, peuple ou individu, de vouloir les entendre », M-Fr. Guyard, *La Littérature comparée*, Paris, PUF, coll. « Que sais-je ? », 1951, p. 123. Les travaux de Bernard Franco tentent aujourd'hui de revenir sur cette vocation humaniste : B. Franco,

l'étude de la littérature allemande en dépit des conflits récents au nom de la constitution d'une histoire européenne. Ce geste est répété par Albert Béguin en 1939 puis en 1949 lorsqu'il réhabilite le romantisme allemand dans *L'Âme romantique et le rêve* puis dans *Les Cahiers du Sud*, considérant qu'au-delà des dissensions historiques entre les nations, il n'y a qu'une littérature.

Mais, en faisant du romantisme le modèle théorique principal de la littérature comparée, cette dernière fait en quelque sorte jouer le romantisme contre lui-même : au-delà de la force de cette appropriation, on est en effet frappé de voir tout ce que la jeune discipline ne reprend pas au romantisme – la notion romantique de génie individuel est érodée par son ancrage dans une causalité historique et s'efface derrière l'affirmation des traits nationaux d'une littérature que tous, en définitive, incarneraient, des gloires jusqu'aux *auctores minores*[55] ; le passage des « littératures comparées » du XIXe siècle à « la littérature comparée » du XXe, souligne qu'il y a en réalité sous le terme commun de « littérature » deux usages assez différents de la notion, tantôt purement descriptive et tantôt marquée par une dimension axiologique[56] ; le concept d'État-nation l'emporte sur celui de sentiment d'une culture commune – témoin l'évacuation du domaine de la littérature comparée de tout ce qui relève de la culture orale ou du folklore.

Nous allons nous attarder sur ce dernier point car il montre bien que cet héritage revendiqué est bien une lecture qui s'autorise un profond droit d'inventaire. En effet, dans ce contexte où se scelle l'alliance entre romantisme et ambition positiviste d'une science comparée de la littérature, les premiers comparatistes naturalisent ainsi leur choix du romantisme en montrant que c'est seulement à partir de la fin du

« European Comparative Literature as Humanism », *CLCWeb : Comparative Literature and Culture*, vol. 15, n° 7, 2013, disponible en ligne.

55 On pense notamment à la critique formulée contre ce modèle par Benedetto Croce, qui refuse les explications causales et souligne l'originalité des grands auteurs par rapport à leur milieu. Si cette critique a eu peu d'échos en France, la « querelle des sources » fait elle aussi jouer contre le factualisme l'ambition de développer un jugement esthétique des œuvres.

56 *Cf.* A. Duquesnel, *Histoire des lettres, cours de littératures comparées*, Paris, Coquerel, 1845. Au début du XXe, Frédéric Lolliée utilise encore le pluriel, mais cet usage tend à disparaître (Fr. A. Loliée, *Histoire des littératures comparées : des origines au XXe siècle*, Paris, Ch. Delagrave, 1900).

XVIIIe siècle et du début du XIXe siècle que la littérature se prête à l'étude comparative. Ainsi, le romantisme n'est plus seulement un modèle théorique, mais aussi l'objet privilégié de la littérature comparée. Mais les premiers comparatistes réduisent le champ des études possibles en faisant débuter la chronologie des recherches possibles au romantisme ou au préromantisme en tant qu'il constitue une rupture avec le modèle classique : dès 1898, dans ses *Études de littérature européenne*, Joseph Texte explique que la littérature comparée ne pouvait pas exister chez les Grecs qui ne connaissaient que leur propre modèle, ni chez les Romains qui ne connaissaient que celui des Grecs ; elle ne pouvait pas se développer au Moyen Âge dans un contexte d'uniformité religieuse, linguistique et politique où règnent le catholicisme latin et le Saint-Empire romain germanique ; elle ne pouvait pas se développer à l'Âge d'or de la littérature française classique et néo-classique : elle ne pouvait se développer qu'à partir du moment où émergeait d'une conscience historique et relativiste de sa culture nationale, c'est-à-dire pour Texte avec Herder, Rousseau et Montesquieu. Dans son ouvrage de référence en 1931, pour les mêmes raisons que Joseph Texte, Paul Van Tieghem évacue du champ d'étude de la littérature comparée tout le Moyen Âge, accusé d'être trop homogène, mais aussi tout le champ de la culture orale, du folklore et de la mythologie, qui ne sont pas des œuvres personnelles et sont inscrites dans un espace culturel supra-national, et jusqu'au conte de fées et ses réécritures[57]. Van Tieghem consacre de fait un grand nombre de ses travaux au romantisme, et travaille en particulier à définir les jalons de la rupture avec le modèle classique, d'Ossian à Edward Young[58]. Par ce geste de délimitation, non seulement les comparatistes confinent dans la sphère de la seule littérature médiévale un Gaston Paris ou un Joseph Bédier qui avaient pourtant été actifs au sein de la section d'« Histoire comparée des Littératures[59] » au Congrès de Paris de 1900, mais ils rompent profondément avec la tradition dix-neuviémiste pour laquelle

57 P. Van Tieghem, *op. cit.*, p. 57.

58 *Cf. Id.*, *Ossian en France*, Paris, Hachette, 1917 ; *Id.*, *Le Préromantisme*, Paris, Félix Alcan, 1924 ; *Id.*, Paul Van Tieghem, « La Poésie de la nuit et des tombeaux », in *Le Préromantisme. Études d'histoire littéraire européenne*, t. II, Paris, Félix Alcan, 1930 ; *Id.*, *L'Ère romantique – t. I : Le Romantisme dans la littérature européenne*, Paris, Albin Michel, 1948.

59 Lors du congrès, Gaston Paris avait présenté une communication sur la migration des contes et appelé à une « comparaison esthétique des littératures » (*cf.* C. Fehrman, *op. cit.*, p. 77).

le Moyen Âge avait été un creuset de courants transversaux à l'Europe et constituait donc un terrain d'études de choix : Frédéric Ozanam avait construit toute son analyse historique de la littérature européenne à partir de l'idée que le christianisme médiévale constituait la source de la civilisation[60] ; considérant quant à lui la France méridionale comme le creuset de la modernité, Claude Fauriel avait affiné sa méthode comparatiste en suivant les développements de la poésie provençale en Espagne, en Angleterre, en Allemagne, en Italie, isolant des médiateurs d'influence et prêtant à chaque fois une grande attention au « système littéraire » de leur pays[61] ; dans leur sillage, Jean-Jacques Ampère avait signé *De la littérature française dans ses rapports avec les littératures étrangères au Moyen Âge* en 1833, ainsi qu'une *Histoire de la littérature française au Moyen Âge comparée aux littératures étrangères* en 1841, Abel-François Villemain un *Tableau de la littérature au Moyen Âge en France, en Italie, en Espagne et en Angleterre* (2 vol., 1830). Au-delà de la fidélité aux premiers élans comparatistes, Paul Van Tieghem systématise par ce geste d'éviction une différence essentielle entre le modèle comparatiste français, très présent en Europe et aux États-Unis jusque dans les années 1960, et le comparatisme germanique, qui lui cherche les origines de l'esprit du peuple dans les manifestations culturelles comme le folklore – en réalité, le comparatisme allemand, qui est une vraie *Geistesgeschichte*, est sans doute resté plus proche du comparatisme des romantiques, et c'est peut-être à cette filiation bien plus avérée que pense Berman lorsqu'il évoque le « mythe romantique » que nous citions plus haut.

Il est par ailleurs intéressant de se demander dans quelle mesure le romantisme résiste à cette construction : tout un courant de pensée que l'on peut, à la suite d'Henry Remak, appeler « nominaliste[62] », considère en effet que le « romantisme » est un terme trop polysémique pour être considéré comme un élément stable et que, puisqu'il met l'accent sur l'individualisme et la variation, il est lui-même trop mouvant pour servir de point de comparaison entre des auteurs divers. Il existerait

60 *Cf.* P. Brunel, « Frédéric Ozanam (1813-1853) et l'enseignement des littératures étrangères », *Revue de littérature comparée*, tome LXXIV, fascicule 295, 2000, p. 287-305.

61 M. Espagne, « Claude Fauriel en quête d'une méthode, ou l'Idéologie à l'écoute de l'Allemagne », *Romantisme*, vol. 21, n° 73, 1991, p. 7-18.

62 H. H. Remak, « West European Romanticism : Definition and Scope », in *Comparative Literature : Method and Perspective*, sous la direction de N. P. Stallknecht, Carbondale, Southern Illinois, University Press, 1961, p. 225.

ainsi autant de définitions du romantisme que d'auteurs écrivant dans la première moitié du XIXe siècle : on peut accepter l'existence d'une « époque romantique », voire d'un « courant romantique », mais il ne peut y avoir que *des* romantismes, ce qui remet en question la possibilité de comparer des éléments aussi hétérogènes.

Henri Peyre a ainsi voulu montrer la faiblesse de l'unité chronologique du « romantisme » en Europe de l'Ouest en prenant la littérature française comme exemple[63]. D'après lui, les grands poètes romantiques français sont Baudelaire, Rimbaud et Lautréamont, dont les œuvres sont parues bien après la fin de la « période romantique » telle que les critiques l'ont construite autour des figures de Victor Hugo, Lamartine, Vigny et Musset. Peyre souligne que si l'on persiste à localiser chronologiquement le romantisme dans les premières décennies du XIXe siècle, cela nécessite de recourir à des figures qualifiées de mineures, comme Gérard de Nerval, ou bien à un Balzac, traditionnellement considéré comme un réaliste, à un historien comme Michelet, à un peintre comme Delacroix ou à un compositeur comme Berlioz : n'y aurait-il en fait pas de « grands romantiques » dans la première moitié du siècle ? Le critique utilise cet exemple pour affirmer qu'il faut substituer aux concepts de mouvements et d'écoles celui de « génération », qui désessentialise les périodes littéraires et rend à nouveau possible l'analyse de phénomènes littéraires transversaux que le terme même de « romantisme » escamotait en prétendant qu'ils possédaient d'emblée une idéologie ou une esthétique communes.

La critique de Peyre adressée à la notion même de romantisme, pour contestable qu'elle puisse paraître, s'inscrit dans un mouvement plus vaste qui remet en cause la possibilité de constituer le romantisme en champ d'études privilégié de la littérature comparée et qui souligne l'incohérence méthodologique qui consiste à revendiquer, pour étayer la méthode comparative, un ensemble d'éléments variables et incommensurables. Ce point a été ainsi l'objet d'une querelle méthodologique

63 H. Peyre, « Perspectives on Romanticism », communication au congrès de la Modern Language Association de décembre 1950 ; *Id.*, *Qu'est-ce que le romantisme ?*, Paris, Presses Universitaires de France, 1971. La même objection est faite dix ans plus tôt au sujet du romantisme espagnol, mieux représentée selon deux spécialistes par la « génération de 1898 » (Unamuno, Baroja, Azorín) que par Espronceda et Larra qui écrivent dans les décennies 1830 et 1840 (F. C. Tarr et E. Nitchie, « Romanticism : A Symposium », *PMLA*, LV, mars 1940, p. 1-60).

très importante pour le comparatisme américain, qui a opposé sur près de trente ans deux critiques majeurs, Arthur Lovejoy et René Wellek[64]. Lovejoy considère que le romantisme ne peut en rien étayer la notion de comparaison, puisque lui-même a été l'objet de tant de définitions diverses « qu'il a cessé de fonctionner comme un signe verbal[65] ». Lovejoy prend comme exemple les différentes définitions données du romantisme en un siècle de critique, mais il attaque en particulier la littérature comparée, qui a procédé à des divisions excessives de la notion, sans voir qu'elle dissolvait l'objet même dont elle se servait pour étayer sa méthode – le « romantisme » n'est plus un étai paradigmatique, mais un incomparable. Lovejoy est ainsi l'un des premiers à associer la critique épistémologique qu'il fait peser contre la littérature comparée et le statut fondamental du romantisme dans la constitution de cette méthodologie.

Sa critique paraît si dirimante aux comparatistes américains que certains tentent d'y répondre à près de trente années de distance. C'est le cas notamment de Morse Peckham[66], mais l'exemple le plus célèbre reste celui de René Wellek, qui cherche à réaffirmer l'unité du romantisme comme courant et à

> montrer que les mouvements romantiques majeurs forment une unité de théories, de philosophies et de style, et qu'à leur tour ceux-ci forment un groupe d'idées cohérents qui sont toutes articulées entre elles[67].

Wellek insiste sur le fait que les romantiques se reconnaissent entre eux, ce qui interdit de croire qu'ils évolueraient chacun dans une forme de romantisme incommensurable : il prend l'exemple du critique écossais Thomas Babington Macaulay qui, dès 1831, dans les pages de l'*Edinburgh Review*, rapproche Byron et Wordsworth comme deux instances diverses d'un mouvement unique, qu'il n'appelle pas encore le romantisme, là où Lovejoy lisait les différences entre les deux auteurs comme la preuve

64 A. O. Lovejoy, art. cité, 1924 ; R. Wellek, art. cité, 1949. Nous renvoyons à l'ensemble des références de ces deux auteurs citées plus haut.

65 « *the word "Romantic" has come to mean so many things that, by itself, it means nothing. It has ceased to perform the function of a verbal sign* » (A. O. Lovejoy, art. cité, 1924, rééd in *English romantic poets : Modern essays in criticism*, sous la direction de M. H. Abrams, New York, Oxford University Press, 1960, p. 6).

66 M. Peckham, *op. cit.*, 1951, 1961.

67 « *to show that the major romantic movements form a unity of theories, philosophies and style and these in turn, form a coherent group of ideas each of which implicates the other* » (R. Wellek, *op. cit.*, 1960, p. 129).

du vide sémantique de ce terme. Wellek conclut donc que « bien avant de savoir quel terme utiliser pour le désigner, Macaulay reconnaissait l'unité du mouvement romantique anglais[68] » – c'est donc qu'il existe bien un « système de normes » commun, au-delà des différences entre chaque auteur.

Mais l'argument de Wellek est en réalité plus profond : selon lui, la question n'est au fond pas de savoir ce qu'est le romantisme, mais ce que l'on entend lorsque l'on dit « romantisme ». Il reconnaît les appropriations et les reconstructions critiques *a posteriori*, mais souligne que le terme ne doit être utilisé ni comme un signe arbitraire, ni comme s'il désignait une entité métaphysique, mais comme le nom utilisé pour renvoyer à un système de normes qui ont dominé la littérature à une époque spécifique de son développement[69]. Or, pour Wellek, mettre ces séquences bout à bout permet de reconstituer « le processus complet de la littérature » : là où le modèle de Lovejoy renverrait à une critique réduite à « l'habituel et bizarre mélange de biographie, de bibliographie, d'anthologie et de critique émotive intempestive[70] », la critique comparatiste procède bien de l'idée que l'étude des variables ne peut que renvoyer à des lois générales, elles-mêmes prises dans un système de déterminations historiques – on retrouve là le troisième axiome que nous mentionnons plus haut. En réaffirmant la légitimité du romantisme comme objet d'étude et comme condition de possibilité de la discipline, Wellek souligne malgré lui à quel point l'appropriation d'un certain modèle romantique imprègne et définit l'horizon méthodologique et la définition de la littérature des comparatistes.

Ce panorama souligne que la situation intellectuelle autour de 1900 conditionne bien la lecture comparatiste du romantisme et que, à cette époque, le romantisme apparaît moins comme le grand ancêtre parfaitement évident du premier comparatisme que comme l'objet d'une appropriation rétrospective qui l'érige en mythe fondateur dans le but d'étayer

---

68 « *Macaulay thus long before he knew a term for it, recognized the unity of the English romantic movement* » (*Ibid.*, p. 189).

69 R. Wellek, « The Concept of Romanticism in Literary History », art. cité, p. 182. Voir aussi : *Id.*, « Periods and movements in literary history », in *English Institute Annual 1940*, New York, Columbia University Press, 1940, p. 73-93.

70 « *the total process of literature* », contre « *the usual odd mixture of biography, bibliography, anthology and disconnected emotive criticism* », *Id.*, art. cité, p. 205.

la jeune discipline. Ainsi, pour la première génération de comparatistes effective, au début du XXe siècle, il s'agit moins de reprendre *per se* le flambeau de cette génération de précurseurs que d'élaborer à partir du romantisme, que ce soit la critique ou les œuvres, un modèle théorique susceptible de donner une assise à la nouvelle discipline académique de la littérature comparée dans le contexte propre au tournant du XXe siècle d'une sortie de la querelle du cosmopolitisme. De fait, le dialogue critique qui s'installe à un siècle de distance porte précisément sur le rapport du national et de l'étranger, et plus précisément sur la croyance selon laquelle l'exposition à l'influence étrangère renforce les traits littéraires nationaux au sein d'une littérature et les fait mieux apparaître dans le geste critique qui consiste à comparer les littératures entre elles : ce fait montre bien qu'il s'agit moins de la reconnaissance naturelle d'un grand ancêtre, qui aurait aussi bien pu être la Renaissance ou le XVIIIe siècle, que d'un investissement qui tient autant à la spécificité de l'ébauche d'un comparatisme romantique qu'aux défis propres que doit relever à partir de 1895 le comparatisme académique, s'inscrivant à la suite d'un long débat sur les rapports de l'étranger et du national. Ces éléments témoignent du fait qu'on se trouve bien dans une lecture du romantisme, au sein d'une quête orientée d'étais paradigmatiques.

De fait, c'est non seulement contre l'enfermement de beaucoup d'études comparatistes dans l'Europe du XIXe siècle, mais aussi contre ce modèle théorique du variable et du relatif, constitué à partir du romantisme, que se dirigent à partir des années 1960 les critiques les plus virulentes contre la littérature comparée : Étiemble tente de substituer aux études comparatives traditionnelles la nécessité de dégager des invariants[71] ; les structuralistes font éclater le modèle de l'influence au profit du paradigme de l'intertextualité qui fait fi de la recherche unique des sources[72] ; Gayatri Spivak, qui a prophétisé « la mort de la littérature comparée[73] », souligne que, dans un contexte planétaire, le but de la comparaison n'est justement pas de chercher à délimiter l'objet

71 Étiemble, *op. cit.*

72 « L'intertextualité, condition de tout texte, quel qu'il soit, ne se réduit évidemment pas à un problème de sources ou d'influences ; l'intertexte est un champ général de formules anonymes dont l'origine est rarement repérable, de citations inconscientes et automatiques, données sans guillemets. », R. Barthes, « Texte (Théorie du) », *Encyclopedia Universalis*, 1973, p. 1015.

73 G. Chakravorty Spivak, *op. cit.*

comme autre, mais à tout considérer sous un principe d'inclusion[74]. Si la littérature comparée se cherche aujourd'hui d'autres modèles, c'est bien que le mythe romantique n'en constitue pas l'essence immuable, mais est l'un de ses possibles, et que le mythe cache peut-être une mythologie construite à des fins idéologiques, dans un contexte déterminé.

Victoire FEUILLEBOIS
Centre Prospéro –
Université Saint-Louis – Bruxelles
Université de Strasbourg

74 *Id.*, « Planetarity », in *Dictionary of Untranslatables : A Philosophical Lexicon*, sous la direction de B. Cassin, E. Apter, J. Lezra, M. Wood, Princeton, Princeton University Press, 2014, p. 1223.

DEUXIÈME PARTIE

EXPÉRIENCES DE LECTURE

LE ROMANTISME ALLEMAND, MATRICE D'APPROPRIATIONS PLURIELLES

ROMANTISME ALLEMAND ET NÉGATIVITÉ

Les réinventions continuelles et contradictoires du romantisme, à l'échelle européenne et dans chaque nation en particulier, attestent qu'il est besoin du romantisme. Que ce soit pour l'exalter ou pour l'humilier, il est toujours le lieu de passage des tentatives de définition critique de la littérature moderne – sachant que cette modernité peut être pensée comme commençant avec lui ou à l'inverse après lui. Ou pour le dire autrement, il est le lieu historique privilégié – *in praesentia* ou *in absentia* – d'une essentialisation du littéraire qui, de fait, commence avec lui et dont le tropisme, depuis, n'a pas lâché la critique. Encore cette essentialisation a-t-elle fait au XXe siècle l'objet d'approches diversifiées, en particulier selon ses caractérisations comme un « mouvement » justiciable d'un abord historiciste et nominaliste (est « romantique » ce qui se proclame tel – on est là dans le degré zéro, voire le refus, de l'essentialisation), ou encore comme un « courant » pour lequel il importe de déterminer ce qui unifie les diverses poétiques d'auteurs et les subsume sous une esthétique commune, nationale ou transnationale, ou enfin comme un « espace » dont il serait le nom par-delà la multiplicité des expressions particulières et la diversité – plus polarisée que juxtaposée – des partis-pris esthétiques dans une période donnée. Non seulement on ne parle pas du même romantisme selon qu'on s'adresse à telle ou telle de ces caractérisations, mais on n'implique pas non plus la même entente de la littérature.

Maurice Blanchot, dans son article « L'Athenaeum » publié dans *L'Entretien infini*, remarque à juste titre la propension des lectures critiques opérées depuis la France quant au romantisme allemand, à effectuer un « choix délibéré[1] » de critères essentiels ou décisifs et de critères accidentels ou secondaires. Sont couramment tenus pour essentiels le

1 M. Blanchot, « L'Athenaeum », *L'Entretien infini*, Paris, Gallimard, 1969, p. 516.

désir de révolte, la logique de rupture, la pure subjectivité ; pour secondaires le goût pour le religieux, le souci du passé ou le nationalisme. Et Blanchot d'ajouter :

> D'où il résulte que, si en Allemagne le romantisme est ambigu, en France le romantisme venu d'Allemagne joue un rôle critique, implique une négation souvent radicale, comme si la nuit – une nuit sans illusion, sans apaisement, mais non sans perversité – y tenait lieu de l'*Aufklärung*, ces lumières que des hommes aussi sensibles que Lessing et plus proches de Shakespeare que de Voltaire ont élevées dans une aube de crise au-dessus d'une littérature encore à venir[2].

De fait, les appréciations portées en France sur le romantisme allemand sont marquées d'une sorte de sceau du négatif – qui a tendu à renverser la positivité dont été affecté son voisin français, ce dernier devenant en quelque sorte le négatif d'une négativité qui était elle-même ce par quoi se définissait la modernité littéraire. Rappelons à cet égard les commentaires disqualifiants de Maurice Maeterlinck, d'Albert Béguin, de Julien Gracq ou de Maurice Blanchot sur les prétentions poétiques de Hugo, de Vigny ou de Musset – prétentions ramenées à une simple thématique fertile en futurs lieux communs. Ainsi Gracq dans son article « Novalis et *Henri d'Ofterdingen* » égrène-t-il la litanie de cette « menue monnaie » du romantisme français : « [...] médiévisme, orientalisme, inauthentique charme des nuits de lune, petite mélancolie des crépuscules[3] [...] ». Le mouvement français est ainsi jugé – par les critiques et écrivains français eux-mêmes – à l'aune de l'allemand. Ces approches sont en effet définies selon les lignes mêmes qu'a tracées le romantisme allemand, ou plus précisément selon les données théoriques qui se sont constituées dans l'espace de l'idéalisme allemand. Ces données excèdent le romantisme entendu comme courant, mais à l'évidence elles appartiennent au même contexte épistémologique – rendu assez étroit en l'occurrence puisqu'elles ont été ramenées aux quelques kilomètres qui séparent Iéna de Weimar et de leurs alentours, et à une poignée d'individus qui avaient appris à penser ensemble.

Une des antithèses majeures qui traversent l'idéalisme allemand est celle qui oppose le nihilisme et le mysticisme. Les deux polarités sont

2 *Ibid.*

3 J. Gracq, « Novalis et *Henri d'Ofterdingen* » (1967), in *Préférences* (1969), *Œuvres Complètes, I*, Paris, Gallimard, « Bibliothèque de la Pléiade », 1989, p. 986.

en fait étroitement liées : le mot même de « nihilisme » a été forgé dans son usage philosophique moderne par Friedrich Jacobi dans sa « Lettre ouverte à Fichte[4] » (1799), où il désigne l'attitude par laquelle le sujet se coupe du principe d'altérité que constitue la transcendance divine, et se voit borné à son seul moi transcendantal. Le « nihilisme » caractériserait par là-même toute pensée disjointe de ses fondements théologiques et métaphysiques – le criticisme kantien et l'idéalisme fichtéen au premier chef, ainsi que toute la littérature qui se trouverait par là-même relever du pur et libre génie créateur de l'écrivain : rien de moins, en somme, que toute la littérature romantique et celle qui est appelée à lui succéder. Or cette disjonction n'est pas historiquement séparable du déplacement d'accent qui affecte la question du divin – déplacement de la métaphysique vers la mystique, dont témoignent tant l'influence bien référencée[5] des courants piétiste, illuministe et théosophique (Jakob Boehme, Swedenborg, Eckhartshausen, Hemsterhuys ou Saint-Martin par exemple), que le recours de penseurs majeurs comme Hegel, Schelling ou Friedrich Schlegel à la théologie négative de maître Eckhart ou à celle de Nicolas de Cues[6]. Que cette tension entre rationalité métaphysique et expérience spirituelle et apophatique soit très ancienne, c'est ce que nous apprennent les histoires de la pensée religieuse et de la philosophie en Occident. Mais elle est constituée au tournant des XVIIIe et XIXe siècles – à travers cette confrontation entre nihilisme et mysticisme – en une sorte de fiction fondatrice, un « grand récit[7] » (Lyotard) auquel les retentissements considérables de

4 Voir Fr. Jacobi, « Lettre ouverte à L. Fichte », *Lettre sur le nihilisme*, édition d'Y. Radrizzani, Paris, Garnier-Flammarion, 2009.

5 On renverra sur ce point à la thèse ancienne mais toujours utile d'Auguste Viatte : A. Viatte, *Les Sources occultes du romantisme*, Paris, Honoré Champion, 1928, deux tomes, ainsi qu'à la somme de Georges Gusdorf : G. Gusdorf, *Les Sciences humaines et la pensée occidentale*, t. IX à XII, Paris, Payot, 1982-1985.

6 Outre les rapprochements effectués par P-J. Labarrère et G. Jarczyk entre Hegel et maître Eckhart dans leurs travaux et dans leurs éditions critiques des *Traités* et *Sermons* de ce dernier, on peut notamment citer dans cette perspective : F. Brunner, « Hegel et maître Eckhart », *Recherches hégéliennes*, n°8, 1976, p. 16-21 ; H.S. Harris, *Le Développement de Hegel*, t. II, Lausanne, L'Âge d'homme, 1988 ; R. Kroner, *De Kant à Hegel. De la critique de la raison à la philosophie de la nature*, t. I [1921], Paris, L'Harmattan, 2014 ; J-C. Lemaître, « Figures de l'unité. Schelling et Nicolas de Cues », *Archives de philosophie*, n° 1, t. 76, 2013, p. 35-59.

7 L'expression « grand récit » est empruntée à l'ouvrage de Jean-François. Lyotard (J-Fr. Lyotard, *La Condition post-moderne*, Paris, Minuit, 1979), où il désigne plus précisément ces deux

la Révolution française et des invasions napoléoniennes ont pu donner, avec le sentiment que s'ouvraient des temps nouveaux, un ancrage historique. Or ce récit de l'achèvement et de la contestation de la métaphysique[8] – récit qui est par là même celui de la naissance de quelque chose échappant aux modes et aux catégories de la description métaphysique – est à bien des égards celui d'une négativité qui, en dehors même de l'acception que lui donnera la dialectique hégélienne, est donnée comme un espace conditionnel de l'essor de cette nouvelle littérature dont le romantisme allemand a constitué, entre 1795 et 1820, la théorisation la plus audacieuse. Il est frappant de constater que les commentaires qui ont évalué tout au long du XXe siècle sa valeur paradigmatique pour la postérité se sont largement tenus dans l'espace critique de cette négativité, ou plus précisément de ces négativités puisque sous cette notion se confrontent en réalité plusieurs modèles contradictoires du négatif.

Le point de départ de cette modélisation du romantisme allemand, d'un point de vue francophone, a été proposé par Maeterlinck dans l'introduction de sa traduction des *Fragments* de Novalis et des *Disciples à Saïs*[9] (1895). À la bipolarisation du nihilisme et du mysticisme, l'auteur du *Trésor des humbles*, en pleine réaction du symbolisme à l'hégémonie idéologique du scientisme, superpose celle du rationalisme, dominé par l'héritage latin, cartésien et positiviste de la France, et du mysticisme recaractérisé par la « germanité » – une germanité un peu différente de celle de Mme de Staël[10] puisqu'elle exclut la France, et intègre la Belgique spirituelle des béguinages et surtout de Jan Ruysbroeck, dont Maeterlinck vient de traduire quatre ans plus tôt *L'Ornement des noces spirituelles*[11] (1891). Or le préfacier établit une continuité explicite entre la tradition apophatique qu'illustre Ruysbroeck dans la filiation antique de la mystique néoplatonicienne, et des écrivains comme Coleridge et surtout Novalis, érigé en figure emblématique où se résumerait dans son essence

« grands méta-récits » que seraient l'émancipation du sujet rationnel et l'histoire de l'esprit universel.

8 On sait que Nietzsche puis Heidegger ont réintégré cette rupture avec la métaphysique dans l'histoire de celle-ci, au titre de son dernier moment.

9 Voir Novalis, *Fragments*, précédé de *Les Disciples à Saïs*, préface et traduction de M. Maeterlinck, Bruxelles, Lacomblez, 1895 ; rééd. Paris, José Corti, 1992.

10 Voir *De l'Allemagne* (1810).

11 M. Maeterlinck, *L'Ornement des Noces spirituelles de Ruysbroeck l'Admirable*, Bruxelles, Lacomblez, 1891.

le romantisme allemand. Essence paradoxale en l'occurrence, puisqu'elle est définie par un ensemble de traits négatifs. De Novalis, Maeterlinck, délibérément oublieux des dimensions scientifique et politique de l'œuvre, retient l'idée, qui lui est chère, que le réel n'a d'existence que spirituelle, et que la littérature a vocation à renouer avec la vie « primitive » en entrant en « sympathie complète avec les choses[12] ». L'auteur divin de *Heinrich von Ofterdingen* (la légende du divin Novalis, véhiculée du vivant même du poète, entre ici dans le champ de la réception francophone) fournirait ainsi un viatique au lecteur pour accéder au fond mystérieux de son âme, ou encore à ce qu'il appelle son « moi plus profond », dans cette « effrayant et véritable *mare tenebrarum* où sévissent les étranges tempêtes de l'inarticulé et de l'inexprimable[13] ». Le projet novalisien de « représenter l'irreprésentable[14] » est en l'occurrence donné comme seul susceptible de fonder la littérature moderne en la portant au degré où elle devient « à peu près inconsciente parce qu'elle est sur le point de devenir divine[15] », d'ouvrir une « raison différente » qui déploiera les possibilités de l'esprit et permettra de sortir de la rationalité desséchante du positivisme, du scientisme et du naturalisme. Les *Fragments*, *Les Disciples à Saïs* sont ainsi conçus à la fois comme une machine de guerre contre l'idéologie rationaliste dominante de la fin du XIXe siècle et comme le socle d'une nouvelle conception des fins de la littérature et d'une nouvelle définition du sujet – contemporaine des premiers travaux de Bergson sur la mémoire et de Freud sur l'inconscient. La refondation de la littérature, on le voit, ne peut s'opérer que paradoxalement – dans la visée d'un inexprimable qui, selon le mot même de Maeterlinck, « transcendantalise[16] » à la fois, et en fait inextricablement, le moi et l'univers. La négativité de la production novalisienne apparaît double dans cette perspective : elle est celle, ce qui l'apparente à Baudelaire ou à de Quincey, de l'inconnu où l'auteur des *Disciples à Saïs* se serait aventuré plus loin que personne avant lui, et qui l'oblige à formuler

12 M. Maeterlinck, *Cahier bleu* (1888), édité par J. Wieland-Burston, Gand, Éditions de la Fondation Maurice Maeterlinck, 1977, p. 101. L'expression est empruntée à Thomas de Quincey.

13 M. Maeterlinck, « Confession d'un poète », *L'Art moderne*, février 1890, réponse à l'enquête d'Edmond Picard : cité par Paul Gorceix dans son avant-propos des *Fragments* de Novalis (*op. cit.*), p. 24.

14 Novalis, *Fragments*, *op. cit.*, p. 201.

15 M. Maeterlinck, « Introduction » des *Fragments* de Novalis, *op. cit.*, p. 29.

16 *Ibid.*, p. 43.

« l'informulé[17] » ; elle est aussi celle qui arrête le poète au seuil de cet indicible, perdu au milieu des « hypothèses[18] » et des « incertitudes » parmi lesquels il tourne « en cercle », « Pascal un peu somnambule » dont les œuvres inachevées sont les « ruines » d'une œuvre grandiose qui reste en creux, et qu'il appartient aux générations futures de conduire à une positivité nouvelle.

« Indicible », « informulé », « inexprimable », « infini » : l'objet visé par l'entreprise novalisienne telle que la présente Maeterlinck est affecté, tout comme Dieu ou la déité dans la mystique apophatique, de toutes les préfixations négatives possibles, et condamne en effet l'œuvre à demeurer dans l'écart qui sépare indéfiniment l'initiation et la révélation, et à ne trouver d'instance légitimante que dans un « dehors » aussi nécessaire qu'inaccessible. L'œuvre de Novalis apparaît donc simultanément dans une positivité et une négativité : positivité d'une conquête des mystères de l'âme et de l'univers dont le déploiement appartient déjà à ce que Blanchot appellera « le livre à venir[19] » ; mais par là-même négativité d'une défaillance constitutive de la littérature qui assume quelque dix ans après Mallarmé[20] le motif de l'œuvre de l'impossibilité de l'œuvre – en quoi elle manifeste justement ce qui institue son nouveau paradigme et lui confère un statut d'exception au sein des discours.

Plus encore que la traduction et la préface de Maeterlinck, l'ouvrage fameux d'Albert Béguin *L'Âme romantique et le rêve*[21], publié en 1937, a été la véritable introduction du public français cultivé au romantisme allemand. La voie choisie, délibérément sélective, était celle du rêve, ainsi que l'indique le titre. Il y a à cette orientation, si décisive dans l'image de ce mouvement jusque dans les années soixante, des raisons que la longue préface du critique suisse ne donne pas toujours, mais qui sont clairement lisibles entre les lignes. L'ouvrage de Béguin proclame l'importance de l'imagination et la splendeur des mondes révélés par l'alliance de la poésie et du rêve en une période qui, « par cent moyens

17 M. Maeterlinck, « Confession de l'artiste », *op. cit.*

18 M. Maeterlinck, « introduction » des *Fragments* de Novalis, p. 65.

19 M. Blanchot, *Le Livre à venir*, Paris, Gallimard, 1959.

20 Rappelons que Maeterlinck est un fervent admirateur de Mallarmé, qu'il a rencontré à Gand en 1890.

21 A. Béguin, *L'Âme romantique et le rêve*, Paris, José Corti, 1939, rééd. Paris, Le Livre de poche, « Biblio-essais », 1991.

démoniaques[22] », s'acharne à en détourner les contemporains. Outre ce caractère réactionnel d'une entreprise menée en pleine montée des périls, l'ouvrage se propose comme une résistance à l'arraisonnement de la littérature par les sciences humaines – en quoi il consonne avec les dénonciations contemporaines de l'hégémonie de la pensée technique par un Jünger, un Heidegger, ou selon d'autres perspectives par un Bernanos[23] (dont Béguin, qui fut son exécuteur testamentaire, était très proche[24]). Ainsi est-ce clairement de cette emprise de la technique que relèvent à ses yeux la psychanalyse freudienne dont les dernières pages de l'introduction dénoncent « l'imperméabilité à la poésie[25] », la dimension réductrice niant ce qui « nous prolonge au-delà de nous-mêmes, et fait de notre existence actuelle un simple point sur la ligne d'une destinée infinie[26] » : « À l'opposé, en effet, les romantiques admettent tous que la vie obscure est en incessante communication avec une autre réalité, plus vaste, antérieure et supérieure à la vie individuelle[27] ». La perspective, le lexique de Béguin sont à peu près les mêmes que chez Maeterlinck quarante ans plus tôt. Chez l'un comme chez l'autre il s'agit de mettre en cause les frontières du réel et de l'imagination, du moi et du non-moi – toutes oppositions qui reprennent le vocabulaire même de l'idéalisme allemand ; chez l'un comme chez l'autre il s'agit de montrer comment, « de Rimbaud à Novalis » (telle est l'intertitre de la seconde section de l'introduction) le romantisme allemand a pu, par des « états d'inconscience, d'extase naturelle ou provoquée[28] », accéder à des « révélations sur le réel » et aux « fragments de la seule connaissance

22 *Ibid.*, Introduction (« La poésie et le rêve »), p. XXIII.

23 Cette réflexion, commencée dès le début des années Trente par ces auteurs (on sait en particulier l'influence des premiers essais de Jünger sur la pensée de la technique chez Heidegger), a surtout été développée après la Seconde Guerre mondiale : voir en particulier Georges Bernanos (*La France contre les robots*, 1948), Ernst Jünger (*Le Passage de la ligne*, 1950) et Martin Heidegger, (*cf.* M. Heidegger, « La Question de la technique », in *Essais et conférences*, Paris, Gallimard, 1958).

24 Voir A. Béguin, *Bernanos*, Paris, Seuil, 1954.

25 *Ibid.*, p. XXII. On peut noter que le discours sur le romantisme allemand s'accompagne presque toujours d'un positionnement, favorable (Breton) ou défavorable (Béguin, Gracq), sur la psychanalyse freudienne, dont la conception de l'inconscient (notamment avec Adler et Jung) fait débat depuis les années 1910 dans les cercles psychanalytiques, non sans échos dans le public cultivé.

26 *Ibid.*, p. XXI.

27 *Ibid.*

28 *Ibid.*, p. XII.

authentique ». Toutefois, la perspective pourtant clairement chrétienne de Béguin n'est pas essentiellement légitimée par la référence mystique – même si le mot est employé. Le lexique négatif recule chez lui, au profit d'une positivité qui est celle – beaucoup plus conquérante que n'y prétend la spiritualité apophatique – de l'herméneutique dont l'école de Genève déploiera après-guerre la méthodologie critique inspirée de Schleiermacher. C'est là encore un autre héritage théorique de l'idéalisme allemand qui est réflexivement sollicité pour penser ce dernier, relayant celui de la référence mystique plus que s'y opposant. Une autre raison plus discrète qui commande cette introduction en forme de manifeste, est sans doute le souci de réorienter de l'extérieur le surréalisme, dont le rapprochement avec le discours politique du PCF est devenu décisif au cours des années trente. Béguin inscrit clairement le mouvement animé par Breton dans la continuité des « voies [...] explorées [par] un Novalis ou un Arnim[29] » (l'association des deux noms, on va le voir, est significative). La génération poétique d'après la première Guerre Mondiale retrouverait ainsi la pureté d'un « acte poétique » fondateur dont Rimbaud est donné comme le maillon intermédiaire.

La mise en continuité du surréalisme et du romantisme allemand, argumentée par la quête commune d'un âge d'or et d'un état natif du langage poétique, apparaît de fait largement cohérente avec la pensée de Breton telle qu'elle s'est exprimée dans le *Manifeste* de 1924[30] ; mais plus que de Breton lui-même, ce brevet de surréalité accordé au romantisme d'Iéna est surtout le fait de surréalistes historiques comme Paul Éluard[31] ou Roger Gilbert-Lecomte, ou de commentateurs extérieurs au mouvement comme Béguin avant-guerre, ou après-guerre comme Julien Gracq[32] et Maxime Alexandre, l'éditeur de la « Pléiade » consacrée aux romantiques allemands[33]. Leur vision est clairement influencée par celle

29 *Ibid.*, p. XII.

30 Voir A. Breton, *Manifeste du surréalisme* (1924), in *Œuvres complètes*, t. I, Paris, Gallimard, coll. « Bibliothèque de la Pléiade », 1988.

31 Voir P. Éluard, *Premières vues anciennes* (1937), *Donner à voir* (1939) et *Dictionnaire abrégé du surréalisme* (en collaboration avec André Breton, 1938), in *Œuvres complètes*, t. I, Paris, Gallimard, coll. « Bibliothèque de la Pléiade », 1968.

32 J. Gracq, *André Breton. Quelques aspects de l'écrivain* (1948) ; « Novalis et *Henri d'Ofterdingen* » (1967 – repris dans *Préférences*, 1967) ; « Pourquoi la littérature respire mal » (1960), in *Œuvres complètes*, t. I, Paris, Gallimard, 1989.

33 *Romantiques allemands*, t. I et II, édité par M. Alexandre, Paris, Gallimard, coll. « Bibliothèque de la Pléiade », 1963 et 1973.

de Maeterlinck, relayée – au moins pour ce qui concerne Gracq – par le bel ouvrage de Ricarda Huch *Les Romantiques allemands*[34], publié en 1899 et traduit en français en 1933. Cette interlecture du surréalisme et du romantisme allemand reprend donc en bonne part le centrement de ce dernier sur la figure de Novalis – selon une vulgate dont Gide[35] et la NRF s'étaient également fait l'écho. Si Breton connaît l'histoire du mouvement d'Iéna à travers les ouvrages d'Édouard Spenlé sur Novalis et de Xavier Léon sur Fichte[36], c'est dans le but de se documenter pour écrire sa préface des *Contes bizarres d'Achim d'Arnim*, publiée en 1933 – la même année que la traduction de l'ouvrage de Ricarda Huch – dans *Point du jour*[37]. Le but est double : il s'agit pour lui à la fois de réhabiliter un artiste méconnu qui a anticipé à ses yeux la figure rimbaldienne du « poète-voyant » et dont le centenaire était occulté par celui – très officiel – de la mort de Goethe ; il s'agit aussi de faire un point sur ce que développera dans le même ouvrage le plaidoyer polémique « Légitime défense[38] », et qu'amplifiera deux ans plus tard (1935) la plaquette « Position politique du surréalisme[39] » : la recherche d'un équilibre, assurément périlleux, entre la défense du projet poétique du surréalisme et le souci d'un engagement révolutionnaire et athée qui s'affranchit de plus en plus décidément de toute allégeance stalinienne. Au romantisme de Novalis, de Schelling et de Friedrich Schlegel, taxé de conservatisme catholique et soupçonné de relents mystiques, Breton oppose donc en Achim d'Arnim la figure d'un romantique adepte du philosophe criticiste Fichte, lui-même ardent révolutionnaire et exempt de tout penchant « extatique[40] ». Les temps ne sont plus, écrit Breton, où

34 R. Huch, *Les Romantiques allemands* (1899), Paris, Grasset, 1933.

35 Gide s'est beaucoup intéressé à Novalis au tournant du siècle. Il l'avait découvert à travers Maeterlinck (*cf. supra*) et les *Promenades sentimentales* de Jean Thorel (1891). Si les velléités de traduction ont tourné court, la présence du poète allemand est très sensible dans les *Cahiers d'André Walter* et les *Poésies d'André Walter*, ainsi que dans le *Traité du Narcisse*. Sur cette question, on renverra à l'ouvrage de Jean-Paul Glorieux : J-P. Glorieux, *Novalis dans les lettres françaises à l'époque et au lendemain du symbolisme*, Louvain, Presses Universitaires de Louvain, 1982, p. 141 *sq.*

36 Voir É. Spenlé, *Novalis. Essai sur l'idéalisme romantique en Allemagne*, Paris, Hachette, 1903 ; X. Léon, *Fichte et son temps*, 2 vol., Paris, Armand Colin, 1927.

37 A. Breton, « Introduction aux *Contes bizarres d'Achim d'Arnim* », dans *Point du jour* (1933), in *Œuvres complètes*, t. II, Paris, Gallimard, coll. « Bibliothèque de la Pléiade », 1992, p. 341-360.

38 A. Breton, « Légitime défense », in *Point du jour*, *op. cit.*, p. 282-296.

39 A. Breton, *Position politique du surréalisme*, in *Œuvres complètes*, t. II, *op. cit.*, p. 411 *sq.*

40 A. Breton, « Introduction aux *Contes bizarres d'Achim d'Arnim* », *op. cit.*, p. 346.

« les illusions qui mettaient aux prises Schelling et Fichte, au nom du mysticisme naturaliste et du mysticisme révolutionnaire[41] », pouvaient rendre incertaine la « bataille spirituelle » entre « méthode expérimentale » et « méthode spéculative » : les déchirements économiques et politiques de l'Europe issue du premier conflit mondial « militent sans cesse davantage pour la subordination d'une théorie de la connaissance à une théorie de l'action, pour la substitution d'un idéal social à l'idéal de la perfection intérieure ». L'enjeu, au-delà de la politique, est la définition même de l'art, qu'il s'agit pour l'écrivain d'arracher à la fois à l'idéologie esthétique du marxisme (la détermination de la « superstructure » que constitue le domaine artistique par les « infrastructures » économiques) et à la non-contingence et à l'irrationalisme qui constituent son héritage symboliste, en quoi il s'agit de le soustraire à son institution paradoxale comme négativité, et de le restituer à son pouvoir (au moins potentiel) de transformer le réel. Ce qui intéresse au premier chef Breton en Arnim est la recherche d'une voie d'« équivoque[42] » poétique qui permette de mettre en cause la « stabilité entre le réel et l'imaginaire », et qui s'attache aux « états seconds » au détriment de toute affirmation identitaire du sujet : « Toute l'histoire de la poésie depuis Arnim est celle des libertés prises avec cette idée du "Je suis", qui commence à se perdre en lui[43] ». Breton reprend par ailleurs à son compte, non sans une certaine mauvaise foi, la critique par Hegel de l'irréalisme de Novalis dans *Heinrich von Ofterdingen*, auquel il oppose « l'irrésolution[44] » caractéristique d'Arnim. À la pure négativité mystique prêtée au premier se trouve ainsi substituée à travers le second la négativité dialectique d'un processus de réconciliation. Et c'est de fait selon ce schéma hégélien[45] qu'il inscrit le romantisme allemand ainsi recentré : celui d'un mouvement qui, un siècle avant le surréalisme, aurait su anticiper le dépassement (« *Aufhebung* ») de l'antagonisme entre rationnel et imaginaire, entre

41 *Ibid.*, p. 342.
42 *Ibid.*, p. 350.
43 *Ibid.*, p. 351.
44 *Ibid.*, p. 348.
45 L'impact de la philosophie hégélienne, à laquelle on sait que Breton a eu accès dès 1912 (bien avant les cours d'A. Kojève) à travers l'ouvrage d'A. Véra (A. Véra, *Introduction à la philosophie de Hégel*, Paris, Librairie philosophique de Ladrange, 1864), a été, de l'aveu répété de l'écrivain, considérable dans sa théorisation du surréalisme, quels que soient les nuances et correctifs apportés par la critique sur l'importance de cette influence.

réalité et concept : négation de la négation en quelque sorte, préparant ce qui ressemblerait fort à une réalisation de l'Esprit absolu.

Au lendemain de la seconde Guerre Mondiale, le surréalisme et le romantisme allemand voient leurs étoiles respectives sérieusement dédorées en France. Le mouvement d'Iéna pâtit de certaines interrogations sur la nature de ce mysticisme et de cette germanité qu'avaient exaltés un siècle après Germaine de Staël Maeterlinck et Ricarda Huch, ou plus tard Albert Béguin. La réédition par ce dernier, en 1949, du numéro des *Cahiers du Sud* sur le romantisme allemand qu'il avait dirigé en 1937[46], comporte de nouveaux articles – à commencer par la présentation de Béguin lui-même – qui mettent l'accent sur les liens possibles entre ce courant et l'idéologie nazie. L'ouvrage de Novalis *L'Europe et la chrétienté*, dénoncé avant-guerre par Breton[47], est à charge dans le dossier où Roger Caillois et André Chastel, retournant l'ancien argument de Staël et de Maeterlinck, exaltent la raison française contre l'irrationalisme délétère qui empoisonnerait la modernité[48]. Le surréalisme quant à lui est constamment en butte aux attaques répétées de Sartre dans les articles des *Temps modernes* repris par *Situations I* et dans l'ouvrage de 1947 *Qu'est-ce que la littérature*[49] *?*, où il dénonce l'irréalisme bourgeois et le subjectivisme du mouvement – dans des termes proches de ceux qu'avait employés Breton en 1933 pour fustiger Novalis. La politique et la question de l'engagement sont en l'occurrence au centre de tous ces débats qui bipolarisent les alliances et les oppositions. La brochure « Rupture inaugurale[50] », publié le 21 juin 1947 par un groupe surréaliste sur la défensive, officialise le divorce de celui-ci avec tous les partis, et propose de promouvoir un « mythe nouveau propre à conduire l'homme vers l'état ultérieur de sa destination finale[51] ». C'est dans ce contexte

46 Voir A. Béguin, « Le Romantisme allemand », *Cahiers du Sud*, mai-juin 1937, rééd. 1949.

47 A. Breton, « Introduction aux *Contes bizarres d'Achim d'Arnim*, *op. cit.*, p. 352.

48 Voir R. Caillois, « L'alternative (*Naturphilosophie* ou *Wissenschaftlehre*) », « Le Romantisme allemand », *Cahiers du Sud*, *op. cit.*, p. 109-117 ; A. Chastel, « Schelling ou la métaphysique de l'imaginaire », *Ibid.*, p. 128-138.

49 De Jean-Paul Sartre, on évoquera par exemple la fameuse étude « Situation de l'écrivain en 1947 », publiée en 1947 dans *Les Temps modernes* et reprise dans *Qu'est-ce que la littérature ?* (*Situations II*), Paris, Gallimard, 1948 ; rééd. « Folio », 1985, en particulier les pages 219-239 et 254-255.

50 Voir J-L. Bédouin, *Vingt ans de surréalisme, 1939-1959*, Paris, Denoël, 1961, p. 100 *sq.*

51 *Ibid.*, p. 107. Cité dans A. Breton, *Œuvres Complètes.*, t. III, Paris, Gallimard, coll. « Bibliothèque de la Pléiade », 1999, p. XXII.

tendu, et richement documenté par toutes les histoires et chronologies du mouvement, que l'essai de Julien Gracq *André Breton. Quelques aspects de l'écrivain* prend position, en dépolitisant radicalement le surréalisme et en l'inscrivant dans une histoire fabuleuse qui commence avec la Table ronde et se poursuit avec le romantisme d'Iéna et avec Rimbaud. Cette légende inspirée du modèle et des vignettes fournis par l'ouvrage de Ricarda Huch est celle d'une relation de réconciliation indissociablement mythique et poétique, à la fois cyclique et discontinue avec le monde (Gracq est à l'époque influencée par la philosophie de l'histoire de Spengler, elle-même nourrie de Vico) : relation « naïve » au sens schillerien du terme, pour laquelle l'écrivain emprunte également au sociologue Jules Monnerot le terme de « primitif[52] » :

> C'est là ce qui l'apparente (*i.e.* le surréalisme) au romantisme allemand, tourmenté de la volonté forcenée de réconcilier l'homme et le monde, explique la sympathie que Breton témoigne à des hommes tels qu'Arnim, Lichtenberg, Novalis, Hegel (et Gérard de Nerval). C'est là la source des affinités intimes que le surréalisme s'est toujours explicitement reconnues avec les primitifs de tous âges[53] [...].

On note au passage l'œcuménisme de la liste, qui rassemble à dessein Arnim et Novalis comme l'avait déjà fait Béguin en 1937 : la présentation écarte tout critère politique, et ne retient que ce qui peut contribuer à mettre en place, avec Iéna, l'incarnation d'une sorte de mythe baptismal et régénérateur de la littérature où s'inaugurerait ce qui peut à la fois consacrer l'autonomie plénière de celle-ci, et, la portant au-delà d'elle-même, la fonder par là-même pleinement. Si Gracq s'inscrit à l'évidence dans la continuité de l'introduction aux contes d'Arnim, il prend soin, comme on voit, d'écarter toute ambigüité en dissociant l'inscription dans l'histoire de la relation au politique. La teneur de la préface d'une réédition de *Henri d'Ofterdingen* de Novalis (1967) est exactement la même, qui entretient dans l'esprit de l'ouvrage symboliste de Ricarda Huch la même représentation :

> Le romantisme allemand, avec la candeur enfantine de qui croit vraiment ouvrir les yeux sur lui pour la première fois, investit le monde sans fureur

52 Voir J. Monnerot, *La Poésie moderne et le sacré*, Paris, Gallimard, coll. « Nrf », 1945, chap. v, p. 97 *sq.*

53 J. Gracq, *André Breton. Quelques aspects de l'écrivain*, *op. cit.*, p. 459.

> et sans violence, dans une espèce de prise de possession paisible et comme due – confiant dans le pouvoir de sa magie blanche, il ne voit devant lui que « s'ouvrir des verrous l'un après l'autre, et des fenêtres toujours nouvelles[54].

L'irréalisme rêveur de *Henri d'Ofterdingen* (pour reprendre l'usage francisé de l'époque) est nettement affirmé contre toute réduction de ce monde ci par le rationalisme ou par les contraintes de l'histoire, Novalis emblématisant notamment le romantisme allemand par « l'absence à peu près complète de ce qu'on pourrait appeler le sens du conflit[55] », par un souci tout musical d'harmonisation « jusqu'à la résolution inévitable de l'accord parfait ». La négativité qui définissait le romantisme chez un Maeterlinck ou différemment chez un Breton, disparaît chez Gracq comme chez Béguin à peu près totalement. Elle peut malgré tout caractériser, aux yeux de l'auteur de *Préférences* revenant après la disparition de celui-ci sur la singularité de ce mouvement, un surréalisme mis à la peine par l'histoire du siècle :

> Ce qui sépare le Paris de 1925 et l'Iéna de 1798, ce n'est nullement une conception neuve de la poésie et de son rôle, ce n'est pas Rimbaud, ce n'est pas Maldoror, [...], c'est Sade, c'est Freud, c'est Lénine[56].

Ce qui disjoint le surréalisme du projet de totalisation et d'harmonie dans lequel est supposé baigner le romantisme allemand, c'est donc les vertiges de la sexualité, les cryptes inavouables de l'inconscient, la confrontation de la révolution rêvée au principe de réalité – bref ce par quoi l'histoire moderne a pu voir s'effondrer ou s'effriter l'idéal porté « entre 1796 et 1801 » par ce « printemps sacré[57] », par ce « fantastique dégel [qui] va rompre et dissoudre toutes les barrières[58] », par cette utopie « symphilosophique » où a pu s'esquisser à travers une socialité plus pure et plus authentique le projet d'un homme complet. Si la négativité est totalement absente de cette présentation du romantisme allemand, c'est que celui-ci vit au contraire avec une intensité unique, pour l'auteur de *Préférences*, dans l'anticipation d'une plénitude prophétique dont ses œuvres si minces, inachevées (Gracq est sur ce point en

54 J. Gracq, « Novalis et *Henri d'Ofterdingen* », *Préférences*, *op. cit.*, p. 991.
55 *Ibid.*, p. 992.
56 *Ibid.*, p. 996.
57 *Ibid.*, p. 984.
58 *Ibid.*, p. 986.

phase avec Blanchot), sont moins les « ruines[59] » (Maeterlinck) ou les prodromes d'un accomplissement à venir que les témoignages d'un matin du monde indéfiniment inchoatif. La déchristianisation du paradigme mystique introduit par Maeterlinck et largement repris sur le fond par Gracq comme par Béguin ou Blanchot, se produit en l'occurrence sur le mode d'une triple grille métaphorique qui décline les recours d'un imaginaire de la plénitude : selon les cycles de la nature, selon le hors-temps du mythe et de la légende, et selon une sociologie du sacré reprise de Monnerot et des travaux du « Collège de sociologie[60] » :

> Avec [Novalis] s'était éteinte – non pour toujours (lui-même n'a-t-il pas évoqué dans *Ofterdingen* le Barberousse de la légende, ne dormant que d'un œil dans sa caverne ?) mais pour longtemps, une espérance fraîche et baptismale, pleine de matin, et pourtant vieille comme le monde[61].

Le romantisme allemand tel que le présente continûment Gracq s'inscrit en somme dans une double temporalité contradictoire : en tant qu'il emblématise l'effervescence sacrée des commencements, il s'intemporalise ou plus précisément communique avec un hors-temps du mythe qui est ce par quoi l'écrivain entend faire de la littérature un processus à la fois inactuel et effectif d'objectivation – projet de « posséder la vérité dans une âme et dans un corps[62] » dans lequel Novalis rejoindrait idéalement Rimbaud et Breton, et se caractériserait contre la vulgate dominante de l'époque comme puissance d'assentiment au monde. En cela il est donné comme propre à apporter réponse à toutes les entreprises marquées du sceau du négatif, comme les tentatives de concilier littérature et engagement politique, ou encore l'effort pour couper le sujet d'un réel par ailleurs réduit à son objectalité (sont ainsi

---

59 *Cf. supra.*

60 On renverra sur ce point, outre l'ouvrage déjà cité de J. Monnerot, à la publication par Denis Hollier des travaux du Collège de sociologie (1937-1939) : *Le Collège de sociologie*, Paris, Gallimard, coll. « Folio-essais », 1995.

61 J. Gracq, « Novalis et *Henri d'Ofterdingen* », *op. cit.*, p. 1000.

62 Cette formule fameuse de Rimbaud, qui termine l'« Adieu » d'*Une Saison en enfer* [1873], est énoncée avec une valeur programmatique par Allan dans *Un Beau ténébreux* ([1945], in Julien Gracq, *Œuvres Complètes*, t. I, *op. cit.*, p. 148). Sur la dynamique d'objectivation propre à la conception du roman chez J. Gracq, je me permets de renvoyer à mon article : P. Marot, « *"Fines transcendam"*, de la transgression à la frontière dans l'œuvre de Gracq », in P. Marot (dir.), *Julien Gracq*, n° 6 : *Les Tensions de l'écriture. Adieu au romanesque, persistance de la fiction*, Paris, Caen, Lettres modernes-Minard, « Revue des Lettres modernes », 2008, p. 191-240.

visés, successivement, l'existentialisme et le Nouveau roman[63]) ; mais en tant que mouvement pris dans l'histoire, le romantisme allemand se voit décrit comme l'aventure décevante de ce qui rattrape inéluctablement toute révolution, littéraire ou non, anticipant par là-même ce qui aurait dès les années Trente menacé le surréalisme.

La dissociation du littéraire et du politique n'est pourtant pas aussi simple qu'il y paraît : Gracq, après Hegel, Nodier, Breton, Blanchot et quelques autres, lie étroitement l'irruption du romantisme allemand et la Révolution française, Terreur comprise. Ce qui lui importe est la force de renouvellement sans concession au passé, l'aspiration à la pureté et à la création d'un homme neuf et complet, la radicalité d'un style tranchant comme la guillotine. Le rapprochement, opéré par l'étude « Novalis et *Henri d'Ofterdingen* », entre le poète thuringien et le jacobin Saint-Just est à cet égard des plus significatifs, qui entend résumer la vérité ultime du romantisme et de la révolution par ces deux figures emblématiques :

> Novalis est le Saint-Just de cette révolution édénique – non seulement pour la beauté quasi angélique du visage qu'a fixée pour nous le tableau de Hader [...], non seulement par sa jeunesse tranchée vive, mais plus encore par un éclat coupant qui n'est qu'à lui, par on ne sait quoi de souverainement posé, de paisiblement absolu dans l'affirmation qui en fait, parmi ces romantiques si bavards, le maître du fragment, de la formulation sèche et décisive. [...], par la détermination sans retour de remodeler l'homme et le monde sur une évidence intérieure paradisiaque et fixe[64] [...].

Cette relation ambivalente entre littérature et politique se retrouve chez Maurice Blanchot après la Seconde Guerre mondiale. Celui-ci coupe comme on sait l'engagement de l'écrivain dans l'écriture de toute considération socio-historique ou biographique, tout en poursuivant une intense activité au sein de l'avant-garde des intellectuels de gauche. Si Blanchot souligne à son tour dans *L'Entretien infini* la parenté stylistique de la Révolution française et du romantisme allemand (Novalis et Friedrich Schlegel en particulier), c'est au prix d'une évacuation de tout contenu – par définition suspect, comme plus tard pour Barthes

---

63 Ces deux mouvements font de la part de Gracq l'objet d'une attaque violente, contrastant avec un éloge appuyé du romantisme allemand et de Rimbaud (une fois encore associés), dans la conférence « Pourquoi la littérature respire mal » (1960), reprise dans *O.C., I*, *Préférences*, *op. cit.*, p. 857-881.

64 J. Gracq, « Novalis et *Henri d'Ofterdingen* », *op. cit.*, p. 987-988.

ou pour le déconstructionnisme, d'être infecté par l'idéologie. Non qu'il méconnaisse, pas plus que Breton ou Gracq, les compromissions tardives de certaines grandes figures avec la politique la plus réactionnaire et le christianisme le plus bourgeois ; mais il se focalise à son tour sur le moment inaugural : non point celui du mythe, mais dans une perspective plus phénoménologique celui de la pure émergence d'une conscience à elle-même, au-delà ou plutôt en deçà de toute réalisation et de toute objectivation :

> Et certes il est souvent sans œuvre, mais c'est qu'il est l'œuvre de l'absence d'œuvre, poésie affirmée dans la pureté de l'acte poétique, affirmation sans durée, liberté sans réalisation, puissance qui s'exalte en disparaissant, nullement discréditée si elle ne laisse pas de traces, car c'était là son but : faire briller la poésie, non pas comme nature, ni même comme œuvre, mais comme pure conscience dans l'instant[65].

Pour lui comme pour Gracq, le romantisme allemand est condamné à mal finir, non parce qu'il a trop bien commencé, mais parce que son essence est dans le geste radical du commencement. Blanchot est dans cette logique le premier penseur en France à faire du fragment le genre représentatif par excellence du mouvement d'Iéna, en ce qu'il coupe court au récit comme à la représentation et à l'expression de la durée, et en ce qu'il fait du défaut d'être la forme même qui permette d'accéder au tout :

> À moins que, [écrit Blanchot retournant les reproches de Goethe quant à l'absence d'œuvre véritable], précisément, l'une des taches du romantisme n'ait été d'introduire un mode tout nouveau d'accomplissement et même une véritable conversion de l'écriture : le pouvoir, pour l'œuvre, d'être et non plus de représenter, d'être tout, mais sans contenu ou avec des contenus presque indifférents, et ainsi d'affirmer ensemble l'absolu et le fragmentaire, la totalité, mais dans une forme qui, étant toutes les formes, c'est-à-dire à la limite n'étant aucune, ne réalise pas le tout, mais le signifie en le suspendant, voire en le brisant[66].

L'analyse de Blanchot rejoint celle de Maeterlinck en ce qu'elle s'attache à montrer que c'est par la négativité que le romantisme allemand peut fonder la modernité poétique. Mais la perspective est toute différente : si le modèle de la mystique négative se maintient de manière flagrante,

65 M. Blanchot, « L'Athenaeum », *L'Entretien infini*, *op. cit.*, p. 517.
66 *Ibid.*, p. 518.

il se vide – voire s'inverse – en définissant « l'essence » de la poésie romantique comme « passion de penser », comme pure conscience de soi, comme débordement de la pratique poétique par le pur génie créateur – toutes opérations par lesquelles la littérature proclame (mais, précise Blanchot, « elle ne s'affirme que par défaut[67] ») n'exister vraiment que sur le mode de la pure réflexivité et de la « liberté absolue[68] ». Où l'on retrouve sous une forme sécularisée, voire clairement nihiliste, le vieux motif mystique, devenu « *logos* des temps modernes », du non-savoir comme savoir suprême, par quoi le poète devient « maître de tout, mais à condition que le tout ne contienne rien, soit la pure conscience sans contenu, la pure parole qui ne peut rien dire[69] ». Dans cette vision du romantisme allemand comme institution tautologique et paradoxale d'une littérature qui soit à elle-même son propre événement, l'œuvre de référence n'est plus *Heinrich von Ofterdingen* – malgré le prestige que lui confère son inachèvement – comme c'était par exemple le cas pour Béguin ou Gracq, mais le *Monologue*[70] qui déplace l'accent de l'initiation et de la révélation vers la question du langage comme pure expressivité – déplacement qu'avalisera dans une perspective post-structuraliste Tzvetan Todorov dans son *Théories du symbole*[71]. Ce n'est toutefois pas le structuralisme qui intéresse Blanchot : une poésie qui se prendrait elle-même comme seul objet restaurerait une forme de transitivité, et ne constituerait qu'une négativité en trompe-l'œil[72]. Ce qu'emblématise aux yeux du critique l'exaltation générique du roman et plus encore du fragment par Novalis ou Friedrich Schlegel, c'est l'engagement de la littérature dans le processus du « désœuvrement », le passage du primat de l'œuvre à celui de sa potentialité. L'ironie romantique est supposée être à la fois la manifestation et l'instrument de ce processus, dans la mesure où elle défait toute stabilité de genre, et au-delà toute instance identitaire stable du sujet dès lors que celui-ci, éclaté, fragmenté, excède infiniment toute œuvre qui tenterait de le représenter. Cette conception de la négativité comme forme absolument créatrice, et par là-même créatrice d'absolu, a pour Blanchot une portée *historiale* – au sens que

67 *Ibid.*, p. 520.
68 *Ibid.*, p. 521.
69 *Ibid.*, p. 523.
70 Novalis, *Monologue et autres fragments*, Paris, Gallimard, 1978.
71 Voir Tz. Todorov, *Théories du symbole*, Paris, Seuil, 1977 ; rééd. Coll. « Points », p. 206-211.
72 Voir M. Blanchot, « L'Athenaeum », *op. cit.*, p. 524.

Heidegger donne à ce terme en opposant l'historialité, qui relève de la manifestation ontologique du *Dasein*, et l'historicité qui renvoie au devenir dans l'ordre des étants[73]. C'est-à-dire que le romantisme allemand manifesterait en ses plus hauts moments (ceux qui lui donnent sens et essence) ce qui renvoie la parole poétique à son origine même, condamnant le poème à se faire « la transmission de sa propre impossibilité[74] ». C'est paradoxalement la poésie de Hölderlin, dont Blanchot après Heidegger écrit qu'il n'est pas *stricto sensu* romantique, qui dirait dans son urgence tragique la vérité historiale du romantisme. C'est en ce sens que va l'étude « La Parole sacrée de Hölderlin », qui révèle la nature de la négativité à travers laquelle Blanchot pense le romantisme. Là encore il reprend, comme chez Maeterlinck ou chez l'auteur d'*Être et Temps*, la terminologie de la mystique négative, non pour ouvrir à la plénitude divine mais pour procéder au sacrifice du poète à l'auto-manifestation de la parole, dans l'« absence » et le « déchirement ». C'est cette perspective qui entend donner sa mesure et sa signification à la parole de l'origine comme parole sacrée, telle qu'elle apparaîtrait dans leurs meilleurs moments chez les poètes romantiques, et à l'événement de la parole intransitive telle qu'en hériterait, de manière non moins tragique, un Mallarmé. On constate le déplacement dans l'ordre des filiations par rapport à Béguin ou à Gracq, l'auteur d'*Igitur* se substituant significativement à Rimbaud et au surréalisme dans la mise en place de cette transcendance du signifiant.

Le retentissement des articles de Blanchot, on le sait, a été considérable, au point de constituer à partir des années Soixante-dix une sorte de vulgate critique qui avait l'avantage d'être supérieurement intelligente, et l'inconvénient de donner une image très tronquée du romantisme allemand, en occultant en particulier une bonne part de la positivité qu'un Béguin, un Gracq ou à un moindre niveau un Maxime Alexandre avaient décelée dans l'exploration infinitisante de l'univers et de l'esprit. L'ouvrage de Philippe Lacoue-Labarthe et de Jean-Luc Nancy intitulé *L'Absolu littéraire*[75], publié en 1978, allait conforter, amplifier et relayer

73 Voir M. Heidegger, *Être et Temps*, Paris, Gallimard, coll. « Bibliothèque de philosophie », 1972, § 73-77.

74 M. Blanchot, « La parole "sacrée" de Hölderlin », in *La Part du feu*, Paris, Gallimard, coll. « Nrf », 1949, p. 128.

75 Ph. Lacoue-Labarthe et J-L. Nancy, *L'Absolu littéraire. Théorie de la littérature du romantisme allemand*, Paris, Seuil, coll. « Poétique », 1978.

ce statut de vulgate de l'article de Blanchot, dans la continuité duquel il se situe. L'absolutisation de la littérature telle que l'entendent les deux philosophes fait du romantisme allemand, réduit comme pour leurs prédécesseurs à la seule revue *Athenaeum*, l'ouverture d'un moment historial majeur, un commencement radical (on songe une fois encore au parallèle avec la Révolution française) : « [...] Il n'est pas vrai qu'on puisse passer de Diderot à Schlegel – ni même de Herder à Schlegel[76] » ; « Les romantiques n'ont pas de prédécesseurs ». Ce qui commence en l'occurrence serait « non seulement l'absolu de la littérature, mais la littérature en tant qu'absolu[77] » – c'est-à-dire la littérature se produisant à travers sa propre théorie en faisant de cette réflexivité l'espace d'une institution paradoxale du genre et du sujet. Comme chez Blanchot, le fragment est donné comme le genre par excellence dans la mesure où la fragmentation est le « signe » de l'absence d'œuvre : « signe ambivalent, selon la logique la plus constante de ce type de pensée dont le modèle est bien la théologie négative – et la place vide qu'entoure une couronne de fragments dessine très exactement les contours de l'œuvre[78] ». L'absence d'œuvre – soulignée à l'envi par Blanchot comme par Gracq – est donnée dans *L'Absolu littéraire* comme liée au motif heideggerien de l'auto-manifestation de l'essence du langage, qui n'apparaît que dans le procès toujours ouvert et toujours différé de son actualisation. Essence en creux, en somme, qui porte explicitement à son comble la théologisation de la littérature, mais pour déboucher non sur le divin mais sur le « chaos » – c'est-à-dire sur ce qui pour Heidegger est le lieu terrifiant d'où s'arrache l'origine de la parole. Comme Blanchot, Nancy et Lacoue-Labarthe projettent en quelque sorte sur le romantisme la problématique heideggerienne de l'ontologie de la parole poétique telle qu'elle a été élaborée à partir de la relecture de Hölderlin[79] – au risque, on s'en doute, d'une défiguration du mouvement comme du courant. Il est notable cependant que cette projection se fasse à contresens de l'analyse du philosophe allemand, dont on sait quel jugement disqualifiant il porte sur le romantisme. Ainsi l'opposition entre poésie ontologique et poésie subjective, qui chez Heidegger crée un fossé infranchissable entre Hölderlin

76 *Ibid.*, p. 42.
77 *Ibid.*, p. 21.
78 *Ibid.*, p. 67.
79 Outre le cours consacré à Fribourg en 1934-1936 aux hymnes de Hölderlin, Heidegger est revenu tout au long de sa carrière philosophique sur le caractère essentiel de ce qui se jouait selon lui du rapport de la langue à l'Être dans l'œuvre de ce poète.

et ses contemporains[80], se voit-il comblé par annexion – au prix, on l'a vu, d'une réduction drastique du corpus. Le statut du sujet fait également l'objet d'un retournement axiologique, dans la mesure où la subjectivité romantique dénoncée par l'auteur d'*Être et Temps* devient dans *L'Absolu littéraire* une forme vide, un moi absolu et absolument libre, que n'inscrit aucune linéarisation métaphysique comme *archè* ou comme *telos* : un jeu sans substance, simple fonction grammaticale tenant lieu de cet insaisissable qu'est « l'imagination transcendantale » de Kant[81]. Le sujet et le fragment s'irréalisent donc réciproquement dans ce que *L'Absolu littéraire* appelle un « système-sujet[82] » voué à la dissolution organique (ce serait la voie sacrificielle incarnée par Novalis) ou à la débauche énergétique du génie (ce serait la voie « chaotique » incarnée par Friedrich Schlegel). Et on est là tout proche, de manière quelque peu inattendue, des figurations symbolistes chères à Maeterlinck, à Ricarda Huch et à Gracq !

Je voudrais, pour terminer cette relecture sommaire et lacunaire des approches du romantisme allemand selon les paradigmes de la négativité, évoquer l'ouvrage de Giorgio Agamben *L'Homme sans contenu*[83], bien qu'il sorte du domaine français et du XXe siècle entendu *stricto sensu*. La perspective du philosophe italien se situe à contre-courant des positions dominantes, dont on a vu qu'elles valorisaient dans le mouvement d'Iéna un commencement absolu, et une recaractérisation radicale du statut et du sens de la littérature moderne. Agamben se situe dans le double héritage de Hegel et de Heidegger – dualité qui n'a rien de conflictuel dans la mesure où l'argumentaire du second doit beaucoup à celui du premier. Il reprend en effet l'éblouissante analyse du *Neveu de Rameau* de Diderot par l'auteur de la *Phénoménologie de* l'esprit, où celui-ci lit le constat d'une scission entre le génie et le goût, le sens du bon et du mauvais[84]. La conscience ne peut en effet, dit Agamben à la suite de Hegel, trouver d'assise qu'en assumant la perte de toute valeur de référence, c'est-à-dire « la perversion [désormais possible] de toute chose en son contraire[85] ».

80 Notons que cette opposition, qui a durablement intimidé la critique, n'est pas aussi tranchée chez les historiens de la littérature romantique allemande.

81 Voir *Ibid.*, p. 43-44.

82 Tel est le sous-titre de la première section de l'« ouverture » de *L'Absolu littéraire*, *op. cit.*, p. 39.

83 G. Agamben, *L'Homme sans contenu*, Paris, Circé, 1996.

84 *Ibid.*, p. 40-75.

85 *Ibid.*, p. 45.

Pour l'homme de goût du XVIIIe siècle finissant, « l'art est [devenu] la seule certitude en soi en même temps que le déchirement le plus douloureux » – processus « nécessairement lié à la dissolution des valeurs sociales et religieuses[86] ». Cette situation instituerait ainsi la culture moderne sous le signe de ce que Heidegger, dans son étude « Le Mot de Nietzsche : Dieu est mort[87] » définit comme l'aboutissement nihiliste de l'histoire de la métaphysique depuis Platon, et qu'Agamben date pour sa part d'une dérive technicienne amorcée avec les grandes philosophies du XVIIe siècle (Descartes, Leibniz). La négativité de l'art romantique apparaît triple dans ces conditions : elle est celle d'un effondrement du socle métaphysique de la vérité ; elle est aussi celle d'un caractère désormais indéterminable qui reprend en la sécularisant la logique (une fois encore) de la mystique négative : l'art de fait devient sans autre objet que le vertige de la conscience qui le produit, « intuition mystique[88] » devenue « concept vide » ; enfin l'art ne peut désormais se définir que selon les critères du non-art, à travers ce « moule négatif[89] » qu'est la critique : « Notre appréciation de l'art commence nécessairement avec l'oubli de l'art[90] » – paradoxe indépassable qui serait en dernier lieu l'héritage du romantisme, c'est-à-dire du moment où, dit Heidegger, l'art va « au-delà de lui-même ». Dissocié de la vérité, le génie de l'artiste affirme le triomphe de la subjectivité – ce que Agamben appelle assez pédantesquement « la transcendance du principe créativo-formel[91] ». Mais c'est, on le voit, une subjectivité déchirée dont le déchirement permet seul de refonder l'art, annonçant les expériences hyperboliques d'un Baudelaire, d'un Rimbaud ou d'un Artaud pour lesquelles l'artiste, portant à son comble l'ironie romantique qui met la destruction au principe même de l'art, devient selon le mot de l'*Esthétique* de Hegel repris par Agamben, « un néant qui s'anéantit lui-même[92] ».

86 *Ibid.*, p. 46.

87 Voir M. Heidegger, « Le Mot de Nietzsche : Dieu est mort » (1943), in *Chemins qui ne mènent nulle part* (1950), Paris, Gallimard, 1962.

88 G. Agamben, *L'Homme sans contenu*, *op. cit.*, p. 73.

89 *Ibid.*, p. 70.

90 *Ibid.*, p. 71. On peut songer, quant à cette question de la critique en tant qu'elle repose sur l'oubli de l'art, à la réflexion de Jean Bessière sur le « délaissement » de l'œuvre : *cf.* J. Bessière, *Principes de la théorie littéraire*, Paris, P.U.F., 2005, p. 13 *sq.*

91 G. Agamben, *L'Homme sans contenu*, *op. cit.*, p. 90.

92 *Ibid.*, p. 86. Cette formule de l'*Esthétique* de Hegel donne son titre au chapitre 6 de l'ouvrage d'Agamben.

Cette lecture nihiliste du romantisme allemand, présumé une fois encore seul romantisme authentique et seule aune valable pour juger du romantisme « en général », entend inscrire le courant dans une histoire longue de la métaphysique occidentale, dont il représenterait la pointe extrême du processus d'oubli de l'Être. La visée d'Agamben est de penser le statut ontologique de l'art contemporain en le ramenant à son origine – en l'occurrence un « arraisonnement » de la *poiesis* par la *praxis*[93]. Le philosophe italien démontre, dans cette optique qui doit beaucoup à la pensée heideggerienne de la technique, que la conception romantique de la littérature – chez Novalis et Schelling en particulier – est gouvernée par une métaphysique de la volonté d'origine chrétienne, et qui se serait progressivement identifiée à l'Être : une volonté qui est à elle-même sa propre fin, « abîme informe et obscur[94] », « sans fond[95] », où l'on reconnaît une nouvelle fois le schéma d'une mystique négative qui aurait été vidée de sa substance ; une volonté se détournant par là-même de la visée de vérité qui caractérisait initialement – entendons pour les Grecs de l'Antiquité[96] – la production artistique. On conçoit dans ces conditions qu'Agamben oppose diamétralement, à la suite de Heidegger, la poésie de Hölderlin et le romantisme, la refondation de l'Être d'un côté, son oubli nihiliste et technicien de l'autre. Il n'entre pas dans mon projet, faute de temps, d'argumenter contre la lecture au demeurant admirable d'intelligence et d'érudition d'Agamben. La critique de la vision heideggerienne, tout de même fort systématique, du romantisme par Jean-Marie Schaeffer[97] pourrait constituer parmi d'autres une contribution majeure à cet égard, au-delà de l'étonnement qu'on peut être en droit d'éprouver devant l'usage de notions issues de la philosophie grecque pour penser la littérature moderne.

---

93 Voir le chapitre « *Poiesis* et *praxis* » dans *L'Homme sans contenu*, *op. cit.*, p. 110 *sq.*

94 *Ibid.*, p. 124.

95 Rappelons que le « sans-fond » (*Ungrund*) est une notion de J. Boehme désignant l'absence de fondation de l'Être.

96 On peut remarquer que la Grèce d'Agamben n'est en l'occurrence pas celle de Heidegger dont est pourtant largement reprise la perspective démonstrative : pour celui-ci, l'oubli de l'Être se vérifie dès l'événement socratique, pour celui-là il relève de l'appropriation chrétienne de la pensée grecque.

97 Voir J-M. Schaeffer, *L'Art de l'âge moderne. L'esthétique et la philosophie de l'art du* XVIII*e siècle à nos jours*, Paris, Gallimard, coll. « Nrf », 1992, « Heidegger face au romantisme », p. 300-308.

Ce qui m'apparaît au terme de ce parcours en perspective cavalière, c'est le caractère extraordinairement réducteur des présentations du romantisme allemand telles qu'elles ont été faites depuis la France, auxquelles j'ai cru éclairant d'ajouter celle d'Agamben. Il suffit à ce titre de comparer ces présentations et celles, qui ont été concurremment proposées par des historiens et des érudits du romantisme allemand comme Georges Gusdorf ou plus encore Roger Ayrault[98], pour comprendre ce que le geste de l'essentialisation et de la quête du fondement a pu avoir de tranchant. Ce courant est en effet, comme on l'a vu, à peu près systématiquement réduit aux quelques années de vie de la revue *Athenaeum* et du cercle d'Iéna, lui-même réduit à Novalis, Friedrich Schlegel et Schelling, au mépris de la riche production intellectuelle et artistique qui s'est faite après, et ailleurs, en Allemagne. Il est significatif que Hoffmann et Jean-Paul, qui avaient été les révélations de l'outre-Rhin romantique au XIXe siècle (si l'on met à part Goethe et Schiller), passent à la trappe dans la réflexion intense menée en France tout au long du XXe siècle sur ce courant. C'est qu'ils sont à leur tour réduits qui au fantastique, qui à la fantaisie, et que le romantisme allemand a été érigé, depuis que Maeterlinck a révélé les *Fragments* de Novalis et *Les Disciples à Saïs*, en modèle spéculatif chargé de refonder par la théorie une littérature dont l'essoufflement du naturalisme et celui du symbolisme montraient qu'elle en avait bien besoin au tournant du siècle. Ces approches réductrices convergent en ce qu'elles instituent toute la littérature selon le paradigme d'une métaphysique évidée de sa substance et privée de ses fondements. Pour autant, elles sont toutes légitimes et éclairantes, dans la mesure même où la littérature moderne s'est réflexivement pensée en réinventant le romantisme sur la base des concepts mêmes qu'il avait mis en circulation : en en identifiant la différence, elle s'est elle-même identifiée comme différence, c'est-à-dire comme une essence séparée dont le trait définitoire était justement la séparation. C'est en ce sens, me semble-t-il, que la notion de négativité peut apparaître particulièrement opératoire. Nous en héritons dans nos usages de notions aussi fondamentales en littérature et dans les arts que celles de sujet, d'œuvre, de genre ou

98 Voir R. Ayrault, *La Genèse du romantisme allemand*, t. I à IV, Paris, Aubier-Montaigne, 1961-1976 ; G. Gusdorf, *Les Sciences humaines et la pensée occidentale*, t. IX à XII, Paris, Payot, 1982-1985.

de vérité, et rien ne laisse supposer que cet héritage se soit à ce jour refermé derrière nous.

Patrick MAROT
Université de Toulouse II –
Jean Jaurès

« ÉCHAPPER À LA TUTELLE DU TEMPS »

Le romantisme révolutionnaire des essais de Lukács, Bloch et Benjamin

Georg Lukács définit le sens contemporain de l'essai dans la lettre liminaire de *L'Âme et les formes* (1911), et quelques années après, met en œuvre ce programme dans un texte retentissant, *Théorie du roman* (1916 puis 1920). Toute l'œuvre critique de Walter Benjamin se rattache de manière directe ou indirecte à cette impulsion donnée par Lukács. Ernst Bloch s'inscrit dans cette conception philosophique de l'essai. Pour les uns comme pour les autres, la forme brève n'importe nullement et l'on affiliera donc à cette tradition des ouvrages aussi longs et totalisants que *L'Esprit de l'utopie* (1918), et *Le Principe espérance* (1954-1959). Bloch au premier chef nomme « romantique » l'aspiration du texte à changer le réel : son effet est proprement « révolutionnaire ». Ce n'est donc pas parce qu'ils étudient des œuvres romantiques qu'ils le sont eux-mêmes, mais parce qu'ils « romantisent » la littérature. Le corpus de leurs essais littéraires (pour autant que le mot ait encore un sens propre) va en effet de Cervantès à Dostoïevski pour Lukács, du drame baroque au surréalisme pour Benjamin et parmi les multiples références de Bloch, le *Faust* de Goethe est le texte le plus cité et le plus étudié, notamment dans la cinquième partie du *Principe espérance* (tome III de l'édition française). Pour saisir cette inactualité du romantisme, il suffit de rappeler que Baudelaire est un phare pour Benjamin, mais qui éclaire moins l'esthétique « romantique » d'un siècle passé que l'ethos même de la modernité.

Dans les trois cas émerge une conception commune et nouvelle de l'essai littéraire comme expérience de pensée dont le propre est de dépasser son objet, le texte, au profit de la pensée du texte. Dans la lettre de 1910 qui sert de préface à *L'Âme et les formes*, *Essais*, paru en 1911, Lukács se demande si la critique est en soi une œuvre d'art, mise en forme de l'Idée. Le critique, dit-il, dégage le destinal, le moment destinal où les choses prennent forme.

> On pourrait alors parler, écrit Lukács, d'un ultra-idéalisme : l'essayiste parle d'un tableau ou d'un livre, mais il l'abandonne aussitôt – Pourquoi ? pour la simple raison je crois que l'idée de ce tableau ou de ce livre est devenue surpuissante en lui, qu'il en a oublié tout l'accessoirement concret, qu'il ne l'a utilisé que comme départ, comme tremplin [...]. L'idée est la mesure de tout[1].

Le projet de l'essayiste est à tout titre primo-romantique : d'abord en ce qu'il fait de la présentation de l'idée le lieu d'une conciliation possible de l'idée et du monde, du subjectif et de l'objectif. étant le lieu de pensée de l'œuvre d'art (l'art englobant la littérature), il est le medium où le sujet pensant recherche l'accord avec le monde sensible. Se tenant dans la réflexion d'un matériau lui-même déjà réfléchi, la critique se confond avec la littérature, comme l'avait déjà relevé Friedrich Schlegel. Le critique devient co-auteur de l'œuvre en dégageant ce qu'Adorno nommera la « teneur de vérité » (*Wahrheitsgehalt*) de l'œuvre. L'essai devient un genre littéraire en même temps qu'un genre théorique, au point de jonction entre romantisme et idéalisme philosophique – cette coïncidence de la littérature et de la philosophie dans un projet idéaliste définissant le premier romantisme.

Mais nos auteurs s'en éloignent aussi, dans la mesure, où l'idéal apparaît de plus en plus comme l'autre du réel et la littérature comme l'expression la plus adéquate de cette faille. La contradiction même de la philosophie idéaliste s'élargit sous le regard critique de la sociologie qui observe la fin d'un monde (Weber, Tönnies et Simmel qui leur est plus contemporain). Le but de la quête du critique, que l'on pourrait dire en cela « problématique », est de trouver un lieu où s'apaise la tension entre l'idéal et le réel ; or ce lieu est lieu même purement idéel, c'est une production supérieure de l'esprit, une œuvre d'art, une œuvre du style. En pleine guerre mondiale, celle de 14-18, Lukács et Bloch inventent une sortie qui ne peut être qu'*utopique* de l'Histoire, un au-delà du roman malheureux de l'existence dans le dépassement du roman par la nouvelle forme inventée par Dostoïevski pour l'un, dans l'esprit de la musique pour l'autre. Ils ne l'ont trouvée que dans

1 G. Lukács, *L'âme et les formes. Métaphysique de la tragédie* (1911), trad. G. Haarscher, Paris, Gallimard, 1974, p. 10.

les formes artificieuses de l'art et non dans les conditions objectives de l'existence. Lukács sort du dilemme en 1918 et fait le choix du matérialisme historique et du réalisme, alors que Bloch gardera la posture messianique d'un idéalisme des fins dernières. Benjamin, lui, ne cesse de creuser ou combler l'incompatibilité entre eschatologie et communisme.

Cette lecture s'inscrit dans la piste ouverte par les travaux de Michaël Löwy, dans *Juifs hétérodoxes. Romantisme, messianisme, utopie* en particulier[2]. Elle entend montrer en quoi Lukács, Bloch et Benjamin s'inscrivent profondément dans la pensée romantique, et même la plus « typiquement » romantique par leur conception du temps : celle de Schelling, en amont de Schopenhauer et de Nietzsche, qui propose une temporalité non aristotélicienne et non hégélienne, mais proprement eschatologique, au sens étudié amplement par Jacob Taubes[3], de « renversement du monde ». L'héritage schellingien chez Bloch est explicite et fréquent, au point qu'Habermas le nomme « un schellingien marxiste[4] ». Il est certes absent de la dissertation de Benjamin sur le romantisme, *Le Concept de critique esthétique dans le romantisme allemand*, mais Benjamin subit l'influence de Rosenzweig qui lui-même doit beaucoup à Schelling. De plus, de 1915 à 1917, il s'intéresse à un élève de Schelling et Baader, Molitor, philosophe allemand qui a consacré quarante-cinq années à l'étude de la Cabale. L'intérêt pour la cabale et le Zohar en particulier a pu fusionner avec ce qui lui était compatible dans l'idéalisme allemand : la survivance chez Schelling de la gnose, du néo-platonisme, c'est-à-dire d'une période d'indistinction des mystiques juives et chrétiennes, abondamment étudiée par Scholem. Enfin, s'il l'omet en 1920, c'est aussi parce que Schelling aura peu à voir avec l'idéalisme abstrait de Schlegel, auteur central de la thèse de Benjamin, dont il ne tardera pas à faire la critique dans *L'Origine du drame baroque allemand* en 1928. Il y reproche aux romantiques de s'intéresser à la réflexivité et non au langage, ce qui certes ne peut être imputé à Schelling.

La littérature, lue sous cette lumière apocalyptique, ferait émerger dans le langage la possibilité d'une temporalité révolutionnaire, pensable à partir de la cosmologie schelligienne exposée dans *Les Âges du monde (Die Weltalter*, 1811 et 1813).

---

2 M. Löwy, *Juifs hétérodoxes. Romantisme, messianisme, utopie*, Paris, Éditions de l'éclat, 2010.

3 J. Taubes, *Eschatologie occidentale*, trad. R. Lellouche et M. Pennetier, Paris, Éditions de l'éclat, 2009.

4 J. Habermas, « Ernst Bloch. Un Schelling marxiste », *Profils philosophiques et politiques* 1971], trad. F. Dastur, J.R. Ladmiral, M. B. de Launay, Paris, Gallimard, 1974, p. 193-216.

LE PASSÉ

Franz Rosenzweig trouve le texte du « premier programme de l'idéalisme allemand », l'attribue à Schelling, découvre *Les Âges du monde* dans l'édition Reklam de 1913 et dit de la pensée nouvelle « qu'elle ne peut rien connaître si elle s'émancipe de la tutelle du temps – ce que néanmoins la philosophie avait jusqu'ici considéré comme son plus haut titre de gloire[5] ».

Les Âges du monde fait le récit, inachevé, de la création du monde, et donc de la genèse du temps. Pour penser le commencement du temps, il faudrait penser un autre temps, l'on connaît le problème insoluble, le paradoxe du commencement. L'erreur logique vient de l'imagination qui place le monde *dans* le temps, plutôt que de penser le monde comme du temps, comme le surgissement du temps même. « Nulle chose ne naît dans le temps, écrit Schelling, c'est au contraire en toute chose que le temps naît à nouveau immédiatement à partir de l'éternité[6] ». Le stade primordial est celui d'une indistinction de l'être et de l'étant, d'un état de la matière habitée d'une pulsation vitale, un mouvement opposé de contraction et de dilatation. C'est ce cette lutte que jaillit le temps, c'est-à-dire le présent. Le temps est le processus de différenciation (*Differenziirung – sic*) et d'opposition polaire de ces deux mouvements : retour en soi et expansion hors de soi[7]. Il n'y a donc pas un premier moteur immobile à partir de quoi se déroulerait la durée linéaire. Il n'est pas davantage la condition de possibilités des choses, le Sujet transcendantal kantien, mais il est en elle, ce qui les pousse à être, selon une dynamique *Sturm und Drang* qui cherche son apaisement, son unité. Telle est la dialectique schellingienne du Père, du Fils et de l'Esprit : le père sort de soi par un acte d'amour, engendre le fils. Le monde n'est plus alors dans la simultanéité première, mais la « deuxième personnalité [...] pose l'être comme première période ou

5 F. Rosenzweig, « La Pensée nouvelle. Remarques additionnelles à *L'étoile de la rédemption* », trad. A. Derczanski et J.-L. Schlegel, Paris, Seuil, 1982, p. 39.

6 F. W. J. Schelling, *Les Âges du monde* (versions premières 1811-1813), trad. B. Vancamp, Bruxelles, Ousia, 1988, p. 236.

7 *Ibid.*, p. 136-137.

première puissant, l'étant comme Présent, et l'unité libre et essentielle des deux [...] comme avenir[8] ».

Le passé n'est donc jamais passé, demeure toujours présent, et il est simplement occulté par le surgissement du nouveau, replié dans la déchirure du temps. Tel est le fondement des pensées du fondement sans fond, le *Grund*, et des archéologies de l'origine qui guide la démarche critique de nos auteurs : il s'agit pour eux de réactiver le surgissement depuis l'origine, l'*Ursprung* dynamique, pour reprendre le terme choisi par Benjamin quand il retrace la généalogie du drame baroque allemand dans *Ursprung des deutschen Trauerspiels*.

Pour des penseurs qui ont à chaque fois la conscience de la modernité comme d'une coupure (conscience qui vient de loin : de Schiller, Baudelaire et Max Weber pour le dire vite), cette ontologie du temps permet de renouer le lien avec le passé. C'est pourquoi sans doute ils regardent sans loucher (sans paradoxe) vers l'âge des pères pour fonder les temps nouveaux. Pour Lukács, élève de Max Weber, le ré-enchantement du monde, suppose non un saut dans l'avant-garde, mais la réactualisation de la totalité organique sans cesse visée, celle de la belle unité grecque, dans des formes intermédiaires entre l'épopée et le roman. C'est surtout dans les pages consacrées au roman moderne qu'apparaît la phénoménologie de la conscience malheureuse du temps, qui fut consignée par les romanciers du dix-neuvième siècle. La conscience malheureuse du héros ne peut se penser que comme divergence par rapport au cours du temps, tant qu'elle reste prisonnière de l'écriture linéaire. Le récit romanesque, on le sait, fait apparaître la discordance entre la temporalité interne idéale et le prosaïsme du monde historique. Or, la plus grandiose réponse est la grande forme du roman tolstoïen, quand les personnages, le prince André ou Anna Karénine, et les lecteurs avec eux, avec en prennent conscience et laissent alors toute fascination pour la chronologie historique pour se relier à une méta-temporalité cosmique. Ils retrouvent alors le fond d'indifférenciation qui prélude au devenir historique : la mort. Le romancier de l'archaïque pour Lukács, le dramaturge du *Trauerspiel* baroque d'une autre manière pour Benjamin, opposent à l'entropie linéaire une méditation de la mort. La catégorie artistotélicienne du tragique (qui est toujours résolution du tragique par

8 *Ibid.*, p. 140-141.

la connaissance) ne correspond plus à cette sensibilité de l'élémentaire, où le matérialisme athée de Flaubert rencontre le spiritualisme de Tolstoï.

Bloch retourne cette image de la mort, la tête de mort en anamorphose dans le tapis des Ambassadeurs d'Holbein, en image du salut, par l'entremise de la métaphore du Jugement dernier. Il fait, lui aussi, le tri entre les scories de l'Histoire et ce qui exprime le Vouloir originaire. L'essai est en quête du fondement, du « principe » qu'il recherche dans toutes les œuvres du passé, musique, religion, philosophie, littérature. Bloch réactualise via Schopenhauer le paradigme musical romantique pour les penseurs (philosophes et écrivains) :

> [...] plus le son pénètre en lui-même profondément, sans dévier, plus s'y élève audible la voix du muet originel (*der Urstumme*) qui se raconte la plus ancienne des légendes : mais il est ce qu'il se dit. Que commence enfin à résonner ainsi l'instant vécu, arrêté sur lui-même, fendu, reporté, à retraite la plus secrète, – et les temps seront révolus, et la musique, cet art transparent qui accomplit des miracles, qui accompagne par-delà la tombe et la sortie de ce monde, aura réussi la première composition de l'image divine, l'énonciation toute différence d'un nom divin, aussi perdu qu'introuvable[9].

Son modèle littéraire est beaucoup moins tragique que romantique : il s'agit de Faust qui va puiser, auprès du principe générateur féminin – l'énergie créatrice (en particulier à l'acte I de *Faust II*, scène dans la galerie sombre[10]).

Cette convergence participe d'un trait propre à Benjamin, qui le fait entrer en contradiction avec l'orthodoxie hégélienne et marxiste : il cherche dans la littérature et dans la forme brisée non des *processus de médiation* mais des *intuitions* d'un très ancien refoulé. L'essai littéraire est alors tout autre chose qu'une remémoration historique et historienne ; il est lui aussi, comme son objet, attention au mythique. L'on mentionnera à cet égard la fascination pour l'antédiluvien dans les *Affinités électives*. Goethe lui-même, figure de l'intellectuel éclairé, devient comme pour Bloch le décrypteur des messages destinaux de la Nature[11]. Il y a dans l'antédiluvien une force primordiale qui vient balayer les erreurs des hommes, leurs monstruosités (la greffe versus la germination dans les

9 E. Bloch, « Philosophie de la musique », in *L'esprit de l'utopie*, *op. cit.*, p. 191-192. On retrouve de telles analyses dans le volume 5 du *Principe espérance*.

10 J. W. von Goethe, *Faust I et II*, trad. B. Lortholary, Paris, Flammarion, 1984, p. 271-276.

11 W. Benjamin, *Œuvres I*, Paris, Gallimard, p. 286-289 en particulier.

Affinités), et rappeler combien il est dangereux de s'en remettre à la seule raison (par exemple à la gestion administrative des hommes et des biens selon le modèle de l'État prussien prôné par l'architecte). Le Goethe faustien de Bloch et celui de Benjamin se rejoignent en ce point et le mutisme contagieux d'Odile (Ottilie)[12] est une façon de se relier au mutisme primordial dont seule la musique, selon Bloch, est à l'écoute.

Pour Benjamin, en ceci proche aussi de Rosenzweig, l'écriture va à rebours : « Le retour en arrière est la direction de l'étude, qui transforme la vie en écriture ». Elle est une remémoration qui lutte contre les processus d'aliénation modernes : Proust, Kafka suivent ce contre-courant, « car du pays de l'oubli souffle une tempête. Étudier, c'est chevaucher contre cette tempête[13] ». L'étude et la référence forte à Proust, lui aussi lecteur du Zohar et disciple de Schelling par l'intermédiaire de Gabriel Séailles, est donc centrale dans la critique littéraire de Benjamin. Elle passe aussi bien entendu par Bergson qui ouvre et conclut[14] l'article de 1939 « Sur quelques thèmes baudelairiens » : « Les correspondances sont les données de la remémoration. Données non pas de l'histoire, mais de la préhistoire[15] ». Benjamin lit ensemble ces mouvements convergents et rétrogrades (au sens premier) ; il relie la vie antérieure baudelairienne, le souvenir proustien, et Goethe, à qui renvoie à ce moment une note : le beau est à mesure de la reconnaissance des hommes du passé, le recevoir est un appel (*Appel*) que les romains nommaient *ad plures ire*[16]... Benjamin résonne fortement ici avec le Lukács romantique de *Théorie du roman*, fasciné par la douleur du temps qu'il entend chez Flaubert et Tolstoï. Le passé ne passe pas, il est créé par l'instant, donc toujours présent et c'est cette présence que dévoile l'allégorie baudelairienne, la permanence des forces mythique dans le monde de la civilisation goethéenne, l'écriture proustienne de la mémoire.

12 *Ibid.*, p. 289.

13 *Ibid.*, « Franz Kafka », p. 450-451.

14 Située aux chapitres II et X d'un essai qui en compte douze, la tutelle bergsonienne bâtit l'arche de l'essai sur Baudelaire.

15 W. Benjamin, *Œuvres III*, *op. cit.*, p. 372.

16 *Ibid.*, note 1 de la p. 371, p. 371-372.

LE PRÉSENT

L'écoute du passé permet de modifier la vision, de voir par-delà les faits, et donc de démonter la logique artistotélicienne d'un récit qui ne révèle sa vérité qu'à la fin de l'enchaînement des actions : les auteurs dont nous nous occupons demeurent fidèles aux courants ésotériques et à un modèle gnostique plutôt que rationaliste. L'éclair de l'intuition emporte la logique des déductions et avec elle la causalité. La formule faustienne de Bloch « Vouloir le tout » résume bien cette attente messianique d'un retournement, d'une catastrophe qui serait révolution en ramenant à l'origine.

Or, l'hypothèse que les lois du monde puissent être autres, que du nouveau puisse surgir n'est possible que dans une conception où nous ne sommes pas dans le temps, mais où nous sommes le temps. C'est exactement l'hypothèse des *Âges du monde* : il n'y a pas eu de commencement du temps, car c'est le jaillissement du présent qui soudain repousse en arrière tout le passé et crée l'avenir. Tel est pour Schelling le commencement des choses qui est aussi le commencement du temps, le passage de l'être à l'existence saisi comme commencement – et donc comme a-temporel, éternel – à quoi il donne la figure théologique d'un engendrement du Fils par le Père :

> À chaque instant –comme au premier – sont surmontées la rigueur et la clôture du Père et cet acte, puisqu'il pose toujours, et lui seul, un temps dans les choses, est, non pas une fois seulement, mais toujours et par nature un acte pré-temporel. Cet acte, disions-nous, pose un temps dans les choses[17].

Seul ce recours à une temporalité romantique du temps toujours recommencé, mu par une énergie active, permet de penser une disruption messianique qui annihile la vision réformatrice sociale-démocrate.

Pour chacun de nos essayistes, l'écrivain qui relie les âges du monde est Goethe, débarrassé de son empois classique, et le héros véritablement révolutionnaire, qui veut l'advenue du présent messianique, Faust. Bloch revient sans cesse à l'homme d'action qui accomplit son souhait : « L'Appel "Arrête-toi !" lancé à l'Instant, est originaire comme l'origine

17 F. W. J. Schelling, *Les Âges du monde*, *op. cit.*, p. 141.

et sa fin même, il constitue la métaphysique, unique en son genre et longtemps ignorée, du poème faustien[18] » – et pour lui la phénoménologie[19] comme parcours de réconciliation du subjectif et de l'objectif doit porter les bottes de sept lieues, sauter par-dessus les médiations successives, car elle cherche à faire retour à ce qu'il y a de plus proche une fois parcourue l'étendue, l'instant.

Que faire alors pour se saisir de l'instant ? Au centre de « Sur quelques thèmes baudelairiens », pris entre deux paragraphes sur Bergson et Proust figure un excursus sur le joueur baudelairien, qui s'en remet au hasard à l'inachevé, et non à l'expérience. L'expérience cumulative qui inscrit le monde (de l'artisanat, de la valeur intrinsèque) n'a plus cours, son cours a chuté, comme le dit l'essai sur *Le Conteur*. Telle est la malédiction de la modernité, dont le constat est fait avec et après Weber et Lukács, sa part méphistophélique. Le joueur fait un pari et non un vœu, qui attendrait un couronnement de la vie, une récompense : « la bille d'ivoire, écrit Benjamin, qui roule vers la case la plus proche, la carte du dessus, qui est la plus proche, sont à l'extrême opposé de l'étoile filante[20] ». La croyance obsolète en l'achèvement « est l'antithèse du temps infernal, du temps où se déroule l'existence de ceux à qui il n'est jamais accordé d'achever ce qu'ils entreprennent [...]. L'idée régulatrice du jeu (comme celle du travail salarié) est l'éternel recommencement à partir de zéro[21] ». En une phrase Benjamin indique l'issue, forcément révolutionnaire, de cet emprisonnement : le joueur et le salarié devraient, écrit-il, partager « la passion de l'impatience[22] ».

18 E. Bloch, *Le Principe espérance*, tome III, trad. F. Wuilmart, Paris, Gallimard, 1991, livre 5, p. 126.
19 *Ibid.*, p. 127.
20 W. Benjamin, « Sur quelques thèmes baudelairiens », *op. cit.*, p. 367.
21 *Ibid.*, p. 368.
22 *Ibid.*, p. 369.

LE FUTUR

Or l'originalité du pari révolutionnaire et méphistophélique du joueur moderne est de ne pas faire entièrement fi du passé. Il renoue au contraire avec l'ancestral par-delà la tradition : avec une pratique magique. Son pari que tout puisse être autre suffit à ré-enchanter le monde[23]. Ce ré-enchantement est le secret de la poésie baudelairienne que Benjamin met en lumière : la coïncidence du très ancien et de la modernité, le visage d'Andromaque sous les traits de la prostituée par exemple.

Le critique d'art et l'essayiste ressassent le passé, comme le fait penseur platonicien dans l'avant-propos à *L'origine du drame baroque allemand*. Il épuise le phénomène mais en même temps le relève par un ressassement de son histoire, « *Aufzehrung seiner Geschichte*[24] ». Il existe, écrit Benjamin, une répétition non malheureuse pour la conscience : celle de la médiation et de la lecture : « De même qu'elles se donnent sans intention dans la dénomination, les idées doivent aussi se renouveler dans la contemplation philosophique[25] », et l'on recommence à chaque fois, à chaque œuvre singulière (comme à la lecture on doit comprendre chaque proposition), par le retour à l'origine :

> L'origine (*der Ursprung*), bien qu'étant une catégorie tout à fait historique, n'a pourtant rien à voir avec la genèse (*Entstehung*) des choses. L'origine ne désigne pas le devenir de ce qui est né, mais bien ce qui est en train de naître dans le devenir et le déclin. L'origine est un tourbillon dans le fleuve du devenir, et elle entraîne dans son rythme la matière de ce qui est en train d'apparaître (*das Entstehungsmaterial*)[26].

Benjamin peut donc articuler culture classique et geste révolutionnaire (aux antipodes de la doctrine du groupe surréaliste à quoi il s'intéresse pourtant) :

---

23 On se souvient que le désenchantement du monde sous la plume de Max Weber est « *Entzauberung der Welt* ».

24 W. Benjamin, *Ursprung des deutschent Trauerspiels*, Frankfurt am Main, Suhrkamp Verlag, 1974, p. 30. Nous utilisons l'édition allemande pour ajouter à la traduction française tous les termes du lexique si schellingien de Benjamin.

25 W. Benjamin, *L'Origine du drame baroque allemand*, trad. S. Muller, Paris, Flammarion, 1985, p. 34.

26 *Ibid.*, p. 46.

> Elle demande à être reconnue d'une part comme une restauration, une restitution (*Wiederherstellung*), d'autre part comme quelque chose qui est par là même inachevé (*Unvollendetes*), toujours ouvert (*Unabsgeschlossenes*). Chaque fois que l'origine se manifeste, on voit se définir la figure dans laquelle une idée ne cesse de se confronter au monde historique, jusqu'à ce qu'elle se trouve achevée dans la totalité de son histoire. Par conséquent l'origine n'émerge pas des faits constatés, mais elle touche à leur pré- et post-histoire (*Vor- und Nachgeschischte*)[27].

Benjamin préfère ici l'*Aufzehrung* entropique à l'*Aufhebung* de la logique hegelienne, et présente sa dialectique comme « détermination réciproque de l'unique (*Einmaligkeit*) et de la répétition[28] ».

Aucun texte ne pouvait mieux réarticuler le concept de l'anté-historique schellingien (qui se poursuit chez lui au-delà des *Weltalter* dans son étude de la mythologie et dans son esthétique) avec les concepts messianiques de sortie de l'histoire qui obsèdent les œuvres critiques de Lukács et Bloch. La présence de la puissance originelle dans l'instant témoigne d'une possibilité de s'en sortir, d'échapper aux déterminations historiques et donc à l'aliénation. Pour Lukács, et cela est bien connu, c'est par le saut éthique (par le romantisme kierkegaardien) que cela se fait à la fin de la *Théorie du roman* : quand Sonia décide de suivre Raskolnikov et achève le récit dans l'ordre ultra-mondain de la grâce qui met fin à l'écriture du roman. Tel est l'élément messianique dégagé par le romancier puis par le critique : le destinal, le moment destinal où les choses prennent forme, écrivait-il déjà dans sa préface à *L'âme et les formes. Essais* (1911)[29].

Bloch s'inscrit dans cette lignée et emprunte à Lukács[30] la métaphore de l'image dans le tapis pour en faire un leitmotiv de *L'Esprit de l'utopie* :

> Pourtant il y a un ordre caché dans ce monde, une composition dans l'entrelacement de ses lignes. Mais c'est l'ordre indéfinissable d'un tapis ou d'une danse : il semble impossible d'interpréter son sens, et encore plus impossible de renoncer à une interprétation ; c'est comme si toute la texture

---

27 *Ibid.*, p. 44.

28 *Ibid.*

29 « *Der Kritiker ist der, der das Schicksalhafte in den Formen erblickt, dessen starkstes Erlebnis jener Seelengehalt ist, den die Formen in sich indirekt und undbewusst in sich bergen* », E. Bloch, *Versuche*, Berlin, G. Egon Fleischel & Co., 1911, p. 17. (« Le moment destinal du critique est donc celui où les choses deviennent formes, l'instant où tous les sentiments et toutes les expériences vécues qui étaient en deçà et au-delà de la forme reçoivent une forme, se fondent et se condensent en une forme », E. Bloch, *L'âme et les formes*, *op. cit.*, p. 10).

30 *Ibid.*, p. 265.

> des lignes enchevêtrées n'attendait qu'un mot pour devenir claire, univoque et intelligible, comme si ce mot était toujours sur le bout des lèvres de quelqu'un – et pourtant jamais personne ne l'a prononcé[31].

Des trois essayistes, c'est Bloch qui articule le plus explicitement le passé le présent et le futur présent à l'intérieur des textes. Il voit dans le temps musical l'expression la plus adéquate de cette triple dialectique, une synthèse temporelle qu'il nomme l'attente. Dans *Le principe espérance*, l'attente est devenue l'affect fondamental de ce que *L'Esprit de l'utopie* nommait « la métaphysique du pressentiment de l'utopie[32] » ; elle est l'expression faustienne par excellence à la fin d'un cycle de lectures critiques des figures de Hamlet, Prospero et don Quichotte. En toute logique, cet affect n'est seulement romantique[33], mais est celui de la musique des Grecs comme de Bach, qui offre cependant « le meilleur accès à l'herméneutique des affects, surtout des affects d'attente[34] ». à la fin de l'essai, conclu comme *Faust II* et donc comme *L'échelle de Jacob* de Schönberg, est visée la fusion mystique qui oblitère à la fois dans la violence et la passivité la distinction entre moi et non-moi : l'instant mystique *Nunc stanc* ou bien *Nunc aeternum*[35].

APRÈS LE FUTUR…

En 1963, dans une postface terminale, Bloch présente *L'Esprit de l'utopie*, publié en 1918 puis réédité en 1923 comme la « gnose révolutionnaire » du « messianisme révolutionnaire » poursuivi ensuite dans « *Le Principe espérance* et les livres suivants[36] ». Le dernier chapitre, « Le Visage de la volonté », se clôt en effet sur la conciliation de la philosophie idéaliste et de la religion, et plus précisément de la mystique juive, par une citation du Zohar, et préfigure la phénoménologie de Lévinas :

31 E. Bloch, *L'Esprit de l'utopie*, *op. cit.*, p. 65.
32 E. Bloch, *Le Principe espérance III*, *op. cit.*, p. 189.
33 *Ibid.*, p. 80.
34 *Ibid.*, p. 189.
35 *Ibid.*, p. 468.
36 E. Bloch, *L'esprit de l'utopie*, *op. cit.*, p. 335.

> Si donc la chose en soi est apparue comme ce qui n'est pas encore, ce qui pousse et rêve dans l'obscur du vécu, dans l'inconnu fécond des objets, et aussi dans toute pensée par tout ce qu'elle contient d'espérance et d'étonnements profonds, on peut dire) en raison de l'unité finale de l'intensité et de la lumière en tant que leur propre dévoilement – que la chose en soi se définit plus exactement comme la volonté d'accéder à notre visage, et pour finir, comme le visage de notre volonté[37].

Benjamin demeure dans cette veine expressionniste (pensons à Schönberg) visant la fusion du marxisme et de la religion, car il s'agit pour lui d'infliger un choc à la conscience pour que s'opère une révélation, et qu'elle voie, avec les yeux de Baudelaire, le tragique de la modernité. Les mots de la littérature réactualisent l'archaïque et déclenchent l'utopique aussi dans le « Trauerspiel » : plus que les œuvres particulières, le drame baroque partage avec l'expressionnisme l'outrance (*Forcierung*), le maniérisme violent (*gewaltsame Manier*), car il est sans cesse porté en avant par « un vouloir artistique acharné [...]. Seule la forme est accessible à ce vouloir, mais jamais l'œuvre d'art particulière accomplie[38] ». Et cette force est puisée dans la *Bildkraft* (force imaginale) de la langue et dans ses archaïsmes. L'écho moderne s'entend dans la poétique de l'illumination et en particulier dans un texte d'une année postérieur, « Le Surréalisme. Le dernier instantané de l'intelligentsia européenne » (1929) :

> [...] le dépassement créateur de l'illumination religieuse ne se trouve pas dans les stupéfiants. Il se trouve dans une *illumination profane*, dans une inspiration matérialiste, anthropologique, à laquelle le haschich, l'opium et toutes les drogues que l'on voudra peuvent servir de propédeutique[39].

Mais alors, au terme de ce parcours, la Révolution par le geste critique, dans la solitude :

> L'étude la plus passionnée des phénomènes télépathiques, par exemple, ne nous apprendra pas sur la lecture (qui est une opération éminemment télépathique) la moitié de ce que cette illumination profane qu'est la lecture nous apprend sur les phénomènes télépathiques. Ou encore : l'étude la plus passionnée de l'ivresse du haschich ne nous apprendra pas sur la pensée (qui

37 *Ibid.*, p. 333.
38 W. Benjamin, *Le Drame baroque*, *op. cit.*, p. 54.
39 W. Benjamin, *Œuvres II*, *op. cit.*, p. 116-117.

> est éminemment narcotique), la moitié de ce que cette illumination profane qu'est la pensée nous apprend sur l'ivresse du haschich. Le lecteur, le penseur, l'homme qui attend, le flâneur sont des types d'illuminé tout autant que le fumeur d'opium, le rêveur, l'homme pris d'ivresse. Et de plus profanes. Pour ne rien dire de cette drogue terrible entre toutes – nous-mêmes – que nous absorbons dans la solitude[40].

Toute la force révolutionnaire, si elle vient à être déçue, ne risque-t-elle pas de se retourner alors contre l'individu ? Demeure la question de l'issue concrète de l'utopie messianique. Lukács terminait l'histoire du roman avec Dostoïevski, mais pour insister sur la Grâce, puis il fait en 1918 le pari du marxisme. Bloch ne fait qu'effleurer la part méphistophélique dans le destin de Faust et son angélisme de l'attente lui permet de maintenir jusqu'au bout la religion dans le marxisme (ou inversement). Benjamin insiste davantage sur la destruction nécessaire à l'apocalypse et sur la charge anarchiste des textes de Lautréamont, Rimbaud, Breton, et s'attarde à son tour sur un texte de Dostoïevski publié en 1915, « La Confession de Stavroguine » : « Le Dieu de Doistoïevski n'a pas seulement créé le ciel et la terre et l'homme et l'animal, mais aussi la bassesse, la vengeance, la cruauté[41] ». Il fait le mal avec spontanéité, car le mal est aussi authentique que le bien. Rien ne saurait mieux souligner la filiation romantique que cette pensée gnostique du Mal, dont Schelling est le rare représentant dans le champ philosophique, Benjamin, Kafka et quelques autres les écrivains.

Mais cette toute puissance du Mal aussi primordiale que le Bien, devenue visible, ne fragilise-t-elle pas soudain l'attente messianique soulevée dans la première décennie du siècle ?

Nous avions commencé par affirmer que Lukács, Benjamin et Bloch tenaient du romantisme par leur idéalisme, et pourtant c'est vers le matérialisme qu'ils tendent. La contradiction peut être levée si l'on considère qu'ils cherchent le salut dans la temporalité messianique schellingienne. La raison ultime de la fécondité de Schelling tient, comme Habermas le souligne dans *Théorie et pratique*, à ce que sa pensée est *fondamentalement*, si l'on peut dire, matérialiste, puisqu'elle déploie le devenir de la matière dans l'Histoire. Ne serait-ce pas là la raison des figures nouvelles que

40 *Ibid.*, p. 131.
41 *Ibid.*, p. 128.

prend le romantisme dès la fin du dix-neuvième siècle, et qui en font le moteur d'une conciliation esthétique possible du communisme et de l'anarchisme ? La pénultième raison est que Schelling, en pensant une sortie de l'Histoire, réactive une eschatologie qui permet de concilier un judaïsme et un christianisme platonisants[42], qui séduit penseurs et écrivains juifs *et* de langue et culture allemande.

Mais il faut reconnaître, aussi avec Habermas, que la postérité schellingienne est ambiguë : elle contient aussi « Heidegger, continuant Kierkegaard et Rosenkranz », en proposant une réduction existentialiste de la raison à l'intériorité ; d'où le risque d'une solitude du penseur, sinon de la pensée : « Cette conviction que la découverte fervente de l'Être et *l'évocation* du Salut coïncident et sont peut-être même identiques, fait que l'idéalisme survit à son dépassement. Telle est l'ambivalence que Schelling a légué à la philosophie contemporaine[43] ». De plus, la raison qui ne peut se fonder par elle-même recherche un fondement antérieur, en une pensée de l'origine qui peut basculer vers la réaction comme vers la révolution.

L'essai est une tentative pour s'en sortir, mais seulement par la littérature et la philosophie de l'art. Formulé ainsi, ce romantisme révolutionnaire apparaît comme une douce folie de penseurs-rêveurs idéalistes du XXe siècle, ou plus précisément d'un XXe siècle naissant et destiné au suicide. Or, l'on pourrait renverser l'accusation : n'est-ce pas au contraire la pensée progressiste des Lumières qui a démontré son échec en accumulant depuis 1940 au moins catastrophe humanitaire sur catastrophe écologique ? N'est-ce pas l'échec de l'héritage hégélien qui visait à concilier le sujet et le monde objectif et historique dans un État incarnant l'Esprit ? « Souffrons-nous, écrit Bloch, pouvons-nous trouver le salut, y a-t-il quelque immortalité dans notre existence humaine individuelle ? De cela, le concept ne se préoccupe point. Car le penseur est en passe de quitter la condition humaine, il nous abandonne le pire et sort fièrement d'une existence que concerne si peu l'intérêt de l'abstraction[44] ».

42 On remettra en question la distinction de l'idéalisme et du matérialisme en songeant que Platon est l'auteur du *Timée*, comme Schelling des *Âges du monde*.

43 H. J. Habermas, *Théorie et pratique*, trad. G. Raulet, Payot, 2006.

44 E. Bloch, *L'Esprit de l'utopie* (version de 1923 revue et modifiée), trad. A.-M. Lang et C. Piron-Audard, Gallimard, 1977, p. 220.

L'actualité de la pensée messianique au vingtième siècle est donc justement son inactualité revendiquée, programmatique, au sens rigoureusement nietzschéen, d'une justification esthétique de l'existence. La compatibilité idéaliste entre la révolution dans les lettres, l'essai comme forme messianique, et d'autre part la révolution dans les faits, dans la praxis, est *au cœur* des essais critiques que nous avons parcourus. Leur beauté tient à ce qu'ils se tiennent sur le fil périlleux et si romantique des contradictions de la puissance de l'imagination et de la réalité contemporaine.

Éric LECLER
Aix-Marseille Université

REMISANT LE TEXTE

Schleiermacher – Gadamer – Rombach – Hölderlin

Dans son grand ouvrage de 1960[1], Gadamer consacre à Schleiermacher un chapitre bref (à peine douze pages sur cinq cents), mais qui aura une influence très durable sur la réception de Schleiermacher au XXe siècle : pour s'en tenir ici au domaine strictement francophone, on peut citer Jean Greisch qui, dans *Herméneutique et Grammatologie*[2], n'expose l'herméneutique de Schleiermacher qu'à partir des passages évoqués par Gadamer, allant jusqu'à reprendre les mêmes citations orientées ; Antoine Berman, qui dans son approche historique de la traduction s'appuie largement sur « Gadamer, qui tire la leçon des intuitions de Schleiermacher[3] » ; et bien sûr Jean Grondin qui dans un livre au titre

1 H-G. Gadamer, *Wahrheit und Methode. Grundzüge einer philosophischen Hermeneutik*, Tübingen, J.B.C. Mohr (Paul Siebeck), 1960. Je cite d'après la troisième édition (augmentée) de 1972, et traduis moi-même. Pour la traduction française publiée, à laquelle je fais de rares références : *Id.*, *Vérité et Méthode. Les grandes lignes d'une herméneutique philosophique*, Paris, Seuil, 1996.

2 J. Greisch, *Herméneutique et Grammatologie*, Paris, Éditions du CNRS, 1977, p. 26-29. Tout en considérant que « l'œuvre de Schleiermacher marque la naissance de l'herméneutique au sens philosophique », Greisch qualifie ensuite cette œuvre de simple « ébauche » (*Ibid.*, p. 26-27), ce qui correspond précisément au terme choisi par Gadamer dans le chapitre sur Schleiermacher de *Wahrheit und Methode* (« *Entwurf* »). Les traducteurs français ont quant à eux opté pour « projet » (*Ibid.*, p. 202). Il insiste par ailleurs sur le motif de « l'appropriation », « qu'on retrouve également chez Gadamer » (*Ibid.*, p. 28). Quant à la citation à laquelle je fais allusion et sur laquelle je reviens plus loin, non seulement Greisch la restitue selon la version de Gadamer, mais il lui emboîte aussi le pas dans son commentaire, puisqu'il affirme comme l'avait fait Gadamer qu'elle « renvoie au contexte de la métaphysique du génie créateur de la période romantique » (*Ibid.*, p. 28). Il semble toutefois se dégager timidement de cette lecture à propos de « l'interprétation technique » (ou « psychologique ») en s'appuyant sur Kimmerle et Ricœur, mais se borne à suggérer que « le reproche "psychologiste" lui-même doit se manier avec circonspection » (*Ibid.*, p. 29), sans mettre directement en cause la lecture de Gadamer.

3 A. Berman, *L'épreuve de l'étranger. Culture et traduction dans l'Allemagne romantique*, Paris, Gallimard, 1984, p. 228. Le moins que l'on puisse dire est qu'il nous sera impossible de confirmer une telle affirmation.

très gadamérien consacre une vingtaine de pages à Schleiermacher[4]. Tout en reconnaissant une psychologisation exagérée de Schleiermacher (sans mettre directement en cause la lecture de Gadamer), il le fait étrangement selon un geste qui ressemble beaucoup à l'approche de Gadamer lui-même, à laquelle il finit d'ailleurs par se rendre[5].

Encore ces douze pages doivent-elles être relativisées, puisqu'un quart est consacré, à partir d'une maxime ou formule de Schleiermacher, à une exégèse du sens de cette phrase en dehors de la visée de Schleiermacher[6].

---

4 J. Grondin, « L'Herméneutique romantique et Schleiermacher », *L'Universalité de l'herméneutique*, Paris, Presses Universitaires de France, 1993, p. 79-100. Venant après les travaux de Manfred Frank (qu'il ne cite pas ici), Grondin resitue Schleiermacher par rapport à Kant et surtout Friedrich Schlegel. Les choses s'obscurcissent quand il voit une « antinomie » entre herméneutique et critique (au sens philologique et non romantique du terme) au motif que « pour comprendre correctement, il faut d'abord disposer d'éditions critiques, mais [que] pour les mettre sur pied on a déjà besoin d'herméneutique » (*Ibid.*, p. 84), ajoutant que cette « pensée antinomique » est typique de « la pensée de Schlegel » mais aussi « du romantisme plus généralement », donc aussi de Schleiermacher. Or, une telle « antinomie », comme nous le verrons, n'existe pas chez ce dernier. En revanche, ce schéma est utile pour commencer à valider implicitement la lecture de Gadamer (qui fait comme si « l'interprétation psychologique » pouvait être considérée pour elle-même) que j'analyse plus loin.

5 Grondin aborde en effet l'interprétation technique-psychologique en privilégiant l'aspect « divinatoire », justifié selon lui par « la modestie des résultats d'une interprétation purement grammaticale » (*Ibid.*, p. 95). Mais une interprétation « purement grammaticale » est exclue du système de Schleiermacher. Il insiste ensuite sur l'aspect psychologique comme concernant le vouloir-dire de l'auteur et s'autorise ici d'une citation de Schleiermacher : « [...] il ne faudrait pas faire comme si Schleiermacher n'avait pas lui-même écrit, et publiquement dit, que la tâche de l'herméneutique consiste à reconstituer de la manière la plus parfaite tout le déroulement intérieur de l'activité composante de l'écrivain » (*ibid.*). La rigueur herméneutique voudrait plutôt que l'on ne fasse pas comme si Schleiermacher parlait ici du vouloir-dire de l'auteur ni comme si cette phrase formait un tout en elle-même, puisqu'elle est prise dans un mouvement du type « si la tâche de l'herméneutique... alors... » qui rattache ladite « tâche » à un travail comparatif que la lecture de Grondin écarte (*cf.* Fr. Schleiermacher, « Über den Begriff der Hermeneutik mit Bezug auf F. A. Wolfs Andeutungen und Asts Lehrbuch » *Hermeneutik und Kritik*, édité par M. Frank, Frankfurt am Main, Suhrkamp, 1977, p. 321 *sq.*). Grondin semble du reste renoncer à trouver ce qu'il cherche à faire dire à Schleiermacher dans la traduction française, puisque sa note se termine par un étrange « tr. fr. *Herméneu* » (p. 96). Enfin, cette citation peu convaincante est suivie d'un commentaire qui ne l'est pas plus (« Sauf erreur, c'est aussi Schleiermacher qui a parlé d'interprétation psychologique »), sinon pour confirmer cette capacité prétendument herméneutique à noyer le poisson.

6 Il s'agit de la maxime « comprendre le discours tout d'abord aussi bien, puis mieux que son auteur », que Gadamer lit dans la version « comprendre un auteur mieux qu'il ne s'est compris lui-même ». Ne pouvant y revenir ici, je renvoie à l'analyse de Manfred Frank dans : M. Frank, *Das individuelle Allgemeine. Textstrukturierung und -interpretation nach*

C'est donc sur les moins de dix pages qui restent que se fonde Christian Berner pour évaluer la lecture de Schleiermacher par Gadamer, dont il montre fortement le pouvoir de distorsion, formulant avec une justesse encore indulgente que l'approche gadamérienne est « fortement orientée par sa propre finalité philosophique ». Son propos se fait plus abrupt par la suite, usant de façon répétée du terme de « caricature », mais sans pour autant réellement démontrer pourquoi Gadamer doit par exemple « styliser » Schleiermacher « en herméneute romantique[7] ».

La réponse se trouve sans doute dans une lecture des quelques passages dans lesquels Gadamer évoque Schleiermacher – ce qui à ma connaissance n'a pas encore été fait – plus brefs encore, mais tout aussi critiques et problématiques, raison pour laquelle la question de la stratégie globale de Gadamer et donc une lecture de sa lecture en deviendront vite inévitables, perspective qui s'ajointe parfaitement à l'une des attentes de ce volume.

Ces passages encadrent le chapitre principal : en amont, ce sont deux petits développements qui mobilisent la question de la tradition, en aval un raisonnement plus élaboré autour de la question du préjugé – et donc encore de la tradition. Par cet enjeu, ils le prennent littéralement en tenaille[8].

En amont, Gadamer situe Schleiermacher dans la lignée protestante qui depuis Luther considère que les Écritures sont *sui ipsius interpres*[9] – point de vue qui permet d'imaginer une herméneutique universelle dans laquelle l'unité de la tradition n'est plus un préalable requis ; ceci autorise

---

Schleiermacher, Frankfurt am Main, Suhrkamp, 1977, p. 358-364, ainsi que sa reprise en français chez Christian Berner : Ch. Berner, *La Philosophie de Schleiermacher*, Paris, Cerf, 1999, p. 77 *sq.* Ces deux livres constituent les références indispensables sur Schleiermacher. Plus récent, mais limité à la dialectique, *cf.* Fr. Kümmel, *Schleiermachers Dialektik. Die Frage nach dem Verhältnis von Erkenntnisgründen und Wissensgrund*, Hechingen, Vardan Verlag, 2008.

7 Ch. Berner, *op. cit.*, p. 17.

8 Cette stratégie proprement militaire s'explique assez bien dès lors qu'on a constaté que dans la première partie de *Wahrheit und Methode*, Gadamer use, en dehors de tout rapport à Schleiermacher, de formules qui ne laissent aucune chance à ce dernier de bénéficier d'un traitement équitable : ainsi quand il affirme que l'expérience de l'œuvre d'art « repose sur un effort d'abstraction » qui nous enjoint « d'écarter tout le contexte vital originaire dans lequel s'enracine une œuvre » afin de rejoindre « le pur chef-d'œuvre ». Il s'agirait là d'un travail positif de la « conscience esthétique » que Gadamer appelle « distinction esthétique » (H-G. Gadamer, *op. cit.*, p. 81).

9 *Ibid.*, p. 163 *sq.*

Schleiermacher à revenir en deçà de la distinction entre théologie et philologie pour dégager un rapport plus originaire à la compréhension, à travers l'unité d'un processus indifférent à la particularité des contenus comme à leur médiation orale ou écrite, mais relié à l'expérience première de la possibilité du malentendu[10].

Dès lors, l'expérience de l'étranger sera indissolublement liée à l'altérité d'un « tu », avec pour conséquence une réduction substantielle du primat de la tradition : il s'agit bien pour Gadamer de souligner à la fois la réduction du rôle de la tradition *et* l'émergence de la notion d'individualité, en suggérant qu'elles forment une stratégie homogène – perspective qui s'oppose frontalement à ses propres convictions et qu'il ne va cesser de combattre.

Ce qui fonde en effet son herméneutique, et dont il faut percevoir toutes les conséquences, c'est une logique qui identifie l'histoire à la langue dans ce qu'elles ont chacune d'incommensurable pour le sujet : nous possédons moins l'histoire qu'elle ne nous possède[11], nous possédons moins la langue qu'elle ne nous possède[12] – ce qui explique qu'une pensée du « sujet » n'y trouve pas sa place.

Cette identification entre histoire et langue donne lieu à ce que nous appelons la tradition, qui est ce qui nous parle à travers les textes. L'expression « qui nous parle » est à prendre ici dans son double sens : qui *s'adresse* à nous, mais aussi qui *nous dit*, qui dit ce que nous sommes dans le continuum de la tradition. On comprend que cette perspective, malgré des dénis réguliers, peine à faire place au sujet interprétant dans ce qu'il peut apporter de novateur. Manfred Frank a puissamment souligné cette faille, montrant que le privilège accordé à la tradition revient finalement à un « subjectivisme sans sujet[13] ». Mais si la vérité du texte est produite par l'auto-interprétation de la tradition, perspective non-subjectiviste fondée sur l'être de la tradition comme continuum, elle n'en est pas moins élaborée et reçue à travers les lois et catégories du comprendre, lesquelles relèvent chez Gadamer comme chez Schleiermacher de critères comme l'unité et la cohérence, qui en disent bien plus sur la saisie par

10 *Ibid.*, p. 167.

11 *Ibid.*, p. 261.

12 Ce parallélisme est déterminant chez Gadamer, et on aura reconnu dans le second de ces énoncés une reprise quasi à l'identique d'une célèbre formule de Heidegger, inspirée en particulier par le *Monologue* de Novalis.

13 M. Frank, *op. cit.*, p. 33.

un sujet que sur « la chose elle-même ». C'est pourquoi je souligne cette contradiction en parlant d'un *objectivisme assujetti aux catégories du sujet.*

Pour préciser le « tournant » imposé par Schleiermacher à l'histoire de l'herméneutique, si opposé à sa propre vision, Gadamer a recours à un geste pour le moins osé : il va proposer « une réflexion qui ne joue aucun rôle chez Schleiermacher et qui a ensuite complètement disparu du questionnement herméneutique » (Dilthey compris) « mais domine en vérité le problème de l'herméneutique » tout en étant indispensable pour « faire comprendre la position de Schleiermacher dans l'histoire de l'herméneutique[14] » : on aura compris ici qu'il s'agit avant tout de présenter la position de Schleiermacher dans l'histoire ou le trajet... de Gadamer.

Cette réflexion est la suivante : si « comprendre signifie d'abord se comprendre les uns les autres », il faut admettre que la compréhension [*Verständnis*] est d'abord accord (*Einverständnis*) au sens de « s'entendre sur quelque chose[15] ». Gadamer impose ainsi à Schleiermacher une ligne qui a pour conséquence de contredire la pertinence d'une construction qui part de la possibilité du malentendu et fonde la « pratique rigoureuse » (dans laquelle seule se déploie l'herméneutique de Schleiermacher). Ce contre-pied a pour objet de préparer une lecture très orientée de ce que Schleiermacher appelle « l'interprétation psychologique », lecture qui est la tâche principale du chapitre évoqué plus haut.

Avant d'en rendre l'intention, voyons l'autre développement consacré à la tradition : Gadamer y insiste sur le geste de Schleiermacher comme *reconstruction* (du sens et du contexte originaires) : « Schleiermacher tend tout entier à rétablir la détermination originaire d'une œuvre[16] » ; dans un premier temps, Gadamer fait mine de le suivre : si on admet qu'une œuvre n'est pas un objet intemporel, quoi de plus conséquent en effet que de considérer que sa « véritable signification » se trouvera dans la reconstitution du « monde à laquelle elle appartient[17] » ? Voilà quelle serait « l'idée de Schleiermacher » et que « toute son herméneutique présuppose implicitement[18] ».

14 H-G. Gadamer, *op. cit.*, p. 168.
15 *Ibid.*
16 *Ibid.*, p. 156.
17 *Ibid.*, p. 159.
18 *Ibid.*

Constatation posée uniquement pour être contredite, puisque, comme le dit Gadamer avec justesse, une telle reconstitution est illusoire, « la vie ainsi reconstituée et regagnée sur son étrangèreté [*Entfremdung*] n'est pas la vie originaire[19] », et aussi certain qu'une œuvre déplacée du musée vers son lieu historique ne devient rien d'autre qu'une curiosité touristique, une compréhension qui ne serait que reconstitution d'un sens originaire ne produirait qu'un sens mort[20]. On peut ici poursuivre sans risque le raisonnement de Gadamer : seule l'écoute de la tradition permet de redonner vie à la voix qui demande à se faire entendre dans le texte.

Si Schleiermacher a bien écrit ce que Gadamer lui fait dire, alors il se pose comme chantre d'une tradition sans tradition. Mais que dit le passage cité par Gadamer ?

Très exactement ceci, que « chacune [= œuvre d'art] tient *une partie* de sa compréhensibilité de sa détermination d'origine[21] » : « une partie », et donc une *autre* partie *d'autre chose*. L'unilatéralisation est ici patente chez Gadamer, comme on a vu qu'elle le reste chez Grondin.

Il est donc temps ici d'exposer le fonctionnement général de la pensée de Schleiermacher, dont la cohérence remet radicalement en cause le procès ou procédé de lecture de Gadamer.

Cette pensée se déploie à partir des grandes catégories que sont la dialectique, la philosophie, l'éthique, l'herméneutique.

Il apparaît clairement à la lecture que toutes ces catégories, mais aussi les sous-catégories internes à la notion d'herméneutique (la seule qui nous occupe ici) sont organisées de la même façon : chacune est en effet solidaire des autres, ce qui est encore trop peu dire : on peut parler d'un système de co-appartenance, mieux sans doute encore de co-détermination, co-présupposition ou d'inter-présupposition. Pour me limiter à un exemple : si l'herméneutique présuppose la dialectique comme processus dialogique et « unité du savoir », la dialectique présuppose l'herméneutique comme cette pratique même et comme une des entités dont elle assure l'unité, attendu que la visée herméneutique n'a pas sa fin en lui-même, mais dans la constitution du savoir (ce qui la reconduit de même à l'éthique). Et ce « jeu » se poursuit à l'intérieur même des sous-catégories internes à l'herméneutique (interprétation

19 *Ibid.*

20 *Ibid.*, p. 159 *sq.*

21 *Ibid.*, p. 158, je souligne.

grammaticale / psychologique-technique), et encore à l'intérieur de ces sous-catégories (interprétation quantitative/qualitative pour le grammatical, divinatoire/comparative pour le psychologique-technique).

Cette configuration systémique ne relève pas d'une décision méthodologique de Schleiermacher, mais bien plutôt de l'objet d'étude lui-même. Il cherche manifestement à se placer dans la situation idéale de celui qui pense son objet dans le mouvement même de celui-ci. Si quelqu'un épouse dans sa pensée « le faire de la chose elle-même » (Gadamer/Hegel[22]), c'est bien plus Schleiermacher que Gadamer. La perspective adoptée est donc dictée par l'objet, qui est en même temps le médium de toute pensée et de toute exposition, et que Schleiermacher appelle le discours [*die Rede*]. En effet, si le discours présuppose la langue comme système, la langue n'existe que dans le discours.

Comme cela a déjà été plus d'une fois souligné, cette approche est tout à fait analogue à la distinction opérée au début du siècle suivant par Saussure, chez qui on lit que la « langue » est certes distincte de la « parole », mais qu'elle en est aussi solidaire : en effet, la langue est définie dans le *Cours de linguistique générale*[23] comme étant « *à la fois* un produit social de la faculté du langage et un ensemble de conventions nécessaires, adoptées par le corps social pour permettre l'exercice de cette faculté chez les individus[24] », ce qui permet de dire plus loin : « [...] la langue est nécessaire pour que la parole soit intelligible et produise tous ses effets ; mais celle-ci est nécessaire pour que la langue s'établisse ; historiquement, le fait de parole précède toujours ». Je soulignerai ici rapidement deux choses : 1. Saussure emploie exactement la même formule que Schleiermacher, à savoir que « ces deux objets [...] *se supposent* l'un l'autre ». 2. Il existe tout de même une différence d'approche : en effet, tout en reconnaissant que « historiquement, le fait de parole précède toujours », Saussure tient pour une supériorité de la langue qui est « essentielle » sur la parole qui est « secondaire[25] » – alors que chez Schleiermacher c'est bien le discours dans sa réalisation individuelle qui

22 H-G. Gadamer, *Wahrheit und Methode*, *op. cit.*, p. 439 *sq.* Gadamer comprend cette formule à travers une définition de la pensée qui consiste « à déployer une chose selon sa conséquence propre » (*Ibid.*, p. 440), ce qui correspond manifestement à l'intention de Schleiermacher.

23 F. de Saussure, *Cours de linguistique générale*, Paris, Payot, 1979.

24 *Ibid.*, p. 25 (je souligne).

25 *Ibid.*, p. 27 (je souligne).

est essentiel. Il y a là toute la différence entre la fondation d'une science linguistique et celle d'une herméneutique.

Développons cette pensée de Schleiermacher qui nous conduit à l'herméneutique : le discours a recours à cette structure générale et commune qu'est la langue, car le discours, demandant à être compris, ne peut que s'appuyer sur des connaissances communes et partagées. Cet horizon de la compréhension à son tour nous fait saisir à la fois l'importance de l'herméneutique, qui est « d'un point de vue général l'art de comprendre correctement le discours, en particulier écrit, d'un autre[26] », mais aussi de l'éthique, qui suppose cet autre tout en étant le lieu même de cette bonne volonté de comprendre ou cette volonté de bien comprendre sans laquelle il n'y a pas de communauté sociale (Gadamer ne pourrait ici qu'approuver, mais il ne le fait pas, ayant renoncé à aborder l'éthique de Schleiermacher).

Son herméneutique considère que si l'individu est déterminé par sa pensée, sa pensée est, elle, déterminée par la langue. Pour cette raison, elle se structure comme interprétation grammaticale *et* interprétation psychologique (ou technique), toujours selon le même schéma solidaire : en effet, tout discours est relié à la totalité de la langue *et* à l'ensemble de la pensée de son auteur, donc toute compréhension consistera nécessairement dans la jonction de ces deux moments, grammatical/langue et psychologique/individu (c'est cette capacité que Schleiermacher appelle « art »).

Le principe est de partir de la grammaire comme connaissance de la langue pour accéder au contenu de pensée individuel que mettront au jour (toujours à travers la langue) les outils de l'interprétation psychologique-technique, car c'est seulement quand on a une certitude sur l'auteur (son milieu, son époque) que l'autre tâche, l'approche psychologique, peut commencer.

Mais si toutes deux se situent au même niveau, « parfaitement égales », leur importance varie selon l'optique choisie :

- si on considère la langue comme le moyen pour un individu d'exprimer ce qu'il pense, alors l'interprétation psychologique est la plus haute.
- si on considère la langue comme déterminant la pensée de chacun, chacun n'étant alors que le lieu de la langue et son discours

26 Fr. Schleiermacher, *Hermeneutik und Kritik*, *op. cit.*, p. 71.

cela en quoi elle se révèle, alors l'interprétation psychologique est subordonnée à l'interprétation grammaticale comme l'existence individuelle est subordonnée à l'existence générique.

On ne peut dès lors que comprendre les avertissements de Schleiermacher visant à condamner ou prévenir toute approche morcelante du processus herméneutique tel qu'il le décrit : il renvoie plus précisément dos à dos les interprètes qui privilégieraient l'une des approches, ce qui ferait d'eux des « virtuoses » d'un côté, mais aussi des « boiteux » de l'autre. Celui qui privilégie le grammatical est un « pédant », tandis que celui qui ignorerait l'aspect de la langue ne serait que ce qu'il faut appeler de façon très générale, et qui donc ne vaut pas moins pour le philosophe, un « esprit nébuleux[27] ».

Et pourtant, nous avons vu que Gadamer non seulement morcelle la pensée de Schleiermacher, mais dans le chapitre principal de son explication avec lui, il se livre ouvertement à ce refoulement « nébuleux » du grammatical. Certes, il reviendra plus tard sur cette attitude, mais ce sera pour souligner que c'est finalement le grammatical qui intéresse davantage l'herméneutique, ce qui revient à nouveau à marginaliser l'interprétation psychologique comme perspective erronée[28] et à continuer à donner tort à Schleiermacher même en ce qui concerne « l'interprétation grammaticale », « plus proche du centre de l'herméneutique », mais que celui-ci n'aura « pas suffisamment analysée[29] ».

---

27 *Cf.* le texte « Sur le concept d'herméneutique… », *op. cit.*, p. 337 *sq.* Christian Berner coupe cette citation pour n'en retenir que le côté « nébuleux », sans doute parce que c'est ce reproche qui vise Gadamer, mais il convient ici aussi de rappeler la solidarité des concepts jusque dans la critique de ceux qui s'y soustraient.

28 Dans la conférence « Das Problem der Sprache in Schleiermachers Hermeneutik » (1968), in *Kleine Schriften III. Idee und Sprache*, Tübingen, J.C.B. Mohr (Paul Siebeck), 1972, p. 129-140. Onze ans plus tard encore, Gadamer reconnaîtra dans la « Postface » à son discours de réception du Prix Hegel (1979) l'unilatéralité de l'approche de Schleiermacher consignée dans *Vérité et Méthode*, dans laquelle il aura « par trop séparé son herméneutique de sa dialectique », mais sans développer ce qui pourrait être une vision plus juste, au double sens du terme, et pour cause : là encore, Gadamer a beaucoup de mal à valider son autocritique, puisque dans le texte principal, il continue de déclarer irrecevable « l'interprétation psychologique » considérée elle-même comme témoignage d'un subjectivisme unilatéral (H-G. Gadamer, J. Habermas, *Das Erbe Hegels. Zwei Reden aus Anlaß des Hegel-Preises*, Frankfurt am Main, Suhrkamp Verlag, 1979, citations p. 84 et p. 38 *sq.*).

29 *Ibid.*, p. 139 *sq.*

Comme je l'ai indiqué, un autre passage encadre le chapitre supposé majeur. Situé cette fois une centaine de pages plus loin, il est consacré au traitement du préjugé par Schleiermacher, traitement unilatéralement négatif selon Gadamer et qui à ses yeux fait bien sûr système avec le rabaissement de la tradition. Car le préjugé est bien l'autre pilier de l'herméneutique gadamérienne, qui entreprend donc de le « réhabiliter », puisque le préjugé est le symptôme irrécusable de notre finitude ou historicité, et que comme tel il fait partie de la structure du comprendre – comme de la tradition.

J'insiste tout de suite sur le fait que je ne conteste nullement la prise en compte du préjugé dans la compréhension. Je suis d'accord avec Gadamer que le préjugé est le symptôme le plus parlant de notre historicité, qu'il participe à l'anticipation de sens consubstantielle au mouvement du comprendre, et il me semble assez facile de concevoir que sans préjugé, tout savoir s'effondrerait dans notre esprit sans la moindre chance d'y être saisi, puis ordonné et compris.

Mais si Schleiermacher affronte bien la question du préjugé, il n'en voit pour Gadamer que l'aspect négatif, ce qui témoignerait d'une complicité enfouie (mais d'autant plus efficace) entre le discours éclairé qui prépare l'idéal scientifique des XIXe et XXe siècles et le discours romantique, Schleiermacher étant le lieu même de cette complicité.

Celui-ci distingue entre malentendu par « précipitation » [*Übereilung*] et malentendu par « prévention » [*Befangenheit*][30]. La première « est un moment isolé » (et donc accidentel), la seconde « un défaut plus profond : une préférence unilatérale pour ce qui est plus proche de notre horizon et rejet de ce qui lui est extérieur ; ce faisant, on retranche ou ajoute ce qui n'est pas dans l'auteur[31] » – je n'ironiserai pas sur le fait que

30 On reconnaît ici les termes même du premier des quatre « préceptes » que Descartes se propose de suivre dans la deuxième partie du *Discours de la méthode* : « Le premier était de ne recevoir jamais aucune chose pour vraie, que je ne la connusse évidemment être telle : c'est-à-dire d'éviter soigneusement la précipitation et la prévention [...] » (R. Descartes, *Discours de la Méthode*, Paris, Librairie philosophique J. Vrin, 1970, p. 68 *sq.*). Comme Gadamer le souligne justement, seule la prévention (mais non « le préjugé par prévention ») intéresse Schleiermacher, qui distinguerait entre les préjugés « momentanés » de la précipitation et ceux « durables » de la prévention (la traduction française déforme ici « *dauernd* » en « permanents » [p. 299], ce qui ne fait pas qu'en rajouter). Mais la façon dont Gadamer rabat Schleiermacher sur Descartes (*op. cit.*, p. 261 *sq.*) relève elle-même d'une précipitation certaine à l'identifier *ici* à l'Aufklärung, comme ailleurs au romantisme.

31 Fr. Schleiermacher, *op. cit.*, p. 93.

Schleiermacher décrit ici assez fidèlement le traitement que Gadamer lui fait subir, nous y reviendrons plus loin.

À partir de ce geste selon lui arbitrairement sélectif et abusif, Gadamer déploie l'argumentation suivante : parler de préjugés dans lesquels nous serions pris, voire prisonniers (c'est bien l'idée contenue dans *befangen*), c'est déjà juger ou préjuger les préjugés à partir de leur dissolution [*Auflösung*] ou de leur éclaircissement [*Aufklärung*][32]. Ce qui ne vaudrait donc que pour les « préjugés injustifiés », de sorte que Schleiermacher ne verrait finalement *que* des préjugés illégitimes, et en cela il accomplirait le programme maximaliste de l'*Aufklärung*[33] : il n'est dès lors plus nécessaire d'insister pour comprendre pourquoi Gadamer aura besoin par ailleurs de « styliser » Schleiermacher « en herméneute romantique ».

Mais Gadamer procède ici à plusieurs distorsions majeures : 1. il efface d'emblée le *malentendu* (puisque son point de vue à lui est l'accord initial), qu'il remplace par le *préjugé*, et remplace ainsi le prétendu « préjugé par prévention » par « préjugé en faveur de l'autorité[34] » – or, le préjugé en faveur de l'autorité n'intervient, nous dit Gadamer lui-même, que dans le cas où il existe « des préjugés productifs pour la connaissance[35] », donc porteurs de « vérité[36] », possibilité que Schleiermacher excluerait de fait.

Mais il se trouve que le malentendu fonde la pratique *rigoureuse* de l'herméneutique, la seule qui vaille vraiment la peine d'être élaborée. Dans ce sens, même si les préjugés sont pour Schleiermacher des obstacles potentiels à la compréhension, ce sont en quelque sorte des obstacles fondateurs de la nécessité herméneutique, et donc pas simplement des obstacles.

Gadamer, lui, tient pour des préjugés en soi justifiés ou légitimes, ceux qui véhiculent le contenu de vérité consubstantiel à la tradition. Il reproche donc à Schleiermacher de récuser *a priori* le contenu de vérité possible dans le préjugé : « Il ne vient même plus à l'esprit de

32 Gadamer semble bien considérer ici ces deux termes comme synonymes, ce qui fragilise grandement sa construction. En effet, *Auflösung* signifie une dissolution sans reste, alors que *Aufklärung* veut dire dans le sens ici mobilisé un processus d'éclaircissement, comme par exemple dans l'expression « éclaircir une affaire ». Dans ce cas, le dénouement ne supprime nullement l'ensemble des éléments dont on est parti, qu'il présuppose pleinement.

33 H-G. Gadamer, *op. cit.*, p. 263.

34 *Ibid.*, p. 261.

35 *Ibid.*, p. 263.

36 *Ibid.*, p. 262.

Schleiermacher que parmi les préjugés qui habitent ceux qui sont soumis à l'autorité, il puisse y en avoir qui ont la vérité – *ce qui a toujours été contenu dans le concept d'autorité*[37] ».

On touche ici à une perspective qui est particulièrement floue chez Gadamer : que l'autorité soit porteuse de « vérité » est une chose que l'on accepterait sans doute plus facilement s'il ne se précipitait pas d'une part à considérer que ce qui a « toujours été » a force de vérité, et d'autre part si on pouvait comprendre exactement ce qu'il entend par « vérité ». Mais force est de constater que cela fait partie de ces « choses-qui-vont-de-soi », plus exactement encore « qui-se-comprennent-d'elles-mêmes » [*Selbstverständlichkeiten*] dont Gadamer se réclame trop souvent[38], au point que le concept de *Wahrheit* ne se trouve même pas dans l'index pourtant très fourni de *Wahrheit und Methode* – parce qu'il n'est problématisé nulle part dans l'ouvrage sinon négativement comme l'exclusion de la vérité scientifique. De même, on peut écarter l'idée que ce serait la valeur véritative d'un énoncé qui intéresse l'herméneutique, car comprendre signifie « comprendre un sens », lequel n'est pas forcément une vérité. Il faut donc tenter de comprendre ici l'évidence gadamérienne à travers son discours sur l'autorité de la tradition. On parvient alors à la conclusion que la vérité dont il parle dans ce contexte serait *un contenu*[39] auquel *le présent n'a rien à opposer de plus puissant* et auquel *il ne peut accéder par lui-même*[40].

37 *Ibid.*, p. 262 *sq.*

38 Je me propose de revenir ailleurs (à propos de la rencontre que j'avais organisée en 1981 entre lui et Derrida) sur ce lexique si présent et problématique chez Gadamer. Mais on peut d'ores et déjà suggérer que la notion de *Selbstverständlichkeit* n'est guère compatible avec une pensée qui a pour objet la compréhension elle-même, puisqu'elle la rend *strico sensu* superflue.

39 L'herméneutique visant toujours une « compréhension du sens » et la tradition se médiatisant toujours par des contenus, on comprend que Gadamer soit peu intéressé par la question du style, lequel conduit par ailleurs à traiter d'une forme individuelle ou en tout cas singulière, ce que le geste gadamérien ne peut pas davantage prendre en compte. De fait, *Wahrheit und Methode* n'effleure la question du style qu'à travers le concept de classique (dimension supra-individuelle) et une digression purement historique (*Ibid.*, p. 273 et p. 466 *sq.*).

40 Cette médiation se fait à travers *l'application* comme moment consubstantiel du comprendre, elle-même participant de la *Wirkungsgeschichte* (que j'ai proposé jadis de traduire par « opérance de l'histoire » ; la traduction de Jean Grondin « travail de l'histoire » est à la fois trop et trop peu hégélienne, car tout en suggérant le « travail du négatif », elle s'oriente aussi vers la possibilité d'un sujet travaillant l'histoire – option peut probable chez Gadamer ; par ailleurs, elle reste impuissante à rendre la formule gadamérienne « *Wirkungen der Wirkungsgeschichte* », aisée en revanche à rendre par « opérations de

Mais on peut objecter, d'une part, que si l'autorité repose bien sur un tel préjugé de vérité producteur d'un effet d'autorité, il n'est pas acquis que ce préjugé relève effectivement de la vérité. Et d'autre part, il se trouve que dans la démarche de Schleiermacher, il ne s'agit précisément pas de partir de la solidarité que produit une langue partagée (position de Gadamer), car cette solidarité n'est finalement que la condition de possibilité du malentendu comme du bien entendu. Soulignons ici en passant que le malentendu n'exclut nullement la dimension du bien entendu, qui est son idéal et sans lequel il n'a pas de sens. Mais celui-ci ne peut se trouver en toute rigueur qu'à la fin du processus, et non à son départ – fût-ce dans la langue que nous partageons.

Cette description me semble puissamment confirmée par la conception du rapport à autrui que l'on trouve ainsi énoncé chez Schleiermacher : « [….] chaque [âme] est dans son être individuel le non-être de l'autre[41] ». Schleiermacher en tire la conclusion que pour cette raison, « le non-comprendre ne peut jamais se dissoudre totalement[42] », mais il est clair aussi que pour la même raison, la possibilité du malentendu ne peut qu'être elle-même présupposée.

En réalité, et Schleiermacher va dans ce sens, tout préjugé est légitime au départ du processus de compréhension, et la seule question qui se pose et doit se poser est de savoir s'il facilite ou oblitère la compréhension – *attendu que dans le premier cas, le préjugé ne sera sans doute pas ressenti comme tel.* Il en résulte que tout préjugé doit être investi dans ce processus sous forme de mise à l'épreuve (ce que Gadamer reconnaît), mais son « éclaircissement » (qui n'est pas la même chose que sa « dissolution », contrairement à ce que Gadamer feint de croire) ne revient pas nécessairement à sa récusation, et encore moins à « ôter tout pouvoir[43] » à la

l'opérance de l'histoire »). Mais ce moment de l'application lui-même reste problématique : si Gadamer est très à son aise pour le décrire dans le cadre de l'herméneutique juridique, voire théologique, il peine à en rendre le processus et les résultats pour ce qui concerne la réception de l'œuvre d'art.

41 À la fin du texte « Über den Begriff der Hermeneutik (Erste Abhandlung) », *Kritische Gesamtausgabe*, vol. 11, *Akademievorträge*, Berlin, de Gruyter, 2002, p. 621. Si l'on veut trouver un point commun entre Schleiermacher et Derrida, c'est ici qu'il faut le chercher, car la fausse tautologie de son « Tout autre est tout autre » dit bien la même chose, sans s'y épuiser.

42 H-G. Gadamer, *op. cit.*

43 Dans un raisonnement qui affirme que « le préjugé fondamental de l'*Aufklärung* est le préjugé contre les préjugés en général », ce qui reviendrait à la « *Entmachtung der Überlieferung* » (*Ibid.*, p. 255).

tradition, expression qui présuppose l'identification de la tradition au préjugé plus qu'à la vérité qu'elle est censée transmettre.

Il est en outre difficile de ne pas s'étonner de l'approche pour le moins scolaire de Gadamer, qui présuppose (préjugé légitime ou illégitime ?) que l'*Aufklärung* se définit unilatéralement comme opposée à tout préjugé. Contre ce préjugé manifestement resté chez lui préjugé, je me contenterai de deux références que Gadamer ne pouvait méconnaître : la première concerne Lessing, qui passe pour une autorité éclairée, mais dont le célèbre *Nathan le Sage* (1779) ne se montre en rien oublieux du préjugé quand il expose à travers un récit, un « conte », que ce n'est pas par un acte de liberté que nous adhérons à une des trois religions révélées plutôt qu'à une autre, mais bien par le préjugé historique produit par le fait que nous sommes nés là plutôt qu'ailleurs[44].

La seconde renvoie à Moses Mendelssohn qui, dans sa réponse à la question « Qu'est-ce que l'Aufklärung ? » (selon quel préjugé ne lit-on toujours que le texte de Kant, et plus sûrement encore sa première phrase ?) écrit ceci, qui concerne précisément le rapport du préjugé à la vérité et qui doit commander notre propre rapport au préjugé lui-même :

> [...] c'est pourquoi l'*Aufklärer* vertueux procèdera avec prudence et précaution, préférant *tolérer le préjugé plutôt que de le chasser en même temps que la vérité qui lui est si intimement liée.* [...] l'ami des hommes ne devra, même dans les temps les plus éclairés, jamais cesser de tenir compte de cette considération. Il est difficile, mais non impossible, de trouver la ligne qui sépare ici l'usage de l'abus[45].

L'approche très préjudicielle de l'*Aufklärung* commande tout le raisonnement sur Schleiermacher, y compris dans ces dix pages consacrées à « l'interprétation psychologique », dont nous avons maintenant bien perçu le geste : il s'agit, en l'isolant violemment de ce avec quoi elle fait système – tout en prétendant que c'est Schleiermacher qui « isole

44 *Cf.* Acte III, scène 7. Je traduis : « Car ne se fondent-elles pas toutes sur l'histoire ? écrite ou orale ! Et l'histoire suppose bien fidélité et foi ? N'en est-il pas ainsi ? Et de la fidélité et de la foi de qui est-on le moins enclin à douter, sinon des siens ? De ceux dont nous avons le sang ? De ceux qui, depuis l'enfance, nous ont donné les preuves de leur amour ? Comment pourrais-je moins croire mes pères que toi les tiens ? Ou inversement. Puis-je exiger de toi que tu accuses tes ancêtres de mensonges, afin de ne pas contredire les miens ? Ou inversement. La même chose vaut pour les chrétiens. N'en est-il pas ainsi ? »

45 M. Mendelssohn, *Was ist Aufklärung ?*, Stuttgart, Reclam, 1974, p. 7 (je souligne).

le processus du comprendre[46] » –, non pas de mettre cette « interprétation psychologique » en évidence, mais au contraire de la réduire, de la neutraliser parce qu'elle mettrait unilatéralement en avant le facteur individuel pour en faire une construction psychologisante qui réintroduirait massivement la notion de subjectivisme et les libertés arbitraires qui vont avec. Or, Schleiermacher sait parfaitement que « les langues ne sont pas inventées, et tout travail purement arbitraire sur elles et en elles est folie[47] ». Il s'agit donc d'un faux procès.

L'attitude de Gadamer envers Schleiermacher, qui semble parfois proche de la mauvaise foi, peut s'expliquer par la difficulté d'un positionnement que par ailleurs il ne peut éviter. D'une part en effet, il partage avec lui des présupposés essentiels : la conviction que la langue ne nous appartient pas, le comprendre comme donnée non pas cognitive mais existentielle, l'importance exemplaire du dialogue, le cercle herméneutique (qui existait avant Schleiermacher, et que Gadamer continue d'aménager) en sont les principaux. Mais d'autre part, le rapport exclusif qu'il institue entre tradition et comprendre, qui récuse tout subjectivisme, ne peut l'amener qu'à réfuter en bloc tout ce qui se concentre sur la perspective individuelle et à ce « jaillissement d'un moment de vie » qu'il conviendrait de reconstituer en remontant jusqu'à sa « décision germinale » [*Keimentschluss*], lecture soutenue par la médiation de Dilthey. C'est sans doute la possibilité entrevue de se démarquer ainsi d'un auteur auprès duquel il est plus endetté qu'il ne veut bien le reconnaître qui détermine un rapport aussi biaisé.

Gadamer l'a souvent répété, l'herméneutique est d'abord une expérience[48], une expérience que nous faisons tous, et donc une pratique. Pour cette raison, *Wahrheit und Methode* se veut la mise en théorie d'une expérience, elle-même considérée comme un rempart contre le dogmatisme[49] – ce qui ne correspond pas tout à fait à notre expérience de cette herméneutique.

On conclura donc cet exposé en la confrontant à sa propre pratique à travers un différend qui l'oppose à Heinrich Rombach à partir d'un poème, d'un mot même dans un poème de Hölderlin – même si ce

46 H-G. Gadamer, *op. cit.*, p. 164.

47 *Cf.* Fr. Schleiermacher, « Über die verschiedenen Methoden des Übersetzens [Sur les différentes méthodes du traduire] », in *Kritische Gesamtausgabe*, *op. cit.*, vol. 11, p. 78.

48 *Cf.* entre autres passages *Wahrheit und Methode*, *op. cit.*, p. 439.

49 H-G. Gadamer, *op. cit.*, p. 338.

qui est ici en jeu est bien plus largement une contestation radicale de l'herméneutique gadamérienne par une position philosophique autre, et qui n'est pas sans affinités profondes avec le romantisme.

L'auteur en est le philosophe Heinrich Rombach[50], dont la pensée est pratiquement inconnue en France. Non seulement c'est un contemporain (1923-2004) de Gadamer, mais il a comme lui été formé à la phénoménologie husserlienne et son dépassement par Heidegger (avec qui il avait commencé sa thèse de doctorat). Mais alors que Gadamer s'incline devant la puissance de la pensée heideggerienne, Rombach, lui, tente d'élargir l'analytique existentiale afin de montrer que « l'ouverture de l'être » doit être ressaisie à un niveau plus fondamental et s'étendre à toutes les formes de l'étant : les mondes végétal et animal, voire minéral[51] ne sont pas moins que le monde humain des auto-interprétations de l'être. Il cherche à fonder ce qu'il appelle une « ontologie structurale[52] » plus profondément que « l'ontologie fondamentale » de Heidegger. Cette ontologie structurale se double d'une réflexion sur ce qu'il nomme « l'hermétique » (qui n'est pas un hermétisme), et c'est précisément cette « hermétique » qui se présente comme un en-deçà *et* un au-delà de l'herméneutique, voire comme une « anti-herméneutique[53] ».

50 *Cf.* H. Rombach, *Der kommende Gott. Hermetik – eine neue Weltsicht*, Freiburg im Breisgau, Rombach GmbH + Co Verlagshaus KG, 1991, p. 78. Je tiens à remercier Kathrin Schmelzer de m'avoir généreusement permis d'accéder à cet ouvrage, aujourd'hui introuvable en France. Toutes les citations s'y rapportent.

51 Ce point vise directement Heidegger, dont on sait qu'il considère la pierre comme étant « sans monde » (*weltlos*), l'humain étant « riche en monde » et l'animal « pauvre en monde ». Sur le sens de « monde » chez Rombach, *cf.* note suivante.

52 H. Rombach, *Strukturontologie. Eine Phänomenologie der Freiheit*, Freiburg im Breisgau, Alber, 1971 (deuxième édition 1988). Le concept de structure n'a ici rien à voir avec le contexte du structuralisme : alors que dans le *système* classique, la partie est subordonnée au tout, Rombach pose pour l'ontologie structurale l'identité absolue entre partie et tout. La partie ne dépend donc plus d'une totalité surplombante, mais le tout se concrétise dans la partie, l'individuel [*das Einzelne*]. La partie y accède ainsi à une dignité ontologique propre et peut constituer pour elle-même un « monde ». Il y a donc pour la philosophie hermétique une *pluralité des mondes*, lesquels ne se réfèrent plus à un référent identifiable. Il y a « monde » partout où jaillit et se montre (apparaît) un esprit commun qui irradie tous les moments particuliers – lorsqu'un penseur, un artiste, un mystique « trouve son monde » (Jésus, Bouddha). Cela vaut aussi pour le gothique, le baroque, le romantique etc. Dans son dernier livre, Rombach déclare que chacun de ces mondes est « sacré et inviolable » (H. Rombach, *Die Welt als lebendige Struktur. Probleme und Lösungen der Strukturontologie*, Freiburg im Breisgau, Rombach, 2003, p. 145).

53 H. Rombach, *Strukturontologie. Eine Phänomenologie der Freiheit*, *op. cit.*, p. 148. Non sans ironie, Rombach insiste pour dire que le projet herméneutique de Gadamer, tel qu'il se

Rombach observe aussi que la réflexion gadamérienne exclut le religieux, ce qui lui semble un indice majeur : une connaissance qui vise un au-delà de l'idéal scientifique peut-elle sérieusement faire l'impasse sur ce domaine ? Et ce vide n'est-il pas le témoignage même de l'impasse initiale dans laquelle s'est fourvoyée « l'herméneutique philosophique[54] » ? La question se pose, et l'explication est à mon sens assez simple : dans la perspective « hermétique », l'expérience de la foi est une expérience qui ne souffre aucune médiation – or, la compréhension, le comprendre sont des expériences irréductiblement *médiatrices*.

Alors que l'herméneutique prétend faire une expérience de vérité *à propos* d'une œuvre, pour l'hermétique, c'est l'œuvre qui s'ouvre *comme* vérité[55]. Toute interprétation hermétique cherche à mettre au jour « l'amorce qui développe une dynamique propre », laquelle se pose comme « le véritable maître et propriétaire de l'auteur » : l'interprétation hermétique « cherche la pensée qui domine l'auteur, non celle que l'auteur domine[56] » – maxime en réalité toute romantique, équivalente à celle de Novalis « L'artiste appartient à l'œuvre, non l'œuvre à l'artiste[57] » et qui s'inscrit dans la tradition romantique de la critique comme déploiement de l'autoréflexivité de l'œuvre.

Nous ne possédons de la confrontation directe que les propos de Rombach, consignés dans ce qu'il nomme pour cette raison des « Fragments d'une controverse » : vers le début de 1984, soit juste après la rédaction du texte *Text und Interpretation* élaboré à ma demande après la rencontre avec Derrida[58], il prend connaissance de la publication

---

décrit dans l'introduction de *Wahrheit und Methode*, est dans son principe « hermétique », puisqu'il est censé développer une expérience de vérité qui excède radicalement celui de toute méthodologie scientifique et vise des types d'expérience dans lesquels se manifeste une vérité que les sciences sont impuissantes à vérifier. En cela, Gadamer aurait bel et bien visé la vérité « hermétique », mais cette amorce se solde par un échec (une « rechute »). Pour preuve, la réception de *Wahrheit und Methode* qui se retourne contre l'intention première et érige l'ouvrage en méthodologie des sciences humaines – et Rombach de souligner avec cruauté mais justesse que cette réception n'est pas seulement le fait des lecteurs, mais de l'auteur lui-même (H. Rombach, *Der kommende Gott. Hermetik – eine neue Weltsicht*, *op. cit.*, p. 78).

54 *Ibid.*, p. 79.

55 *Ibid.*, p. 81.

56 *Ibid.*, p. 82.

57 « *Der Künstler gehört dem Werke und nicht das Werk dem Künstler* » (Novalis, « Aus dem "Allgmeeinen Brouillon" 1798-1799 », in *Novalis Werke*, München, Verlag C.H. Beck, 1969 [nouvelle édition 1981], p. 486).

58 Ph. Forget (dir.), *Text und Interpretation. Deutsch-französische Debatte mit Beiträgen von Jacques Derrida, Philippe Forget, Manfred Frank, Hans-Georg Gadamer, Jean Greisch und François Laruelle*, München, Wilhelm Fink, 1984.

de l'ouvrage de Rombach *Welt und Gegenwelt*[59], dans lequel celui-ci expose sa « philosophie hermétique ». Gadamer y voit un « défi » (terme qu'il emploie aussi dans le cadre de sa rencontre avec Derrida) et se propose de le relever à travers un compte-rendu dont on peut aisément imaginer qu'il sera une vigoureuse défense de la ligne herméneutique et donc une contestation des positions de Rombach. Mais sans que Gadamer s'en explique jamais, le compte-rendu annoncé ne verra pas le jour.

Au même moment, Rombach publiait une lecture du poème de Hölderlin « Heidelberg » qu'il soumet à Gadamer « comme exemple d'une interprétation hermétique[60] », Hölderlin étant pour lui « à ce jour le seul véritable herméticien des temps modernes », et l'ode en question « un paradigme de l'expérience hermétique[61] ». S'ensuit un échange de lettres que Rombach reproduit en partie, mais en se limitant à ses envois – on peut donc former l'hypothèse que Gadamer s'est opposé à la publication de ses propres propos. D'où une stratégie auto-citationnelle de Rombach qui vise à faire comprendre au lecteur la position et les arguments de son adversaire du jour.

Précisons ici que Rombach ne prend pas Gadamer en traître, puisque Hölderlin constitue une de ses références littéraires majeures. Il lui a consacré une demi-douzaine d'articles entre 1943 et 1987 (comme Heidegger, il privilégie les hymnes tardifs) et ne cesse de souligner l'actualité, la présence tout à fait particulières de cet auteur. Ce qui explique sans doute la dispute dans laquelle il s'engage avec Rombach à propos de l'ode « Heidelberg » – occasion assurément de lui démontrer pratiquement la supériorité de l'herméneutique en l'absence de ce compte-rendu imprudemment promis.

Le conflit apparaît dès la deuxième strophe, dont Rombach dit que s'y trouvent précisément les « subtiles fêlures » [*die feinen Sprünge*] « à travers lesquelles le lecteur doit descendre dans la dimension hermétique[62] » – façon très claire d'annoncer que Gadamer ne fait pas ce saut parce qu'il n'aura pas perçu les subtilités de cette strophe :

---

59 H. Rombach, *Welt und Gegenwelt. Umdenken über die Wirklichkeit : Die philosophische Hermeneutik*, Basel, Herder, 1983.

60 H. Rombach, *Der kommende Gott. Hermetik – eine neue Weltsicht*, *op. cit.*, p 158.

61 *Ibid.*

62 *Ibid.*

Wie der Vogel des Walds über die Gipfel fliegt,
Schwingt sich über den Strom, wo er vorbei dir glänzt,
Leicht und kräftig die Brücke,
Die von Wagen und Menschen tönt.

Comme l'oiseau de la forêt vole par-dessus les sommets,
S'élance par-dessus le fleuve, là où miroitant il te longe,
Léger et vigoureux le pont
Qui de voitures et de gens résonne.

On peut s'étonner que la forme verbale « tönt » qui clôt la strophe et lui donne sa dimension définitive ait pu donner lieu à deux interprétations nettement divergentes, en vérité inconciliables, tant le sens en paraît clair. Mais on peut aussi clairement déduire des extraits cités par Rombach que l'interprétation de Gadamer va dans le sens d'une expérience quotidienne, on pourrait aussi dire triviale, alors que celle de Rombach, finalement, ne fait que lire ce que dit le dernier vers, dans lequel on notera tout de suite (Rombach ne le fait pas) que les deux éléments liés au verbe déterminant, « voitures » et « gens », que l'expérience impose de hiérarchiser, sont ici devenus interchangeables, de sorte que « voitures » peut précéder « gens » sans qu'une nécessité métrique de la strophe asclépiade l'exige, l'un comme l'autre ayant un même et unique effet sur le pont (« *tönt* »).

La lettre du 6 juin 1984 confirme que Gadamer lit ce verbe comme se rapportant directement aux voitures et aux gens, alors que Rombach tient qu'il se rapporte non moins directement au pont lui-même, et ce « avec certitude[63] ».

Ce rabaissement à une vision triviale ne laisse pas d'étonner chez Gadamer, et ce pour deux raisons au moins :

D'abord, cela contredit ce qu'il avance dès *Wahrheit und Methode*, à savoir que ce que l'on comprend, ce ne sont pas les « choses » dont parle le texte, mais la façon dont ces choses sont comprises *dans* le texte : or, c'est peu dire que sa vision du pont n'est pas celle du pont du poème, je dirai même plus : c'est celle de tout pont tel qu'il se présente dans la vie courante – alors que celui du poème est le lieu d'un « enchantement » [*Zauber*], comme le dit le premier vers de la strophe suivante (« Comme envoyé des dieux, un enchantement m'enchaîna au pont, alors que j'y passais »), ce qui révèle une expérience très peu quotidienne.

63 *Ibid.*, p. 158.

Ensuite, Gadamer possède tous les atouts pour apprécier ce verbe « *tönen* » dans le contexte et la langue du poème : c'est en effet un excellent helléniste, et il n'ignore pas le rôle stratégique et décisif que joue la langue grecque dans la pratique poétique de Hölderlin. Ainsi, dans son étude « Gedicht und Gespräch » (1988), il souligne son propre emploi du mot *Ton* : « J'entends 'ton' ici au sens de τόνος, "tension", comme celle de la corde tendue, de laquelle résonne [*tönt*] le son harmonieux[64] » – son harmonieux qui est pour lui la preuve qu'un poème est un « tout », « lequel ordonne à la mélodie sémantique et sonore du tout toutes les cordes résonnant harmonieusement[65] ».

Le pathos de l'œuvre à prendre comme un tout qui se suffit à elle-même[66] conduit Gadamer à récuser toute interprétation qui s'autoriserait d'éléments extérieurs au poème[67]. Il refuserait donc toute référence à la chose elle-même, le vieux pont de Heidelberg dans sa situation et son histoire (ce qui, en revanche, entre dans les vues de Schleiermacher. Quant à Rombach, il n'y fait pas référence).

Et pourtant : il n'est pas inutile de savoir que la construction de *ce* pont, un pont de pierre, est *aussi* un effet de la nature, car les ponts précédents, des ponts de bois, avaient tous été détruits par les inondations ou le feu. En cela, ce pont de pierre artefact humain reste produit par la loi toute-puissante de la nature – ce qu'annonce déjà la comparaison avec « l'oiseau de la forêt », prolongée par un mouvement parfaitement parallèle (répétition de « par-dessus ») – et le pont du poème poursuit cette logique potentialisante en y ajoutant une dimension artificielle-artistique supplémentaire (l'adjectif *künstlich* avait, à cette époque, ces deux sens). Nous sommes donc de plain-pied dans la pensée du premier

64 H-G. Gadamer, « Gedicht und Gespräch », in *Gesammelte Werke 9, Ästhetik und Poetik II*, Tübingen, UTB für Wissenschaft, Mohr Siebeck, 1993, p. 337.

65 H-G. Gadamer, « Gesang Weylas », *op. cit.*, p. 209.

66 *Cf.* encore H-G. Gadamer, *Wahrheit und Methode*, *op. cit.*, p. 318. Il s'agit là d'une confusion aussi fâcheuse que fatale entre l'*autonomie* du texte et une *autarcie* à la fois rêvée sur le principe et, comme on l'a vu, contredite *in actu*.

67 Dont fait partie le vouloir-dire de l'auteur. J'ai à plusieurs reprises déjà suggéré que le dogme de l'unité du texte remplace chez Gadamer cette instance psychologique. Mais si on se réfère à ce que je dis plus haut de l'unité comme catégorie du sujet (conscient), on peut aller plus loin et poser que l'unité du texte est pour Gadamer une façon indirecte et inconsciente de revenir au vouloir-dire de l'auteur comme vouloir de l'unité. S'il est déclaré, un vouloir-dire n'a pas plus de raison d'être récusé *a priori* que d'être mis en absolu. Il importe seulement de le considérer comme ce que j'ai appelé ailleurs *un supplément de lecture*.

romantisme[68] – voir le *Heinrich von Ofterdingen* de Novalis –, où la nature une, pour pouvoir se sentir (en termes philosophiques : s'auto-affecter), se rapporte à elle-même à travers ses productions démultipliées.

Ainsi, le vieux pont de pierre de Heidelberg est-il bien lui-même une œuvre de la nature et qui de ce fait peut bien « résonner » harmonieusement comme une œuvre d'art, les « gens » tout comme les « voitures » n'étant très rigoureusement que des instruments, d'où leur remarquable interchangeabilité.

Que penser dès lors de l'incapacité de Gadamer à lire ce vers comme vers du poème ? Certes, il s'agit d'une erreur qui ne dit rien de la qualité d'autres lectures. Mais qu'une erreur aussi massive soit possible est un symptôme devant lequel il faut s'interroger. Il est frappant que l'option sémantique de Gadamer corresponde en réalité au comportement de celui qu'il décrit comme l'historien, qui est en principe en « conflit » avec le littéraire[69], puisque contrairement à celui-ci, il cherche le réel derrière le document. Une explication possible serait donc à chercher du côté d'une confusion entre fiction et réel, dont la cause pourrait être la conception du comprendre comme expérience vécue et quotidienne, doublée d'une extension fallacieuse du modèle du « dialogue vivant » au rapport avec le texte, car si dans un échange l'autre peut toujours m'imposer un propos auquel je ne m'attends pas et auquel je n'ai pas de réponse, la lecture, elle, se tiendra toujours dans les limites de ce que je peux faire ou laisser dire au texte. Une conséquence de ce faux-pas interprétatif ne serait alors pas moins que la nécessité de remettre radicalement en cause l'idée d'une herméneutique générale et

---

68 Comme je l'ai déjà souligné à plusieurs reprises (voir notamment Ph. Forget, *Nouvelle histoire de la littérature allemande*, t. II, Paris, A. Colin, 1998 et *Id.*, « Hölderlin », in *Dictionnaire du romantisme*, sous la direction d'A. Vaillant, Paris, éditions du CNRS, 2012), il est erroné de faire de Hölderlin un « inclassable » (et il ne s'agit évidemment pas pour autant de le « classer »). Ce topos de l'historiographie, hérité d'une vieille école allemande et repris par le discours académique, a malencontreusement été consacré à travers la remarquable éviction de Hölderlin de *L'Absolu littéraire* (Ph. Lacoue-LABARTHE, J-L. Nancy, *L'Absolu littéraire*, Paris, Seuil, 1978), qui lui confère la légitimité indue d'une autorité certaine.

69 « L'historien interprète en vue de quelque chose qui n'est pas formulé dans le texte » (H-G. Gadamer, *Wahrheit und Methode*, *op. cit.*, p. 319). C'est « Philologe » que je traduis par « littéraire », contrairement à la traduction française (H-G. Gadamer, *Vérité et méthode*, *op. cit.*, p. 359), qui conserve « philologue » et semble donc ignorer la différence qui existe entre ces mots entre les deux langues. Le « philologue » au sens français est *Altphilologe* en allemand.

de considérer l'œuvre d'art, non comme un paradigme de la conscience herméneutique, mais comme un champ à part, imposant ses propres lois et demandant donc des comportements spécifiques, parfois très éloignés des cadres d'une herméneutique générale fondée sur l'unité du sens compris. Parmi eux : la prise en compte du rapport de l'auteur au langage, qui trouve sa place chez Schleiermacher[70]. Pour donner ici un seul exemple (en dehors de celui du grec pour Hölderlin) : peut-on lire Kundera de la même façon si on tient compte ou non du fait qu'un mot comme « sempiternel » fait surgir pour lui « le pitre s'apitoyant sur le si terne éternel[71] » ?

Il n'est sans doute plus nécessaire d'expliciter les sens que mobilise dans le titre de ma communication le verbe « remiser », ni de préciser qui a plus de chances de remiser dans un sens et qui dans l'autre. Laissons donc pour finir le dernier mot sur Gadamer à Gadamer : peut-être faut-il prendre au sérieux cette confidence qu'il me faisait dans une lettre datée du 29 mars 1984 (soit très exactement au moment de son échange avec Rombach), dans laquelle il évoquait Dilthey et que j'avais sans doute prise à l'époque pour une coquetterie : « Quel géant comme savant, et quelle figure tragique comme penseur. Si cela n'avait pas quelque chose d'immodeste, je me comparerais volontiers avec lui. »

Philippe FORGET
Professeur de Première supérieure,
Paris

70 Ce qui s'énonce chez lui comme la nécessité de se placer au même niveau que l'auteur [*Urheber*] au plan « objectif » à travers la connaissance de la langue « telle qu'il l'avait » (Fr. Schleiermacher, *Hermeutik und Kritik*, *op. cit.*, p. 94).

71 M. Kundera, *L'Art du roman*, Paris, Gallimard, coll. « Folio », 1986, p. 175.

TROISIÈME PARTIE

TENTATIVES DE CONCEPTUALISATION

DÉFINITIONS ET ÉLÉMENTS DE POÉTIQUE

PENSER
LE ROMANTISME FRANÇAIS EN 1970

> Toute notre étude repose sur la conviction qu'il est nécessaire et possible de penser *le romantisme.* [...] Quiconque se contente de « situer *le romantisme* dans l'histoire » déserte *le romantisme* comme point de vue sur l'histoire, transforme en objet d'étude ce qui est instrument de pensée.
> P. ROZENBERG, *Romantisme anglais : le défi des vulnérables*, Paris, Larousse, 1973, p. 36.

Dans la tentative d'historisation des lectures critiques du romantisme au XXe siècle qui est ici notre ambition commune, l'année 1970 et celles qui l'entourent m'ont semblé un observatoire nécessaire, parce que s'y manifestent des mutations essentielles qu'il faut avoir en vue, si on veut que notre panorama ne soit pas trop défectif. C'est en effet l'époque de parution en tir groupé de plusieurs ouvrages qui ont compté et comptent encore pour l'histoire du romantisme français[1].

D'une part, des synthèses d'ordre didactique, mais dépassant plus ou moins largement ce cadre : celle de Henri Peyre en 1971 : *Qu'est-ce que le romantisme*[2] *?* ; celle de Pierre Barbéris, Claude Duchet et des divers

1 Une telle conjonction d'études sur le romantisme a fait l'objet d'une intéressante synthèse de la part de Hans Peter Lund, dans un article paru à brève distance de leur publication (H. P. Lund, « Le Romantisme et son histoire », *Romantisme*, n° 7, 1974, p. 107-116). Voir aussi, manifestant une vision plus tardive : J. Landrin, « Les Recherches d'histoire littéraire sur l'époque romantique (1820-1843) : quelques aspects », *L'Histoire littéraire, ses méthodes et ses résultats, mélanges offerts à Madeleine Bertaud*, publiés par Luc Fraisse, ADIREL, Genève, Droz, 2001, p. 285-304.

2 H. Peyre (1901-1988), *Qu'est-ce que le romantisme ?*, Paris, PUF, 1971.

autres collaborateurs du t. IV (1789-1848) du *Manuel d'histoire littéraire de la France* aux Éditions sociales en 1972[3] ; le livre de Max Milner, en 1973, publié dans le cadre de l'histoire de la *Littérature française* aux éditions Arthaud, Milner s'y étant chargé des années 1820-1843[4], les années antérieures (1778-1820) ayant été confiés à Béatrice Didier et les années postérieures (1843-1869) à Claude Pichois, directeur de l'ouvrage. Ce sont là, certes, des synthèses à usage pédagogique mais qui, pour la première fois, se trouvaient nourries par la recherche de pointe[5], et donc bien plus novatrices que les manuels scolaires alors en usage, le Lagarde et Michard ou le Castex et Surer.

À côté de ces synthèses, paraissent alors divers ouvrages qui comptent encore aujourd'hui pour l'interprétation du romantisme : les *Études sur le romantisme* de Jean-Pierre Richard (Seuil, 1970), les *Trois mythologies romantiques* de Georges Poulet (Corti, 1971), soit donc deux signes de connivence entre la « nouvelle critique » et le romantisme, qui mériteraient à eux seuls une étude à part. Mais retenons surtout, en 1973, le début du panorama magistral de Paul Bénichou : *Le Sacre de l'écrivain* (Corti) et l'année précédente, en 1972, le III de *L'Idiot de la famille* de Sartre (Gallimard) qui, dans un chapitre sur « Les Frères ainés » (de Flaubert), propose une interprétation du romantisme, comparé, au point de vue des attitudes prises par les écrivains dans l'espace social, tant à l'époque précédente, les Lumières, qu'à l'époque suivante, celle de Flaubert et de Leconte de Lisle. Rappelons enfin qu'un an avant 1970

3 P. Barbéris, Cl. Duchet (dir.), *Histoire littéraire de la France. IV. 1789-1848. Première et deuxième partie*, 2 vol., Paris, Éditions sociales, 1972.

4 M. Milner (1923-2008), *Littérature française. Vol. 12. Le Romantisme. I. 1820-1843*, Paris, Arthaud, 1973.

5 Ce qui n'était pas le cas antérieurement, la distinction entre recherche et enseignement étant bien plus marquée. Faisant à Liège en 1849 un cours sur *Chateaubriand et son groupe littéraire*, Sainte-Beuve y insistait ; mais plus encore Nisard, reprochant à Sainte-Beuve de ne pas assez distinguer entre ses deux casquettes, lors de ses cours à l'École Normale supérieure. En revanche, Hans Peter Lund remarque en 1974 que les synthèses récentes sur le romantisme montrent une tout autre conception de ces rapports : « Pendant très longtemps, la distance entre la pédagogie et la recherche, dans le domaine du romantisme, n'a cessé de s'accroître. L'image qu'on nous donnait du romantisme était celle d'une période où la littérature renouvelait ses thèmes sans raison bien évidente [...] et voici enfin deux ouvrages qui remplissent, en n'y laissant presque aucune lacune, le vide entre la pédagogie et la recherche, vide causé par les progrès considérables de cette dernière. » L'auteur a principalement en vue les livres de Claude Duchet / Pierre Barbéris et de Max Milner (H. P. Lund, art. cité, p. 107).

a été publié un colloque organisé à Saint-Cloud par Pierre Barbéris, *Romantisme et politique*[6], et surtout qu'un an après, en 1971, est lancé le numéro 1-2 de la revue *Romantisme*, numéro coordonné par Jacques Seebacher, intitulé, de manière sémaphorique : « L'Impossible unité ? » Cela sans qu'apparaisse alors un directeur de cette revue, mais la seule responsabilité du président-fondateur de la « Société des études romantiques », Pierre Barbéris, car il faudra attendre 1976, et le numéro 11 de *Romantisme*, pour que Claude Duchet, en tant que directeur, Max Milner, en tant que président de la Société, y ouvrent une autre période fondatrice. Ce qui invite à remarquer, non sans quelque fierté collective, que c'est pour une part dans l'orbite de notre Société que se sont jouées, dès 1970 et dans les décennies suivantes, les interprétations nouvelles du romantisme que je vais essayer de caractériser.

Si on situe la période que je viens d'évoquer[7] dans le *temps long* des interprétations du romantisme français, il me semble qu'elle justifie, même si c'est de manière incomplète, le titre que j'ai donné à cet article : « Penser le romantisme ». Car ce qui caractérise ces diverses entreprises, soit collectives (Barbéris/Duchet, Milner), soit individuelles (Peyre, Sartre, Bénichou), c'est bien leur ambition de ne pas se contenter de raconter le romantisme, d'en rappeler les principaux auteurs et les principaux épisodes, mais bien de le structurer et de le penser.

Le penser dans l'histoire, dans l'histoire sociale en particulier, ce sera l'objet de ma première partie, et c'est là qu'est la plus grande nouveauté, quand on considère les historiens antérieurs (Maurice Souriau[8], Pierre Moreau[9], René Jasinski[10], Paul Van Tieghem[11], etc.)

---

6 *Romantisme et politique, 1815-1851.* Colloque [d'histoire littéraire] de l'École normale supérieure de Saint-Cloud [21, 22, 23 avril] 1966, Paris, Armand Colin, 1969.

7 Tout juste un lustre, donc : 1969-1974…

8 M. Souriau (1856-vers 1950), *Histoire du romantisme en France*, Paris, Éditions Spes, 1927, 2 tomes en 3 vol. (I. 1. *Le Romantisme sous l'Ancien régime. La Révolution, le Consulat et l'Empire* ; 2. *La Restauration* ; II. *La Décadence du romantisme.*)

9 P. Moreau (1895-1972), *Le Romantisme*, 8e volume dans le cadre de l'*Histoire de la littérature française* publiée sous la direction de J. Calvet, Paris, de Gigord, 1932. L'ouvrage est republié en 1957 (Paris, del Duca).

10 R. Jasinski (1898-1985), « Dix-neuvième siècle », *Histoire de la littérature française*, t. II, Paris, Boivin, 1947 ; nouvelle édition, revue et complétée, avec la collaboration de J. Robichez pour le XIXe siècle, Paris, A. G. Nizet, 1966.

11 P. Van Tieghem (1871-1948), *Le Romantisme dans la littérature européenne. L'ère romantique*, Paris, Albin Michel, 1948.

Le penser aussi dans une chronologie historique précise, soit donc, comme on dit, le *périodiser* : ce sera l'objet d'une brève deuxième partie.

Le penser enfin *dans son essence*, le conceptualiser, même si, comme on le verra, les essais restent alors un peu timides sur ce point : ce sera l'objet de ma troisième partie.

LE ROMANTISME DANS L'HISTOIRE

L'exigence historique est une des caractéristiques majeures des synthèses sur le romantisme français proposées au début des années 1970. Une telle exigence invite leurs auteurs à ne pas se contenter de l'histoire littéraire proprement dite, comme l'avaient fait jusque-là y compris les meilleurs historiens du romantisme, tels que Pierre Moreau[12], mais à tenter de comprendre le romantisme comme un phénomène global d'histoire : histoire sociale, histoire des idées, histoire des sensibilités, etc.

Henri Peyre explique n'avoir « nullement tenté [...] une histoire du romantisme littéraire en France, car cette histoire a été faite, et trop souvent elle n'a été qu'anecdotique[13] ». Et c'est bien le mot d'ordre commun à tous ses pairs. Point d'exposé se contentant de suivre le fil de l'histoire littéraire. Dans tous les cas, le projet de penser le romantisme, de le penser d'abord et surtout comme un phénomène historique de vaste amplitude, est nettement marqué.

Selon Peyre, le romantisme est un « mouvement » de fond qui « a ébranlé notre sensibilité, élargi immensément notre imagination, libéré l'individualisme, et rendu l'homme moderne à jamais insatisfait de sa destinée[14] ». Aussi, mis à part le premier chapitre (« Le romantisme d'avant les romantiques ») et le dernier (« Survie et vitalité du romantisme »), son livre se présente comme une synthèse sur le romantisme européen, qui ne s'astreint pas à suivre l'ordre chronologique.

12 Pierre Moreau se contente de brefs panoramas sur « La France du Consulat et de l'Empire », « La France de la Restauration », « La France de 1830 ».

13 H. Peyre, *op. cit.*, p. 5.

14 *Ibid.*

Pour Milner, le refus de l'histoire anecdotique conduit au rejet de « l'importance exagérée que la plupart des histoires du romantisme accordent aux débats portant sur les problèmes de technique littéraire[15] », et donc aussi au refus de restreindre le romantisme à la suite trop connue des débats littéraires, qu'ont privilégiée jusque-là la plupart de ses historiens, Pierre Martino en particulier[16]. Cela entraine Milner à élargir lui aussi la portée de la notion de romantisme, défini comme une « transformation globale des mentalités, des sensibilités et des idéologies », et non plus comme une simple affaire de « controverses littéraires » et de « querelles d'écoles[17] ». Voici donc le « mouvement romantique » (on notera l'expression) pensé comme « correspondant à une transformation de la sensibilité, des idées et des mœurs qui ne coïncide pas exactement, même dans ses aspects littéraires, avec les doctrines proclamées par les chefs d'école[18] ». D'où la critique du rôle traditionnellement attribué à la préface de *Cromwell*, avec son romantisme « grandiloquent et tapageur », qui n'implique, selon Milner, « aucune transformation profonde dans la manière dont l'homme se conçoit, se comprend, s'écoute, se situe par rapport à ses semblables et à son devenir social[19] ».

Cette double dimension (refus de l'histoire intra-littéraire au profit de l'histoire sociale, et volonté de penser le romantisme comme un phénomène de vaste ampleur) est présente aussi, naturellement, dans l'*Histoire littéraire de la France* publiée aux Éditions sociales. Ici, pour compenser la forme malgré tout monographique du volume, due à des spécialistes de chaque auteur retenu, c'est Pierre Barbéris qui a été chargé des principales synthèses : celle qui concerne l'existence ou non du préromantisme, et surtout la quatrième partie intitulée « Les Romantismes ». Barbéris y revendique la nature historique de ce phénomène collectif, transpersonnel qu'est à ses yeux le romantisme : « Le romantisme, s'il met en jeu des dispositions et des réactions individuelles, [...] est un phénomène avant

15 M. Milner, *op. cit.*, p. 167.

16 Chez qui l'importance accordée à la chronologie des débats littéraires est marquée jusque dans le titre de son ouvrage : P. Martino (1880-1953), *L'Époque romantique en France. 1815-1830*, Paris, Boivin et Cie, coll. « Le Livre de l'étudiant », 1945. Martino s'appuie sur son précédent ouvrage, écrit en collaboration : E. Eggli, et P. Martino, *Le Débat romantique en France (1813-1830). Pamphlets. Manifestes. Polémiques de presse*, Paris, Les Belles Lettres, 1933, t. I (seul paru).

17 M. Milner, *op. cit.*, p. 5-6.

18 *Ibid.*, p. 43.

19 *Ibid.*

tout historique, relevant de l'étude extensive, quantitative et même, si possible, statistique[20]. » Ce qui le pousse à se donner pour objet d'étude les « Structures et dynamiques du romantisme[21] », puis ce qu'il désigne comme « La Dialectique de la nostalgie et du vouloir vivre[22] » (où l'on retrouve la double postulation, entre « énergie » et « nostalgie », mise en lumière par Jean Fabre en 1963[23]).

Politisant le débat, Barbéris met aussi l'accent sur le « romantisme plébéien » (celui de Stendhal, de Sainte-Beuve, du *Globe*), puis compare ce qu'il appelle le « réalisme critique et le romantisme révolutionnaire ». Comme chez Milner, le romantisme n'est pas seulement affaire de cénacles et de disputes d'écoles, mais, affirme Barbéris, « on ne comprend le romantisme, les romantismes qu'en retrouvant leurs motivations profondes, qui sont des motivations historiques, des motivations nées de rapports sociaux, de l'intériorisation de leur expérience et de leur expression[24] ». Au centre de son interprétation, l'affirmation que le romantisme est une réaction contre la bourgeoisie et l'ordre capitaliste qui se met en place[25], et une distinction entre romantisme aristocrate (ou « gentilhomme ») et romantisme plébéien[26]. Malheureusement, ces vues, portées par un bel enthousiasme militant, risquent d'être entachées à nos yeux d'aujourd'hui, par leurs partis-pris idéologiques datés. Car, reprenant à son compte la distinction lukacsienne entre réalisme critique et romantisme révolutionnaire[27], Barbéris classe auteurs et œuvres en fonction d'une axiologie sans appel, qui tend à dévaluer les représentants

20 P. Barbéris, Cl. Duchet (dir.), *op. cit.*, p. 485-486.

21 *Vol IV. 1789-1848. Première partie*, Quatrième partie : « Les Romantismes ». Chapitre XXXII, p. 477-490.

22 *Vol IV. 1789-1848. Première partie*, Quatrième partie : « Les Romantismes ». Chapitre XXXIII, p. 491-511.

23 J. Fabre, *Lumières et romantisme. Énergie et nostalgie de Rousseau à Mickiewicz*, Paris, Klincksieck, 1963.

24 P. Barbéris, Cl. Duchet (dir.), *op. cit.*, p. 484.

25 Selon lui, « la constatation, la prise de conscience romantique fondamentales » consistent dans « la remise en question d'une Histoire que la Bourgeoisie victorieuse prétendait avoir fermée comme drame », *Ibid.*, p. 489.

26 Voir le chapitre intitulé « Le Romantisme plébéien » (*Ibid.*, Quatrième partie : « Les Romantismes », chap. XXXIV, p. 512-534).

27 Voir le chapitre XXXV de la Quatrième partie, intitulé : « Réalisme critique et romantisme révolutionnaire » (*Ibid.*, p. 535-543) au seuil duquel il est affirmé que cette distinction est « l'une des propositions les plus fécondes de l'historiographique moderne » (*Ibid.*, p. 534). À la fin de ce chapitre, Barbéris tend cependant à mettre en garde contre « l'utilisation abusive et scolastique de la distinction de Lukacs » (*Ibid.*, p. 542). Et d'affirmer : « Tout

du second (Hugo, Lamartine, Vigny, Michelet, Sand) au profit de ceux du premier (Balzac, Stendhal, mais aussi le Musset de *Lorenzaccio*).

C'était là, déjà, la vision du romantisme que donna, dès les années 1880, à un moment où elle était peu commune, un grand critique danois trop méconnu, Georg Brandes, qui lui aussi, déjà, préférait le romantisme d'après 1830 à celui de la Restauration[28]. Vu d'aujourd'hui, on ne peut que se féliciter d'un tel renversement au profit du romantisme d'après 1830, alors que Maurice Souriau (1927) n'hésitait pas à parler de décadence à son sujet[29] ou que Pierre Martino (1945) interrompait son évocation de « l'époque romantique » en 1830[30]. Mais, chez Barbéris, cette distinction entre ce qui s'avère en fait sous sa plume un romantisme bien plus « idéaliste » que « révolutionnaire » et un réalisme critique, dont l'appartenance au romantisme n'est pas discutée, est trop absolue, trop peu problématisée pour qu'elle emporte aujourd'hui l'adhésion.

L'image du romantisme que donne Sartre, en cette même année 1972, se veut, elle aussi, fondée en termes d'histoire socio-politique. Avec, chez lui, la même insistance que chez Barbéris sur la nature « aristocratique » du romantisme de la Restauration, un peu trop sur la foi de la particule de ses grands écrivains de marque. Ici et là, donc, même « sociologisme », même tendance à affirmer, un peu au jugé[31], la nature sociale des attitudes littéraires successives, sans trop chercher les médiations idéologiques qui la manifestent. Avec, chez Sartre, une

---

romantisme, puisqu'il refuse le tout fait, est à la limite comme au départ réaliste et critique » (*Ibid.*, p. 543).

28 Voir G. Brandes (1842-1927), *L'École romantique en France*, trad. A. Topin, d'après la 8e édition allemande, introduction par V. Basch, Paris, A. Michalon, 1902. Il s'agit du t. V, seul traduit de l'allemand en français, des *Grands courants littéraires au XIXe siècle*, paru en allemand en 1883 (*Die Litteratur des neunzehnten Jahrhunderts in ihren Hauptströmungen, dargestellt von Georg Brandes. 5. Band. Die romantische Schule in Frankreich*, Leipzig, Veit, 1883, in-8°, 128 p.) Ce volume traite de la « génération de 1830 » en France. La traduction anglaise en 6 volumes est en revanche complète (G. Brandes, *Main currents in nineteenth century literature*, Londres et New York, 1906). Voir sur l'ouvrage la recension de Jean Thorel : J. Thorel, « La Critique internationale – M. George Bandes », in *Die Litteratur des neunzehnten Jahrhunderts in ihren Hauptstrœmungen dargestellt*, 6 vol., Leipzig, édition Veit et Cie, 1882-1892 », *Revue des Deux Mondes*, 1893, t. CXIX.

29 *La Décadence du romantisme* est chez lui, tout bonnement, le titre du volume II, consacré au romantisme d'après 1830.

30 Le livre s'arrête en 1830, soit donc au moment où la « bataille romantique » prend fin : « Je n'ai pas dessein d'écrire ici, même à grands traits, l'histoire du développement du romantisme après 1830 », P. Martino, *op. cit.*, p. 167.

31 Sans chercher à la démontrer sur pièces, ce qui est loin d'être impossible.

vision en trois temps qui, personnellement, m'a toujours paru utile, distinguant entre les deux formes de « littérature faite », restées présentes dans « l'Esprit objectif », telles qu'elles se manifestent aux yeux du candidat à la littérature qu'est le jeune Gustave en 1840 (celle des Lumières, puis celle de ses « frères ainés », les romantiques), et la vision de la littérature que manifeste la génération de Flaubert, qui est aussi celle de Baudelaire et de Leconte de Lisle. Chez Sartre, la distinction entre ces trois époques se fait à deux niveaux combinés : rapport au négatif, d'une part ; topologie, « paratopie » (comme dirait Dominique Maingueneau), de l'autre. En effet, empruntant à Hegel, Sartre oppose la *négativité* critique sans limites des Lumières, à la *négation totalisante et surplombante* de l'aristocrate romantique, ce Maître qui est censé jeter un dernier regard synthétique sur le monde au moment où il s'apprête à le quitter, mais aussi à la *négation absolue* des « chevaliers du néant » de la génération de Flaubert, ces fils de bourgeois à qui n'est plus permise la mobilité critique de *Micromégas*, délestée de l'empirie, ni le surplomb de l'aristocrate *pour la mort*, jugeant le monde depuis son Sinaï de légende, ni non plus d'ailleurs les caprices « royaux et gratuits » d'un Musset[32], sécrétions de classe eux aussi.

Tout comme Sartre et Barbéris, c'est en sociologue et en historien que Bénichou aborde le romantisme[33], mais avec une autre grille de lecture. Car si Bénichou se préoccupe, tout comme Sartre, de la « situation » de l'écrivain, il la considère surtout à partir de son rôle politico-religieux, et non de son affiliation sociale. Mais, autre trait commun avec Sartre, Bénichou propose une vision du romantisme qui a le mérite de le situer par rapport à un *avant* et un *après*, cela selon les formes successives données à un évènement unique, promu à une fonction cardinale : le sacre de l'écrivain. Entendons par là, non seulement son sacre propre, mais sa relation de plus en plus affirmée au sacré et au pouvoir spirituel, commencée sous la forme d'un sacre laïque de l'« Homme de lettres » dès les années 1760, continuée sous la forme d'une sacralisation du

32 J-P. Sartre, *L'Idiot de la famille*, t. III, Paris, Gallimard, coll. « NRF », 1972, p. 120.

33 Lui aussi était parti, d'ailleurs, à l'origine de son enquête, de la génération suivante, celle de Baudelaire, puis était remonté à ses aînés : « Quand j'ai entrepris le travail qui a abouti à ces livres, je m'intéressais surtout à cette position séparée et au parti pris d'amertume et de solitude qui sont, dans le second romantisme, les caractères dominants de la haute littérature », P. Bénichou, *L'École du désenchantement. Sainte-Beuve, Nodier, Musset, Nerval, Gautier*, Paris, Éditions Gallimard, coll. « NRF », 1992, p. 578.

« Poète penseur » quand triomphent les Mages et les Prophètes, puis mise en crise par le romantisme désenchanté, qui a déjà perdu cette foi de substitution – deuil que confirmera et aggravera la génération de Baudelaire et de Flaubert. Mais si l'angle de vue est ici religieux, au sens large, et s'il est restreint à une seule question – la situation de l'écrivain –, c'est bien aussi à la fois d'histoire des idées et d'histoire sociale que traite Bénichou[34].

Si la notion de « Mages » était déjà présente, et à titre de tête de chapitre, dans le livre que Pierre Moreau consacra au romantisme en 1932[35], fleuron d'une histoire littéraire traditionnelle mais déjà plus alerte, on n'en mesure que mieux la portée tout autre, en termes d'histoire sociale débordant largement le cadre de la littérature prise au sens étroit, de la thèse de Bénichou. Thèse qu'il va ensuite étayer et compléter par trois grands livres, tout en renonçant au livre initialement projeté sur la génération Baudelaire. Sans doute, est-on tenté de penser, en raison de la parution en 1972 de la magistrale synthèse sur cette période que constitue le t. III de *L'Idiot de la Famille*, qui lui coupait l'herbe sous les pieds, avant même que Bourdieu ne s'en mêle (dans *Les Règles de l'art*, en 1998[36]). En revanche, Pierre Moreau, dans son panorama qui procède pour l'essentiel par succession de grands auteurs, ne connaissait pas encore le romantisme du désenchantement. Il ne faisait aucune place presque aux Jeunes-France[37], et n'allouait une portion congrue qu'à ces *outsiders* du grand romantisme « social[38] » qu'étaient pour lui les dandys et les bohèmes[39].

Présente pourtant dans sa thèse sur *Le Classicisme des romantiques* (1932), la notion de génération lui manque un peu, alors qu'elle constitue un autre des traits communs des études sur le romantisme des

34 Il insiste sur le « point de vue sociologique qui a été généralement adopté » dans son ouvrage, tout en critiquant la « critique sociologique », lorsqu'elle perd son temps « à supputer une influence des réalités économiques sur la littérature », *Id.*, *Le Sacre de l'écrivain*, *op. cit.*, p. 464-465).

35 C'est le titre du chapitre II de la Troisième partie : « Le Romantisme de 1830 » (p. 194-309 de la réédition de 1957), qui traite à la fois des « Mages » et de ceux que Paul Bénichou baptisera comme les « prophètes », désignés ici comme des « apôtres religieux et sociaux ».

36 P. Bourdieu, *Les Règles de l'art : genèse et structure du champ littéraire*, Paris, Seuil, 1998.

37 Seuls rescapés : Nerval, Gautier, Aloysius Bertrand.

38 Ainsi que le désignait entre autres Roger Picard. Voir R. Picard, *Le Romantisme social*, New York, Brentano's, 1944.

39 Au « romantisme dandy et bohème » est consacré le chapitre III de la partie sur « Le Romantisme de 1830 » : « Dandisme [*sic*] et Bohème ».

années 70. Cela, avec de la part de Bénichou, une analyse plus poussée qu'auparavant des profondes différences entre les générations romantiques successives[40], et, de la part de Milner, une préférence déclarée en faveur d'une histoire en termes de génération plutôt qu'en termes d'école[41], que, de manière systématique, Albert Thibaudet formula le premier[42]. Ce qui suppose, il faut y insister, un déplacement de l'axe du romantisme *de l'esthétique vers l'existentiel* tel que vécu collectivement par les plus jeunes des classes d'âge, qui, après 1830, deviennent les principaux moteurs de l'histoire littéraire. Et c'est là, me semble-t-il, une autre des caractéristiques des historiens du romantisme de ces années-là, pour lesquels cette sociologie générationnelle est plus efficace que la sociologie en termes de classes sociales – qu'ils persistent, pour certains, à pratiquer aussi. Mais on peut regretter, en revanche, que malgré les travaux pionniers de Louis Maigron sur *Le Romantisme et les Mœurs* (1910) et *Le Romantisme et la Mode* (1911), une telle *existentialisation* du romantisme, reste, en 1970, et continue de rester encore aujourd'hui, affaire d'affirmations plutôt que de recherches. Mais il est vrai que de telles affirmations sont alors relativement courantes, d'Armand Hoog, qui dans le numéro des *Cahiers du Sud* sur les Petits romantiques évoque à leur propos, en pleine mode existentialiste, un « romantisme existentiel[43] », à Paul Bénichou qui l'approuve[44], ou à Pierre Barbéris, selon qui les diverses générations romantiques ont

40 Rendue possible entre autres par les travaux sur les petits romantiques qui se développent, à partir d'un numéro célèbre des *Cahiers du Sud* (1949). Voir : M. Milner, « Les *Cahiers du Sud* ont-ils inventé les "petits romantiques" ? », *Romantisme*, 1988, n° 59, p. 83-90.

41 « Le romantisme français, cela ne fait pas de doute, est autant l'affaire d'une génération (ou plus exactement de deux) que d'une doctrine littéraire », M. Milner, *op. cit.*, p. 44. Les deux générations distinguées sont la génération de 1820 et celle de 1830.

42 « Pour notre part, nous adopterons un ordre dont nous ne nous dissimulons pas les inconvénients et l'arbitraire, mais qui nous paraît avoir l'avantage de suivre de plus près la démarche de la nature, [...] de mieux adapter aux dimensions ordinaires de la vie humaine la réalité et le produit de l'activité humaine : c'est l'ordre par générations », A. Thibaudet, *Histoire de la littérature française, de Chateaubriand à Valéry*, Paris, Librairie Stock, 1936 ; réédition coll. « Marabout Université », 1981, p. XIII.

43 Voir A. Hoog, « La révolte métaphysique et religieuse des petits romantiques », *Cahiers du Sud*, n° spécial « Les Petits romantiques français », 1949, p. 13-28.

44 « [...] si l'on peut évoquer à leur propos "une sorte de romantisme existentiel", si parfois ils ont signifié, par les mots d'art et de poésie, un engagement de tout l'être, illimité et impérieux, c'est parce que le romantisme dès ses débuts portait en lui une telle ambition », P. Bénichou, *Le Sacre de l'écrivain, 1750-1830 : essai sur l'avènement d'un pouvoir spirituel laïque dans la France moderne*, Paris, Corti, 1973, 1985, p. 431-432.

défini « un style de vie et une code de vie *quand même*, dans cet univers de moins en moins respirable qui s'impose dans les décennies d'après la Révolution française[45] ».

PÉRIODISATIONS

Penser le romantisme français en 1970, puisque le point de vue de l'histoire sociale devient alors majeur, c'est naturellement aussi se poser la question de ses limites et de ses scansions.

Limites initiales : et chacun d'affronter la question du préromantisme (à laquelle la Société des études romantiques consacre alors un beau colloque en 1972, à l'instigation de Paul Viallaneix[46]) : en lui faisant une large place comme Henri Peyre, ou quitte à le renommer « Premier romantisme », comme Pierre Barbéris et Max Milner.

Limites finales : alors que Pierre Martino, en 1944, avait tendance à fermer l'époque romantique en 1830, et que Pierre Moreau, en 1932, faisait de 1843 le début de la fin pour un romantisme commencé avec le siècle, on a tendance, en 1970, à déborder ces limites conventionnelles, tant vers l'avant que vers l'après. Max Milner lui-même le fait, bien qu'un peu gêné par le découpage du XIXe siècle imposé par la collection Artaud[47]. Mais Henri Peyre, qui se plaint des bornes de 1820-1845 auxquelles « les manuels ont paresseusement voulu limiter le romantisme[48] », va jusqu'à affirmer que le « romantisme des sensibilités, des rêves, avec son

45 P. Barbéris, Cl. Duchet (dir.), *op. cit.*, p. 486.

46 P. Viallaneix (dir.), *Le Préromantisme, hypothèse ou hypothèque*, actes du colloque organisé à Clermont-Ferrand les 29 et 30 juin 1972 par le Centre de Recherches Révolutionnaires et Romantiques de l'Université, Paris, Klincksieck, 1975.

47 Il fait remarquer que la collection où prend place son étude désigne, « contrairement à l'usage, sous le nom de romantisme, la littérature qui s'étend de 1820 à l'aube du XXe siècle », M. Milner, *op. cit.*, p. 6. Mais il ne reçoit pas sur ce point l'assistance de Claude Pichois, qui renonce quant à lui à parler en termes de romantisme pour la période suivante (1843-1869). à l'intérieur de sa tranche chronologique, Milner distingue une période de batailles (1820-1830), une période de triomphe (1800-1836) et une période de reflux (1836-1843).

48 Ce sont les limites posées par l'histoire littéraire de René Jasinski, complétée par Jacques Robichez pour le XIXe siècle (Paris, Nizet, 1966). Voir la synthèse sur « La grande génération romantique (1820-1845) », p. 199-200.

individualisme exaspéré, sa rébellion contre une civilisation que l'on craint trop mécanisée, contre les hiérarchies et bureaucraties, n'a jamais été aussi virulent que depuis 1965, et surtout avec la très romantique et chimérique révolution de 1968[49] ». Idée qu'on retrouve chez Max Milner[50], et plus encore chez Michael Löwy et Robert Sayre[51], et dans le numéro de la revue *Europe* consacré au « romantisme révolutionnaire[52] ».

Entre ces deux extrêmes, l'attitude de Paul Bénichou. Dans le cadre de la thèse qu'il soutient, il montre la continuité entre Lumières et Romantisme, mais montre aussi que les « trois générations du second romantisme » – c'est ainsi qu'il les appelle, fidèle à Albert Cassagne[53] : « celle des Jeunes-France et de Gautier, celle de Baudelaire-Flaubert, celle du jeune Parnasse et de Mallarmé[54] », sont restées étroitement liées aux problématiques du grand romantisme, en particulier à ses idéaux en matière de sacralité de la littérature – quitte à vivre de manière angoissée leur propre impossibilité à les atteindre :

> Ils se constituent, face à la société, en clergé bafoué et distant. On a beau jeu de dénoncer la vanité et l'inefficacité de leur pessimisme : il est trop certain qu'un pouvoir spirituel est peu de chose quand ce qu'il prêche n'a plus de crédit. Mais ce sacerdoce négatif est encore un ministère de l'esprit[55].

---

49 H. Peyre, *op. cit.*, p. 7.

50 « L'ère romantique est-elle close ? On peut en douter », *op. cit.*, p. 17.

51 M. Löwy, R. Sayre, *Révolte et mélancolie : le romantisme à contre-courant de la modernité*, Paris, Payot, 1992. Voir ici même leur contribution au présent ouvrage.

52 « [...] nous sommes convaincus que l'histoire du romantisme n'est pas terminée en 1830 ou 1848, mais qu'elle continue *jusqu'à nos jours* », « Qu'est-ce que le romantisme révolutionnaire ? », *Europe*, n° 900, numéro spécial sur « Le romantisme révolutionnaire », sous la direction de M. Löwy et M. Blechman, avril 2004, p. 3. Les auteurs de l'introduction prolongent les thèses de Löwy/Sayre : « Le romantisme proteste contre la mécanisation, la rationalisation abstraite, la réification, la dissolution des liens communautaires et la quantification des rapports sociaux », *Ibid.*

53 A. Cassagne, *La Théorie de l'art pour l'art en France chez les derniers romantiques et les premiers réalistes*, Paris, Hachette, 1906.

54 P. Bénichou, *L'École du désenchantement : Sainte-Beuve, Nodier, Musset, Nerval, Gautier*, *op. cit.*,, p. 584.

55 *Id.*, *Le Sacre de l'écrivain*, *op. cit.*, p. 473. Idée reprise dans *L'École du désenchantement* : « En réalité, ni la religion de l'idéal, ni l'investiture spirituelle du Poète, proclamées par la génération aînée, n'étaient abandonnées par la cadette : elle continue à se réclamer implicitement du pacte du poète avec l'humanité et avec Dieu, auquel Dieu et l'humanité ont manqué, non le Poète. [...] Par son ambition de penseur moderne, Baudelaire continue Hugo, quoiqu'il pense et enseigne sensiblement autre chose que lui. Son peu de sympathie pour la philosophie et le sentiment humanitaire ne l'empêche pas d'être lui-même un poète-philosophe, et philosophe de cette humanité d'aujourd'hui qui peuple ses poèmes.

La véritable césure serait, selon Bénichou, vers 1885[56], mais sans que cette date soit par lui argumentée, et alors même qu'il laisse entendre que rien n'a été modifié jusqu'à la fin du XXe siècle dans la nouvelle donne littéraire définie par le second romantisme désenchanté[57].

Mais venons-en, sans plus attendre, à la question qui concerne de plus près la logique du jour.

L'ESSENCE DU ROMANTISME

Penser le romantisme français en 1970, c'est non seulement le situer, le focaliser, le périodiser, le subdiviser, et donc le penser dans l'histoire, mais c'est aussi, en principe du moins, essayer de le conceptualiser ; et, sinon en rechercher l'essence, choisir parmi les conceptualisations déjà avancées celle qu'il convient de mettre en avant, en proposer de nouvelles, les corréler entre elles, etc.

À cela, pourtant, une triple limite en 1970 : 1° le sentiment qu'il est vain de « vouloir imaginer une formule unique pour rendre compte d'un ensemble de phénomènes très divers selon les pays et les générations[58] » ; 2° le scepticisme radical à la Dupuis et Cotonet (1837[59]), à la Valéry

---

[...] sa rhétorique n'est pas moins excessive que l'enflure humanitaire », *Id.*, *L'École du désenchantement*, *op. cit.*, p. 585.

56 « Dans ce qui est venu ensuite, vers 1885, des conditions nouvelles ont agi de plusieurs façons, diverses et conflictuelles ; mais dans leur ligne de cime la littérature digne de ce nom et la poésie n'ont jamais rejeté l'héritage négatif du second romantisme », *Ibid.*, p. 584.

57 Paul Bénichou, qui juge que, à l'époque romantique, la littérature a accompli « un pas en avant vers une conscience plus large de la condition humaine » (Id., *Le Sacre de l'écrivain*, *op. cit.*, p. 469), se plaint souvent de l'estime jamais démentie, injuste à ses yeux, accordée, y compris par les penseurs progressistes du XXe siècle, aux conceptions littéraires de ce qu'il appelle le « second romantisme » : « Baudelaire semble l'avoir emporté durablement. Depuis qu'il a paru, la haute littérature et l'opinion lettrée font résider toute lucidité et toute dignité dans la conscience insatisfaite et radicalement malheureuse : la disqualification lyrico-métaphysique de la commune humanité passe pour plus lucide que l'attribution à l'homme d'une excellence quelconque », *Id.*, *L'École du désenchantement*, *op. cit.*, p. 584.

58 H. Peyre, *op. cit.*, p. 5.

59 « [...] l'attitude la plus raisonnable paraît être le scepticisme de Dupuis et Cotonet, se refusant de voir dans le mot de romantisme autre chose qu'un mot, et invitant implicitement Messieurs les critiques à se débarrasser d'une dénomination si confuse », M. Milner, *op. cit.*, p. 75.

(1930[60]), ou à la Arthur Lovejoy (1924[61]) qui, selon Max Milner, s'empare du chercheur face à l'*impensabilité* d'un tel phénomène multiforme[62] ; 3° l'aveu fait par le même critique qu'une telle exigence est impropre à l'histoire littéraire de tradition française, car « en dehors de Paul Van Tieghem dont le propos est d'ailleurs plus descriptif que synthétique, les nombreux critiques qui se sont attaqués au difficile problème de l'essence du romantisme sont tous étrangers[63] ». Cela est écrit en 1973, sans que soit fait mention, comme ce sera le cas dans la réédition du livre, en 1985, des travaux fondateurs de la critique américaine : ceux de Lovejoy, de Wellek et d'Eichner[64].

Une telle déficience incite Milner à se mettre lui-même sur les rangs. Mais avant d'en revenir à lui, notons d'abord que Sartre et Bénichou se situent bien, eux aussi, dans le cadre d'une *pensée* du romantisme, fondée dans les deux cas sur un unique « grand récit », dont les accointances réciproques ont déjà été signalées. Chez Bénichou, penser le romantisme est d'autant plus nécessaire qu'est mis au centre de son interprétation le romantisme dit « penseur », et qu'il est amené à exposer les théories de ses vecteurs poétiques et idéologiques et à rappeler les articles de leur credo : il y a crise sociale mais surtout religieuse ; déficit d'*auctoritas* des religions instituées ; nécessité pour les écrivains d'accepter une « charge d'âmes » ; rêve qui leur est commun d'une nouvelle organicité sociale, d'une *religio* ; valorisation des utopies de cet ordre, etc.

---

60 « Il est impossible, écrit Valéry, dans *Mauvais pensées et autres*, de penser sérieusement avec des mots comme Classicisme, Romantisme, Humanisme, Réalisme. On ne s'enivre ni ne se désaltère avec des étiquettes de bouteille », *Ibid.*, p. 75.

61 « On comprend qu'un grand spécialiste de l'histoire des idées comme Arthur Lovejoy ait consacré un article retentissant à démontrer l'inanité de tous les critères proposés pour introduire dans le mouvement romantique européen un semblant d'unité », *Ibid.*, p. 75-76. Voir A. O. Lovejoy, « On the Discrimination of Romanticisms », *PMLA*, vol. 39, n° 2, juin 1924, p. 229-253.

62 M. Milner, *op. cit.*, p. 75.

63 *Ibid.*, p. 76.

64 Max Milner évoque René Wellek et Hans Eichner dans la réédition abrégée de son livre en 1985. Il rappelle quelques-uns des traits du romantisme retenus par le premier dans ses deux articles de 1949 : « l'importance du symbole et du mythe, et la substitution à la philosophie mécaniste de l'époque classique d'une vision organique du cosmos ». Il rappelle aussi que, dans son article de 1982 (voir *infra*), Hans Eichner propose de voir le trait dominant du romantisme « dans une action désespérée d'arrière-garde menée contre l'esprit et les implications de la science moderne », M. Milner, Cl. Pichois, *Littérature française. 7. De Chateaubriand à Baudelaire*, Paris, Arthaud, 1985, p. 8.

L'exercice de conceptualisation est, bien entendu, différent dans les deux histoires littéraires panoramiques du romantisme (Milner et Barbéris) tout comme dans le livre de Peyre. En raison du genre adopté, tous trois sont amenés à proposer des conceptualisations selon un spectre plus large, comme le feront désormais après eux les historiens postérieurs du romantisme : Jacques Bony en 1992[65], Claude Millet en 2007[66], Alain Vaillant et ses collaborateurs en 2012[67]. La comparaison serait intéressante, mais ce sera pour une autre occasion.

Dans les parties synthétiques de l'*Histoire littéraire de la France* des Éditions sociales, l'interprétation que donne Barbéris du romantisme met au centre du propos une crise sociale, situe le romantisme dans la lutte des classes, comme une réponse, plus ou moins mystifiée ou lucide, au pouvoir capitaliste montant : lucide et critique dans le cas de Balzac, de Stendhal et de Musset ; mystifiée et mystificatrice dans le cas des grands romantiques, mais aussi dans celui des Jeunes-France, accusés ici de révoltes outrancières de façade. De « gauchisme », en quelque sorte, pour reprendre les catégories politiques alors en vigueur[68]...

Deux côtés du romantisme sont distingués : celui de la mélancolie et celui de la révolte. Deux formes de *mal du siècle* aussi, celui de René et celui de Lorenzaccio et de Rolla. Ce qui conduit Pierre Barbéris à parler parfois de « romantismes » au pluriel, mais tout en ne renonçant pas malgré tout au singulier. Retour, donc, à l'attitude qui fut celle de Lovejoy, en 1924[69], mais avec un autre argumentaire, qui conduit Barbéris

65 J. Bony, *Lire le romantisme*, Paris, Dunod, 1992.

66 Cl. Millet, *Le Romantisme : du bouleversement des lettres dans la France postrévolutionnaire*, Paris, Le Livre de Poche, 2007.

67 A. Vaillant (dir.), *Dictionnaire du romantisme*, Paris, CNRS Éditions, 2012.

68 « Chez les plus jeunes, qui avaient vingt ans au moment des barricades, le nihilisme élégant ou rageur l'emporta souvent : la préface des *Jeunes-France* de Gautier, les *Rhapsodies* de Petrus Borel, les poèmes de Lassailly définissent bien cette école "lycanthropique", parfois verbeuse, courte de pensée [...]. Le romantisme d'après 1830 est un romantisme du refus, et déjà de la compensation », P. Barbéris, *op. cit.*, p. 530-531.

69 « *The discriminations of the Romanticisms which I have in mind is not solely or chiefly a division upon lines of nationality or language. What is needed is that any study of the subject should begin with a recognition of a prima facie plurality of Romanticisms, of possibly quite distinct thought-complexes, a number of which may appear in one country [...] each of these Romanticisms – after they are first thus roughly discriminated with respect to their representatives or their dates – should be resolved, by a more thorough and discerning analysis than yet customary, into its elements – into the several ideas and aesthetics susceptibilities of which it is composed* », A. O. Lovejoy, art. cité, p. 235-237.

à insister pour l'essentiel sur la césure entre romantisme de droite et romantisme de gauche. De là, chez lui, malgré le recours daté à la notion de « structure », point de véritable désir de penser conceptuellement le romantisme au singulier, ni d'en déterminer abstraitement les principales tendances, si ce n'est en posant au centre du montage conceptuel la tension dialectique entre mélancolie et vouloir-vivre.

Si l'on considère les têtes de chapitre du livre d'Henri Peyre, quand on en retire les chapitres historiques, restent quatre chapitres à dimension thématico-conceptuelle : « Romantisme et révolution », « Mal du siècle », « Ailleurs et passé », « Religion et symbole ». Ils forment à eux quatre un système en fait corrélé par un seul « grand récit » : les révolutions (au sens large) sont la cause du mal du siècle, avec pour conséquence la fuite dans l'ailleurs et le passé, et aussi la recherche d'une religion de secours, qui prend la forme du mythe et du symbole. Ce qui revient à reprendre la dernière des trois catégories proposées par René Wellek en 1949 (« *symbol and myth for poetic style* ») les deux autres, étant « *imagination for the view of poetry* » et « *nature for the view of the world*[70] ».

Mais, en ce début des années 70, c'est Max Milner qui pousse l'exigence conceptuelle le plus loin, dans un chapitre d'une centaine de pages sous un titre emprunté à Péguy : « Le ressourcement romantique ». Il s'y propose d'y aborder le romantisme *de l'intérieur*, « non par le biais des doctrines littéraires qu'il a professées, mais par le biais des grands thèmes intellectuels, imaginatifs et affectifs dont il s'est nourri », tout en remarquant qu'il « existe entre ces thèmes une parenté secrète[71] », et en prenant pour garants Herder et les frères Schlegel de la conception organiciste et dynamique qui en constitue selon lui le principe unificateur[72].

En se donnant pour outil conceptuel cette notion de « ressourcement », « avec tout ce qu'elle implique de révolte contre la pesanteur du présent et de confiance dans les puissances de vie auxquelles un contact intime

70 R. Wellek, « The Concept of "Romanticism" in Literary History. I. The Term "Romantic" and Its Derivatives », *Comparative Literature*, vol. 1, n° 1, hiver 1949), p. 1-23 ; *Id.*, « The Concept of "Romanticism" in Literary History II. The Unity of European Romanticism », *Comparative Literature*, vol. 1, n° 2, printemps 1949, p. 147-172 (p. 147 pour les citations).

71 M. Milner, *op. cit.*, p. 76.

72 « Les romantiques, suivant la voie indiquée par Herder et par les frères Schlegel, furent [...] les premiers à considérer l'esprit humain comme un organisme obéissant aux lois d'une structure vivante plutôt que comme une juxtaposition d'éléments ou d'idées reflétant de façon partielle et discontinue un univers immuable », *Ibid.*

avec l'esprit du passé permet de s'identifier[73] », Milner est amené à mettre en vedette – de manière un peu trop accentuée peut-être, et un peu trop tôt dans son argumentation – le rapport des romantiques au temps, à la fois au « temps comme expérience intérieure » et au « temps historique », avec, dans le premier cas, insistance sur la mémoire affective et, dans le second, sur les théories des historiens romantiques mais aussi sur « La Découverte du relatif et de l'individuel », et sur le « mal du siècle ». Une deuxième partie porte sur le « Primitivisme et le goût du passé » ; une troisième regroupe tout ce qui concerne les thèmes du dynamisme, de l'énergie et la révolte ; une quatrième porte sur « La Nostalgie de l'arrière monde », et insiste tant sur les nouvelles religions que sur l'importance du rêve et de la folie et, de manière plus générale, sur l'effort fait alors pour rejoindre « par la religion, l'imagination et la poésie, un arrière-monde où s'opère la fusion entre l'individu et l'univers[74] » ; enfin, une cinquième partie est consacrée à « La Libération des moyens d'expression ».

Tous ces thèmes sont justes et nécessaires, l'exposé d'une richesse remarquable, soutenu par des citations éclairantes, et ils sont fort bien articulés entre eux. L'aspect réflexif du propos est, en son temps, très novateur, quand on le compare aux histoires du romantisme précédentes qui s'en tenaient à envisager le romantisme depuis les seuls grands auteurs et les débats d'école, sans essayer de réfléchir, ni de généraliser, tout comme aux autres études de la même date. Complété par des chapitres de synthèse historique et sociologique (sur « Le Développement économique », « L'état de la société », « Les Vicissitudes de la politique », « Les Conditionnements matériels de la production littéraire »), ils font du livre, et de loin, la meilleure synthèse à sa date.

Mais eu égard à nos exigences *conceptualisantes* du jour, on peut regretter peut-être que, dans la partie thématique, deux exercices se mêlent : la recherche, courageusement assumée, des diverses composantes de la molécule « romantisme » ; et l'exposé des idées des principaux penseurs et idéologues romantiques sur les divers thèmes explorés. Exposé riche, documenté aux meilleures sources, mais, par son abondance même, parfois un peu nuisible à la rationalisation. Et on se prend alors à rêver d'un Lovejoy, d'un Wellek, d'un Eichner, ou d'un Todorov venant,

73 M. Milner, *op. cit.*, p. 77.
74 *Ibid.*

après coup, ordonner, synthétiser, simplifier, mais aussi faire ressortir les structures, mettre en relief les contrastes avec l'avant et l'après, comme le font Sartre et Bénichou à partir d'une focale théorique plus étroite. Vœu de rationalisation structurale qui, quant au romantisme français en tout cas, reste pour une bonne part encore insatisfait aujourd'hui.

Quels montages conceptuels focaux doit-on décidément mettre au centre d'une interprétation du *ou des* romantismes ? Quels sont les traits qui caractérisent le « paradigme romantique » ? Le nouveau rapport à l'intime, comme le disait Brunetière[75], et comme le redisent les Doctoriales de la SERD de l'année[76] ? Sa dimension de crise : crise épistémique, crise sociale, crise religieuse, crise des sensibilités, crise du symbolique ? Je vois mal, pour ma part, comment ne pas mettre cela à la base. Tout part, en effet, d'un dysfonctionnement généralisé, puis des réponses (religieuses, idéalistes) qu'on y apporte, puis des déceptions que celles-ci produisent chez les cadets désenchantés (mouvement à trois temps : crise, ressourcement, crise du ressourcement). La conscience nouvelle de la relativité historico-géographique, sur laquelle insiste Milner[77] ? La valorisation de la *diversité*, sur laquelle met l'accent Lovejoy en 1941 (*diversitarianism*) ? L'organicisme et le dynamisme, comme le propose aussi Lovejoy la même année[78] ? L'importance accordée à « ce qui est individuel, différent de la norme, original », mise en valeur dès 1924 par le même critique[79] ? Une

75 « De cette diversité de traits qui le caractérise, si nous essayons d'en dégager, d'en isoler, et d'en préciser un, dans la dépendance duquel se rangent aisément tous les autres, il semble bien qu'il ne puisse y avoir longue hésitation ; et le *romantisme*, c'est avant tout, en littérature et en art, le triomphe de l'individualisme, ou l'émancipation entière et absolue du Moi », F. Brunetière (1849-1906), *Manuel d'histoire de la littérature française*, Paris, Ch. Delagrave, 1898, p. 420-421.

76 « Intime, intérieurs, inconscient », coordonné par Romain Enriquez et Marie-Clémence Régnier, 2014-2016.

77 Cette attitude consiste à « transporter dans le domaine du temps, le relativisme dont certains penseurs du XVIIIe siècle avaient fait preuve lorsqu'ils soulignaient la dépendance de l'esprit humain par rapport aux conditions climatiques et géographiques », M. Milner, *op. cit.*, p. 87.

78 « [...] the German words are for the present purpose the most appropriate : *das Ganze, Streben*, and *Eigentümlichkeit*. If terms ending in *-ism* must be had to designate these ideas, they may be called holism or organicism, voluntarism or "dynamism", and diversitarianism », A. O. Lovejoy, « The Meaning of Romanticism for the Historian of Ideas », *Journal of the History of Ideas*, vol. 2, n° 3, juin 1941, p. 257-278, citation p. 272.

79 « [...] c'est à coup sûr, comme l'a bien montré Arthur Lovejoy, une des caractéristiques les plus irrécusables du romantisme que cette valeur tout à coup accordée à ce qui est individuel, différent de la norme, original, à ce qui exprime, par conséquent, la diversité

« action désespérée d'arrière-garde contre l'esprit de la science moderne », comme le propose Eichner en 1982[80] (idée qui est aussi au centre des thèses de Löwy et de Sayre[81]) ? La tension entre la quête d'une nouvelle religion (et de la littérature comme religion de substitution...) et le sentiment des divisions et des doutes propres à une « époque critique » ? Le rapport ambivalent au temps, entre retour en arrière et utopie, sur lesquels insistent Max Milner et Claude Millet[82], et que nous retrouverons dans le Congrès de la SERD de janvier 2016, à la Fondation Singer-Polignac : « Le XIXe siècle face au futur » ?

Dans la réédition de son livre, en 1985, Max Milner commence à répondre lui-même à une telle exigence de simplification dans une introduction nouvelle intitulée : « La Problématique du romantisme ». Il y plaide pour une histoire du romantisme sur le *temps long*, selon une vision « anthropologique », qui reprend les catégories de Lovejoy et de Wellek, et met l'accent sur les traits dominants de la *Weltanschauung* romantique : organicisme, vitalisme, dynamisme, liberté d'inventer, impossible recherche d'unité, recours au mythe et au symbole[83]. Ce qui l'invite à faire aller le romantisme bien au-delà de Baudelaire, au moins jusqu'au surréalisme, et à affirmer, non sans paradoxe, que les deux périodes romantiques véritables furent, en France, les années d'après Rousseau et les années d'après 1840[84].

---

infinie de la nature et son intime fécondité plutôt que la régularité de ses productions, et leur conformité à un idéal éternel », M. Milner, *op. cit.*, p. 87.

80 H. Eichner, « The Rise of Modern Science and the Genesis of Romanticism », *PMLA*, vol. 97, n° 1, janvier 1982, p. 8-30.

81 Löwy et Sayre définissent principalement le romantisme comme l'une des formes de « l'opposition à la modernité capitaliste-industrielle », M. Löwy, R. Sayre, *op. cit.*, p. 46. Ils affirment que « la sensibilité romantique représente une révolte contre la civilisation créée par le capitalisme » (*Ibid.*, p. 33). Cela les conduit à contester la thèse de Brunetière : « L'exaltation romantique de la subjectivité – considérée à tort comme *la* caractéristique du romantisme – est une des formes que prend la résistance à la réification », (*Ibid.*, p. 40).

82 Si Max Milner prélude en sa synthèse par une réflexion sur « Le Temps comme expérience intérieure » (M. Milner, *op. cit.*, p. 77-84), puis sur « Le Temps historique » (*Ibid.*, p. 85-99), Claude Millet, quant à elle, construit l'ensemble de sa vision du romantisme en mettant l'accent sur la dimension temporelle. D'où les principaux chapitres intitulés : « Modernité », « Passants du présent », « Fantômes du passé », « Chimères de l'avenir » (Cl. Millet, *op. cit.*).

83 M. Milner, Cl. Pichois, « La Problématique du romantisme », *Littérature française. 7. De Chateaubriand à Baudelaire*, *op. cit.*, p. 8-17.

84 « La poésie française a eu son romantisme, mais après 1840. [...] C'est là le second romantisme français, le premier étant celui qui naquit à l'époque des grands livres de Rousseau », *Ibid.*, p. 16.

EN GUISE DE CONCLUSION

Mais impossible de continuer ici sur cette pente, car ce serait alors toute l'histoire des interprétations du romantisme, entre 1974 et 2015, qui serait à écrire. Ce dont le parcours que j'ai commencé aujourd'hui est propre, je l'espère, à donner le désir, peut-être dans le cadre des divers compléments écrits qui figureront dans les Actes de cette journée.

Ainsi, nous n'aurions pas tout à fait perdu notre temps si s'éveillait, grâce à cette réflexion *vingtiémiste* des *dix-neuviémistes* que nous sommes, le besoin d'une discussion – *entre, mais aussi sur* – les différentes synthèses sur le romantisme proposées depuis 1970. Cela en faisant le départ entre celles qui restent dans la lignée d'une histoire littéraire traditionnelle (il en existe encore), celles qui s'en tiennent à un thématisme éclectique et prudent, celles qui continuent l'ambition socio-historique des années 70, quitte à la transposer dans le paradigme bourdieusien, ou post-bourdieusien, et les rares encore, en tout cas pour ce qui concerne le romantisme français, qui se risquent dans les parages d'une « histoire structurale », aux exigences épistémiques déclarées. – Pour une telle histoire, il faut le reconnaître, aujourd'hui comme en 1973, la recherche non française, américaine en particulier[85], ou sur les romantismes non français, le romantisme allemand en particulier (Tzvetan Todorov[86],

85 En dehors de Lovejoy, de Wellek et d'Eichner, contentons-nous ici de mentionner les travaux de quatre chercheurs : M. Peckham, « Toward a theory of romanticism », *PMLA*, vol. 66, n° 2, mars 1951, p. 5-23 ; Th. A. Vogler, « Romanticism and Literary Periods : The Future of the Past », *New German critique*, n° 38, printemps-été 1986, p. 131-160) ; J. McGann, *The Romantic Ideology : a Critical Investigation*, Chicago, University of Chicago Press, 1983 ; Fr. Ferguson, « On the numbers of romanticisms », *The John Hopkins University Press*, vol. 58, n° 2, été 1991, p. 471-498). Voir aussi le recueil de contributions déjà parues édité par Robert F. Gleckner et Gerald E. Enscoe : R. F. Gleckner, G. E. Enscoe, *Romanticism Points of View*, Detroit, Wayne State University Press, 1975-1979. Voir aussi le recueil articles édité par Hans Eichner : H. Eichner, *« Romantic » and Its Cognates : The European History of a Word*, Manchester, Manchester University Press, 1972.

86 Tz. Todorov, *Théories du symbole*, Paris, Seuil, coll. « Poétique », 1977. Todorov s'appuie pour l'essentiel sur une très féconde relecture des théories de Karl Philip Moritz.

Jean-Luc Nancy et Philippe Lacoue-Labarthe[87], Jean-Marie Schaeffer[88]), ont pris pas mal d'avance.

Peut-être alors le moment serait-il venu que notre Société des études romantiques et dix-neuviémistes, que son nom et son histoire obligent, se donne l'ambition de prolonger le bilan rétrospectif qu'a commencé à formuler la journée dont nous publions ici les actes, par une réflexion sur le romantisme tel qu'on peut – et donc, tel qu'on doit – le repenser aujourd'hui.

José-Luis Diaz
Université Paris VII-Paris Diderot
Société des Études Romantiques
et Dix-neuviémistes

87 Ph. Lacoue-Labarthe et J-L. Nancy, *L'Absolu littéraire. Théorie de la littérature du romantisme allemand*, Paris, Seuil, coll. « Poétique », 1978.

88 J-M. Schaeffer, *La Naissance de la littérature. La théorie esthétique du romantisme allemand*, Paris, Presses de l'ENS, 1983.

LE ROMANTISME
ET LE PARADIGME DU SUBLIME

Modernité, anti-modernité, postmodernité

À partir des années 1980, le sublime devient un paradigme esthétique sollicité pour la compréhension du phénomène romantique à la faveur d'un paradoxe fécond. C'est en effet au nom d'une rhétorique romantique que le sublime est invoqué au printemps 1980 dans un numéro thématique de la *RHLF* au titre manifeste mais quelque peu provocateur : *La Rhétorique au XIXe siècle*[1]. Si l'on peut, au moins rétrospectivement, repérer les signes d'une plus évidente actualité du questionnement dans la décennie qui a précédé[2], on peut à bon droit considérer cette année comme une pierre de touche. Les organisateurs de cette « table ronde organisée par Marc Fumaroli et présidée par Paul Bénichou » relèvent d'ailleurs sciemment la double source du paradoxe : l'apparente contradiction[3], la nouveauté

1 *La Rhétorique au XIXe siècle*, *Revue d'Histoire Littéraire de la France* (*RHLF*) Paris, Armand Colin, mars-avril 1980.

2 Notamment avec les travaux de Paul Bénichou (*Le Sacre de l'écrivain*, Paris, Corti, 1973), Jean Gillet, *Le Paradis perdu dans la littérature française de Voltaire à Chateaubriand*, Paris, Klincksieck, 1975 et Frank P. Bowman (*Le Christ romantique*, Genève, Droz, 1973) qui précise à cette époque : « sans approfondir ici la conception romantique du sublime – travail qui reste à faire – on peut remarquer que chez certains elle provoque une redéfinition du Beau idéal, qui une fois de plus, tend à inclure des éléments du laid et de l'imparfait » (*Ibid.*, p. 238). En 1980, l'auteur constatait encore avec perplexité la même aporie : « je ne suis pas sûr, moi-même, de savoir ce qu'on comprenait par le mot "sublime" à l'époque (…) mais "sublime" est à la fois, je crois, un mot clé dans l'esthétique romantique et porteur de plusieurs significations, qui varient, comme d'ailleurs d'autres aspects de la pensée esthétique chez les romantiques, selon les convictions religieuses de l'auteur et selon attitude à l'égard du progrès » (*Id.*, « Discussion », *La Rhétorique au XIXe siècle*, *op. cit.*, p. 208).

3 « Le règne de la rhétorique commença à être ébranlé quand l'autorité d'Aristote fut rejetée, et quand les Romantiques enseignèrent que pour être poète il était nécessaire et suffisant de se frapper le cœur » (R. Lebègue, « Avant-propos », *La Rhétorique au XIXe siècle*, *op. cit.*, p. 179), « Le Romantisme s'est proposé de discréditer, en littérature, tout ce qui ne relevait pas avant tout de l'inspiration » (P. Bénichou, « Introduction », *La Rhétorique au XIXe siècle*, *op. cit.*, p. 180).

de l'approche[4]. La communication d'Arlette et Alain Michel résume parfaitement ces deux points et montre bien comment la critique va utiliser la poétique littéraire pour faire émerger un concept issu de la rhétorique[5] et qui pourtant la dépasse infiniment et même, en un sens proprement romantique, la conteste fondamentalement : « La rhétorique joue un rôle important dans la création littéraire de 1800 à 1830 [...]. Nous le montrerons en étudiant, dans la période qui nous occupe un concept de grande portée : le sublime. Celui-ci vient assurément des rhéteurs, surtout du pseudo-Longin[6] ». Ces éléments, programmatiques en quelque sorte, ne seront jamais démentis par la suite : « la rhétorique romantique est essentiellement une rhétorique du sublime[7] ». Dans un article de 1985, après avoir abordé plus rapidement le sujet en 1980[8], Arlette Michel met en évidence cette rhétorique du sublime chez Balzac à l'occasion de l'expression du pathétique. Loin de toute perspective psychologique, le sublime lui permet de rendre compte de l'originalité balzacienne dans son rapport à l'expression pathétique d'un sublime propre à la modernité. C'est au sein de « la laideur sans prestige, la laideur sans ressources du monde urbain moderne[9] » que surgit ce nouveau sublime où « l'extrême de l'élévation coïncide, dans la souffrance, avec l'extrême de l'abaissement[10] » :

> Le romancier veut surtout nous faire entendre que cette grandeur, par-delà le bien ou le mal naît de la souffrance absolue, d'une approche négative de

4 Paul Bénichou insiste sur la « nouveauté du sujet », sur cette « étude passablement nouvelle » tandis que Raymond Lebègue la classe parmi les « réhabilitations intellectuelles » de l'époque.

5 La philosophie esthétique, principalement issue des différents courants (post)phénoménologiques, s'empare aussi du concept et produit des œuvres majeures relatives à la question du sublime : *Du Sublime* (coll.), Paris, Belin, 1988 ; J-Fr. Lyotard, *L'Inhumain*, Paris, Galilée, 1988 ; B. Saint-Girons, *Fiat Lux. Une philosophie du sublime*, Paris, Quai Voltaire, 1993 (approche problématique) et *Le Sublime de l'Antiquité à nos jours*, Paris, Desjonquères, 2005 (approche historique).

6 A. et Al. Michel, « La Parole et la beauté chez Joubert, Jouffroy et Ballanche », *La Rhétorique au XIXe siècle*, *op. cit.*, p. 195.

7 A. Michel, « Romantisme, littérature et rhétorique », in *Histoire de la rhétorique dans l'Europe moderne (1450-1950)*, sous la direction de M. Fumaroli, Paris, PUF, 1999, p. 1040. Autre formulation : « la rhétorique romantique est avant tout une rhétorique du sublime » (*Ibid.*, p. 1063).

8 *Id.*, « À propos de poétique balzacienne : réalisme et illusions perdues », *Année balzacienne*, 1980, p. 91-97.

9 *Id.*, « Le Pathétique balzacien dans *La Peau de chagrin*, *Histoire des Treize* et *Le Père Goriot* », *Année balzacienne*, 1985, p. 239.

10 *Ibid.*, p. 244.

> l'absolu : voilà le seul et nouveau sublime. Il est fait d'impuissance, de déréliction, d'une confrontation sans espérance avec le néant[11].

C'est à ce type de lecture, rhétorique, c'est-à-dire « poétique » que se livre également Michel Crouzet dans un autre numéro de la *RHLF*, en un sens capital et décisif pour les études littéraires car consacré spécialement au sublime[12] :

> [Julien Sorel] n'a peut-être de cohérence que dans une étude non psychologique, mais de poétique, où il serait saisi par ses effets. Ce serait à partir d'une constante, le sublime, qu'il retrouverait dans son éclatement et son incohérence, une définition formelle[13].

Irreprésentable, impossible comme personnage, il excède toute explication et déjoue toute détermination : terrible, effrayant mais grand et même puissant, il est là où on ne l'attend pas, toujours en dehors, en débord ou plutôt au-dessus des limites. Son ambition pure, indéfinie, abstraite, sans objet ; son sens du devoir qui ne répond qu'à sa propre cohérence que le narrateur passe sous silence ; ses agissements en coups de foudre, tout en *hiatus* ou en *raptus*, ses paroles tout en rupture à la manière su style stendhalien témoignent selon Michel Crouzet de la fécondité littéraire de « ce concept-forme propre à la modernité romantique[14] ». Toute en paradoxe, la structure du sublime affecte aussi sa nature rhétorique d'une certaine dimension paradoxale. Le sublime avait l'intérêt pour les romantiques d'une part de poser les fondements d'une esthétique à visée universelle, si ce n'est égalitaire, et d'autre part d'affirmer l'absence de rhétorique comme mesure de la valeur littéraire. Le primat de l'effet et de l'affect engageait l'esthétique dans une perspective qui ne pouvait plus être celle de l'aristocratie du goût, et le refus de réduire le sublime à un effet de style (dans la lignée des *Réflexions* de Boileau) conduisit inévitablement à faire la promotion de l'invention sur l'imitation (même en trompe-l'œil), de l'écriture sur le style, de l'auteur sur le littérateur. Inévitablement, la réduction des registres conduisait au style naturel (c'est-à-dire sans artifice), qui

11 *Ibid.*

12 M. Crouzet, « Julien Sorel et le sublime : étude de la poétique d'un personnage », *RHLF*, *Le Sublime*, janvier-février 1986, p. 86-108.

13 *Ibid.*, p. 91.

14 *Ibid.*, p. 105.

était précisément la langue du sublime et qui permettra la langue « a-rhétorique[15] » du XIXe siècle :

> Le suprême degré de l'éloquence résume en lui les trois styles traditionnels, il est libre d'allier le « grand » au « moyen » et au « simple ». Ce qui est « faute » dans l'ordre scolaire devient vertu dans cet ordre supérieur où la puissance de l'effet sur l'auditeur répond à la force divine du génie et du caractère chez l'orateur. Le Pseudo-Longin sert ainsi de garantie à une « rhétorique du génie » qui préfigure à long terme l'autonomie de ce que nous appelons « littérature[16] ».

MODERNITÉ ET/OU ANTI-MODERNITÉ ?

C'est bien pourtant au nom d'une certaine modernité romantique que le sublime est ainsi invoqué comme rupture paradoxale avec *l'âge de l'éloquence* : double paradoxe même puisque le sublime est un concept rhétorique qui fut jadis brandi par Boileau (qui exhuma ainsi officiellement Longin) contre les Modernes. À propos de Hugo, Bernard Leulliot le rappelle très justement :

> L'esthétique romantique se trouve avoir renoué avec le « sublime », par-dessus les « modernes » qui paradoxalement font sur ce point – comme sur tant d'autres – figure de « classiques », ennemis du sublime et bientôt du romantisme, au nom du bon sens et de la clarté[17].

C'est tout le discours de Lousteau à Lucien dans son fameux discours de mentor :

> Par une singulière bizarrerie, les Royalistes romantiques demandent la liberté littéraire et la révolution des lois qui donnent une forme convenue à notre

---

15 *Id.*, *La Poétique de Stendhal. Forme et société. Le sublime*, Paris, Flammarion, 1983, p. 143, et pour toutes les analyses précédentes.

16 M. Fumaroli, « Rhétorique d'école et rhétorique adulte : remarques sur la réception européenne du traité *Du Sublime* au XVIe et au XVIIe siècle », *RHLF*, *Le Sublime*, *op. cit.*, p. 44. Voir aussi page 48 : « L'essence du sublime selon Lipse est donc dans le grand écart que seule la grande âme peut se permettre par rapport à la norme cicéronienne. Le sublime n'est pas seulement au-dessus, il est à côté ».

17 B. Leulliot, « Discussion », *La Rhétorique au XIXe siècle*, *op. cit.*, p. 232.

> littérature ; tandis que les Libéraux veulent maintenir les unités, l'allure de l'alexandrin et le thème classique[18].

Toute l'ambiguïté du concept réside dans ce devenir romantique du sublime : emblème d'une modernité qui rompt avec une poétique classique fondée sur le faire et non sur l'effet, sur la production plutôt que la réception, sur un goût élitiste plutôt que sur un jugement universel ; mais également marque d'une réaction et d'une révolution qui fait retour vers l'originaire, d'une régénération qui renie la marche du progrès linéaire de la modernité. D'une certaine manière, la réaction romantique reprend l'exigence de grandeur des Anciens (force, élévation, enthousiasme) face au raffinement de la galanterie des Modernes (justesse, douceur, harmonie)[19] ; on y retrouve aussi la même « tension entre l'exigence de règles et la reconnaissance d'un "je ne sais quoi", d'un mystère, d'un au-delà des règles, qui prend volontiers le nom de "sublime[20]" ». La modernité romantique ferait ainsi du sublime le signe électif et discriminant – mais ineffable – de la littérature. Patrick Marot parle même de « fonction de réessentialisation » : « invoquer le sublime, c'est toujours procéder [...] à un retour à l'origine, c'est-à-dire viser l'horizon d'une refondation de la littérature et de l'art[21] ». Le romantisme correspondrait, selon William Marx dans *L'Adieu à la littérature*, au moment paradoxal et ambigu de l'assomption moderne et laïque de la littérature et, corrélativement, de son déclin. Le « sacre de l'écrivain » romantique scelle ainsi le « temps des prophètes », puis l'époque des « mages romantiques » pour reprendre les analyses et les termes de Paul Bénichou que William Marx interprète dans le cadre d'une conception téléologique et organiciste de l'histoire littéraire qui voit se succéder les phases bien repérables du destin des cultures : ascension, acmé, décadence. Le moment romantique est donc celui des « grands prêtres » : « l'écrivain fut consacré grand prêtre d'une religion à laquelle adhérait la société tout entière, et l'expansion de la littérature

18 H. de Balzac, *Illusions perdues*, in *La Comédie humaine*, t. V, Paris, Gallimard, « Bibliothèque de la Pléiade », 1977, p. 337.

19 B. Guion, « Du sublime chez les modernes », in *La Littérature et le sublime*, sous la direction de P. Marot, Toulouse, Presses Universitaires du Mirail, 2007, p. 183-203.

20 *Ibid.*, p. 199.

21 P. Marot, « L'écriture du sublime ou l'éclat du manque », in *La Littérature et le sublime*, *op. cit.*, p. 35.

atteignit son sommet[22] ». Le sublime est alors le concept-clé d'une telle transformation sous forme de sécularisation, il en permet la formulation esthétique et la justification idéologique : « c'est ainsi qu'au XIXe siècle, sans que jamais personne n'en ait fait la proclamation, dans une sorte de non-dit, le sublime devint l'esthétique maîtresse, tout environné de l'aura qui le caractérisait depuis Longin. La littérature s'était peu à peu transformée en objet sacré, au fil d'un processus étalé sur tout le XVIIIe siècle[23] ». Dès 1983, Michel Crouzet posait déjà l'hypothèse d'une définition du romantisme comme « expansion du sublime » et « réduction de la littérature à cette seule dimension[24] ». Le sublime est donc le concept fondamental qui permet au romantisme de s'imposer comme le paradigme d'une modernité en opposition avec un certain classicisme :

> Ce sentiment contradictoire, plaisir et peine, joie et angoisse, exaltation et dépression, a été baptisé ou re-baptisé, entre le XVIIe et le XVIIIe siècles européens, du nom de *sublime*. C'est sur ce nom que le sort de la poétique classique a été joué et perdu, c'est en ce nom que l'esthétique a fait valoir ses droits critiques sur l'art et que le romantisme, c'est-à-dire la modernité, a triomphé[25].

Pour autant, cette modernité romantique fondée sur une sensibilité redevable en tout ou partie au sublime ne laisse pas d'être complexe, précisément quant à son rapport même à la modernité. Comme on l'a vu, à partir de la crise du classicisme, dont la *Querelle des Anciens et des Modernes* fait foi, la modernité littéraire semble progresser à front renversé tout au long d'un XVIIIe siècle qui voit davantage les « Modernes » s'ériger en gardiens d'une tradition de plus en plus académique et privée, voire vidée, des sources vives de sa poétique et de ses paradoxes féconds (dont témoignent les « Anciens » Boileau et Fénelon par exemple). Paradoxalement, ce qui est retenu comme classique désormais paraît bien davantage comme apocryphe et intempestif. C'est l'alliance de la galanterie et de la bienséance

22 W. Marx, *L'adieu à la littérature*, Paris, Éditions de minuit, 2005, p. 13.

23 *Ibid.*, p. 47.

24 M. Crouzet, *La Poétique de Stendhal. Forme et société. Le sublime*, *op. cit.*, p. 131.

25 J-Fr. Lyotard, « Le Sublime et l'avant-garde » (1985), in *L'Inhumain*, *op. cit.*, p. 104. Voir aussi p. 105 : « le sublime est peut-être le mode de la sensibilité artistique qui caractérise la modernité ».

qui triomphe certes, mais qui sera bientôt reléguée « au néant d'une littérature entièrement livrée à la communication » par la nouvelle sensibilité *moderne* : « le classicisme a été condamné pour son excès de sociabilité et de conformisme[26] ». Et si le néo-classicisme a pu apparaître à bien des égards comme une tentative de sauvetage – ou de récupération[27] – il fut évidemment bien plus que cela, une révolution ou une involution qui visait à renverser l'académisme classique pour retrouver l'énergie et la simplicité de l'antique. Comme le dit très bien Jacques Chouillet, il visait à retrouver « la véritable inspiration antique faite de violence, de sublime, et de naïveté[28] ». En ce sens, c'est également un retour, une réaction contre la modernité si l'on suit Schelling : « Ce qui prédomine dans l'Antiquité c'est le sublime, le viril, dans la Modernité c'est le beau et donc le féminin[29] ». Plus radicalement encore, Antoine Compagnon fait même du sublime une des six figures de l'antimoderne[30], et, en partant essentiellement de lectures fin-de-siècle ou de la belle époque, y associe le romantisme comme « réaction[31] » littéraire à la modernité :

> *Romantique* signifia d'abord nostalgique du pays et de sa religion, des valeurs traditionnelles, de la campagne contre la ville, de la nature contre la civilisation. La mémoire et l'imagination faisaient de l'Ancien Régime un âge d'or d'harmonie perdue et réhabilitaient le Moyen Âge[32].

Mais peut-on raisonner dans une simple logique binaire (modernité *vs* anti-modernité) quand il s'agit précisément d'un mouvement (le romantisme) et d'un concept (le sublime) qui la réfutent au nom d'une critique de la raison instrumentale ? Le romantisme n'est pas plus un mouvement fondamentalement irrationaliste : il cherche simplement à élargir le champ de la raison – plus que de l'entendement il est vrai, perçu parfois comme un voile, un piège ou une illusion. Son prétendu

---

26 M. Crouzet, *La Poétique de Stendhal. Forme et société. Le sublime*, *op. cit.*, p. 130.

27 Bonaparte a voulu officiellement promouvoir un certain néo-classicisme (rivaliser avec le Grand Siècle et s'inspirer des empires antiques) contre le romantisme (c'est le camp de l'étranger) : Voir A. Becq, « Esthétique et politique sous le Consulat et l'Empire : la notion de beau idéal », *Romantisme*, n° 51, 1986, p. 29-30.

28 J. Chouillet, *L'Esthétique des Lumières*, Paris, PUF, « Lettres modernes », 1974, p. 204.

29 F. W. J. von Schelling, *Textes esthétiques*, trad. A. Pernet, Paris, Klincksieck, 1978, p. 56.

30 A. Compagnon, *Les Antimodernes*, Paris, Gallimard, 2005.

31 *Ibid.*, p. 124 et *sq.*

32 *Ibid.*, p. 126.

illuminisme n'est en rien opposé à l'esprit des Lumières[33], mais bien plutôt « au monde bourgeois moderne[34] » :

> le romantisme représente une critique de la modernité, c'est-à-dire de la civilisation capitaliste moderne, au nom de valeurs et d'idéaux du passé (pré-capitaliste, pré-moderne[35]).

Mais c'est une « critique *moderne* de la modernité[36] » dont les caractéristiques sont le « désenchantement », la « quantification », la « mécanisation » du monde et la « dissolution des liens sociaux » régis par une vision du monde fondée sur « l'abstraction rationaliste », autant dire la raison instrumentale définie comme un entendement qui se prend pour raison et qui plus est raison absolutisée, c'est-à-dire rationalisation hégémonique des environnements, activités et expériences ; une logistique en somme : « tout ce qui ne se conforme pas aux critères du calcul et de l'utilité est suspect à la Raison[37] ». La réduction de la raison à la rationalisation revient à une auto-destruction qui scelle la modernité dans « un projet inachevé[38] » :

> de tout temps, l'*Aufklärung*, au sens le plus large de pensée en progrès, a eu pour but de libérer les hommes de la peur et de les rendre souverains. Mais la terre, entièrement « éclairée », resplendit sous le signe des calamités triomphant partout[39].

Le romantisme, certes pour des raisons en partie socio-historiques mais également esthétiques, s'affirme aussi comme une modernité qui prend l'allure d'un refus d'un *modernisme* défini et circonscrit par une idéologie du progrès linéaire et par une conception purement typologique de l'histoire, comme le montrent aisément les manifestes de l'époque

---

33 À ce sujet, voir notamment H. R. Jauss, « La Modernité dans la tradition littéraire et la conscience d'aujourd'hui », *Pour une esthétique de la réception*, trad. Cl. Maillard, Paris, Gallimard, 1978, coll. « Tel », 1990, p. 185.

34 M. Löwy, R. Sayre, *Révolte et mélancolie. Le romantisme à contre-courant de la modernité*, Paris, Payot, 1992, p. 19.

35 *Ibid.*, p. 30.

36 *Ibid.*, p. 35.

37 M. Horkheimer, Th. Adorno, *La Dialectique de la raison*, trad. E. Kaufholz, Paris, Gallimard, 1974, coll. « Tel », 1983, p. 24.

38 J. Habermas, « La Modernité : un projet inachevé », *Critique*, n° 413, oct-nov 1981, p. 950-969.

39 M. Horkheimer et Th. Adorno, *La Dialectique de la raison*, *op. cit.*, p. 21.

(de Germaine de Staël, Chateaubriand à Stendhal ou Hugo) qui privilégient une lecture paradigmatique : Nord *vs* Midi, romantisme *vs* classicisme, beau (idéal) *vs* sublime, christianisme *vs* antiquité *etc.* Avec le romantisme, « la modernité se définit donc encore par opposition à une antiquité, mais dans un sens nouveau, en se référant désormais expressément à l'expérience d'un passé national et chrétien, qu'elle a redécouvert[40] », comme s'il ne pouvait « appréhender la beauté que sous les espèces de ce qui n'est plus, et l'authenticité que dans le retour "sentimental" vers la "naïveté" abolie[41] ». À propos de Gautier, Hans Peter Lund avance l'idée pertinente d'une définition problématique du romantisme comme « conscience d'une séparation entre l'idéal classique et la beauté du monde moderne[42] » :

> Cette double interrogation, chez Gautier, épris du pittoresque romantique et en même temps fasciné par l'idéal classique, nous ramène à l'hypothèse selon laquelle les romantiques, et Gautier d'une manière très explicite, sont précisément romantiques à cause de la coprésence continuelle, dans leur conscience poétique, du beau idéal (classique, perdu ou ressurgissant par éclair) et de la modernité du monde réel, populaire au sens propre du terme. Le « dualisme romantique » serait alors un dualisme classicisme-modernité, et le romantisme, ou ce qu'il est convenu d'appeler ainsi, un courant, ou une tendance dans la manière d'interpréter la vie, et qui correspondrait à une conscience placée entre le passé et l'avenir, entre l'ancien et le nouveau, le classique et le moderne[43].

Mais il faudrait alors sans doute ajouter que le désir d'antique se définit fondamentalement comme un geste romantique et comme un geste subversif[44]. Cette dialectique de l'ancien et du nouveau, que Stendhal inaugurera dans *Racine et Shakespeare* avant que Baudelaire n'en fasse une définition complète de la modernité, recoupe ainsi parfaitement une problématique que Schiller avait formulée par l'opposition entre « naïf » et « sentimental » : les poètes naïfs sont ou « deviennent nature » tandis

40 H. R. Jauss, « La Modernité dans la tradition littéraire et la conscience d'aujourd'hui », *Pour une esthétique de la réception*, *op. cit.*, p. 183.

41 *Ibid.*, p. 188.

42 H. P. Lund, « L'Art et la réalité dans les voyages de Gautier », *Revue des Sciences Humaines*, n° 277, *Panorama Gautier*, sous la direction de S. Moussa et P. Tortonese, 2005-1, p. 120.

43 *Ibid.*, p. 133-134.

44 Voir P. Watt, *Naissance de l'art romantique*, Paris, Flammarion, 1998, p. 8-9 : l'auteur défend la thèse d'une stratégie romantique de « subversion de la *mimesis* néo-classique » qui n'est pas « destruction » mais « transformation de l'intérieur ».

que les poètes sentimentaux « la cherchent, après l'avoir perdue[45] » ; en d'autres termes, le poète « est soit naturel, soit en quête de naturel. Le premier cas est celui du poète naïf ; le second celui du poète sentimental[46] ». Si le beau (idéal) est bien du côté du naïf, le sublime romantique peut à bon compte être considéré comme une anamnèse sentimentale qui n'a rien de rétrograde : elle est davantage prospective que rétrospective, elle recherche dans le présent le caractère incommensurable de sa présence. Le *sentiment* le rapproche certes de cet idéal perdu – par l'imagination et non plus par les sens comme chez le *naïf* – mais de manière asymptotique, et donc indéfiniment :

> Cette voie qu'empruntent les poètes modernes est la même que celle qu'emprunte l'homme, en particulier et en général. La nature l'unifie avec lui-même, l'artifice le divise et le sépare : à travers l'idéal, il retourne à l'unité. Mais parce que l'idéal est chose infinie, impossible à atteindre, l'homme civilisé ne peut jamais être parfait dans *son* genre comme l'homme naturel peut l'être dans le sien [...]. Le premier tire sa valeur de ce qu'il a complètement atteint un but fini, alors que l'autre la conquiert en s'approchant d'une grandeur infinie[47].

Cette ambition le vide certes de toute positivité mais l'exhausse indéfiniment dans une négativité (excès de l'informe ou manque de l'infini) qui est la marque du sublime romantique[48]. On retrouve dans la peinture de Corot, que Gautier a si admirablement analysée[49], ce mode du *comme si* qui ouvre au possible indéterminé davantage qu'au passé remémoré ; il s'agit d'une mélancolie sublime plus que d'une nostalgie passéiste : « les vues de Corot n'ont pas l'air de mettre les sites au passé mais au conditionnel », comme s'ils s'étaient « vidés, ensauvagés[50] ». Le romantisme n'est donc pas exactement passéiste, son modernisme consiste à interroger, à penser son présent à travers l'absence, le non-présent, voire le non-présentable (le passé, le romanesque, le sublime), ce qu'exprime magnifiquement Goethe : « *Das sogenannte Romantische*

45 Fr. Schiller, *De la poésie naïve et sentimentale*, trad. S. Fort, Paris, L'Arche, coll. « Tête-à-tête », 2002, p. 30.
46 *Ibid.*, p. 35.
47 *Ibid.*, p. 37.
48 Je me permets de renvoyer le lecteur à mon ouvrage : Y. Le Scanff, *Le Paysage romantique et l'expérience du sublime*, Seyssel, Champ Vallon, 2007, notamment p. 133 *sq.*
49 Voir *Id.*, « Gautier et le *moment* Corot du paysage », *RHLF*, 2011, nº 2, vol. 111, p. 405-416.
50 E. Pernoud, *Corot, peindre comme un ogre*, Paris, Hermann, coll. « Arts », 2008, p. 33.

einer Gegend ist ein stilles Gefühl des Erhabenen unter des Form der Verganheit oder, was gleichlautet, der Einsamkeit, Abwesenheit, Abgeschiedenheit[51] ». En d'autres termes, « le sentiment romantique cherche dans la perception de la nature quelque chose qui n'est pas présent, mais au contraire absent, lointain[52] ». C'est bien cette négativité à l'œuvre (car elle est féconde) qui constitue la valeur de cette *auto-critique* de la modernité par le romantisme :

> Dans l'optique romantique cette critique est liée à l'expérience d'une perte ; dans le réel moderne quelque chose de précieux a été perdu, à la fois au niveau de l'individu et de l'humanité. La vision romantique se caractérise par la conviction douloureuse et mélancolique que le présent manque de certaines valeurs essentielles qui ont été aliénées[53].

Le sublime est le concept qui dit ce manque de présence (il ne s'éprouve que dans et par la négativité) et en même temps le dépasse (sans le combler) par une exigence d'exhaussement du réel[54]. Burke avait théorisé les « privations » sensibles, à savoir « la vacuité, l'obscurité, la solitude et le silence[55] », comme autant de topiques du sublime. Mais le romantisme a fait de cette négativité une poétique et peut-être même une vision du monde qui n'est peut-être pas seulement désenchantée. La disparition de l'objet par l'accablement sensible du sujet est en effet relevée par l'expansion heureuse de la rêverie. Ces deux moments repérables du sentiment du sublime réconcilient le moi et la totalité dans un même mouvement de pensée qui sublime autant qu'il intériorise l'extériorité. Stendhal avait parfaitement bien saisi combien cette absence de positivité pouvait élever l'objet, et par contagion sublime le sujet, au-dessus de lui-même. Selon lui les descriptions de Mme Radcliffe « ne décrivent rien ; c'est le chant d'un matelot qui fait rêver[56] ». Ainsi, Chateaubriand

---

51 Maxime n° 868 extrait des *Maximes et réflexions* de Goethe et citée par Jauss, *op. cit.*, p. 193 et traduite ainsi dans l'édition française : « Ce que l'on appelle le caractère romantique d'un paysage, c'est le calme sentiment du sublime sous la forme du passé ou, ce qui revient au même, de la solitude, de l'absence, de l'isolement » (*Ibid.*).

52 H. R. Jauss, *op. cit.*, p. 193.

53 M. Löwy, R. Sayre, *op. cit.*, p. 36.

54 Voir *ibid.*, p. 38.

55 Ed. Burke, *Recherche philosophique sur l'origine de nos idées du sublime et du beau*, (1757), trad. B. Saint Girons, Paris, Vrin, 1990, p. 115.

56 Stendhal, « Grenoble, le 12 août 1837 », *Mémoires d'un touriste*, dans *Voyages en France*, Paris, Gallimard, coll. « Bibliothèque de la Pléiade », 1992, p. 378.

relisant Virgile, autre grand poète du sublime, à travers le prisme d'une poétique du christianisme fait l'éloge des « objets négatifs » :

> Les images favorites des poètes enclins à la rêverie sont presque toujours empruntées d'objets négatifs, tels que le silence des nuits, l'ombre des bois, la solitude des montagnes, la paix des tombeaux, qui ne sont que l'absence de bruit, de la lumière, des hommes et des inquiétudes de la vie[57].

L'infinité sublime confine ainsi à la vacuité, au vide, ou plus exactement au *vidé*, comme si quelque chose s'était retiré. À propos des paysages de Chateaubriand, Jean-Pierre Richard évoque très justement une « immanence pleine » qui devient « transcendance vide[58] ». La mer lui « paraît plus belle » quand « elle se retire à l'horizon avec le soleil couchant[59] ». Flaubert montre également combien cette négativité de la représentation n'en est pas la négation, mais bien plutôt la sublimation (dans tous les sens du terme) par tous les moyens que permettent les ressources de l'expression du sublime.

> L'horizon vide se prolonge, s'étale et finit par fondre ses terrains crayeux dans la couleur jaune de la plage. Le sol devient plus ferme, une odeur salée vous arrive, on dirait un désert dont la mer s'est retirée. Des langues de sable, longues, aplaties l'une sur l'autre, se continuant indéfiniment par des plans indistincts, se rident comme une onde sous de grandes lignes courbes (...). Les flots sont loin, si reculés qu'on ne les voit plus, qu'on n'entend pas leur bruit, mais je ne sais quel vague murmure, insaisissable, aérien, comme la voix même de la solitude qui n'est peut-être que l'étourdissement de ce silence[60].

Ce qui se donne utopiquement et négativement dans l'espacement, ce qui se livre dans la perte, ce qui se donne comme perdu, « comme sa forme-en-retrait qui fait donation du sensible en sa diversité et se retire dans le mouvement qui l'amène à paraître[61] » c'est peut-être

57 Fr-R. de Chateaubriand, *Génie du christianisme*, Paris, Gallimard, coll. « Bibliothèque de la Pléiade », 1978, p. 675.

58 J-P. Richard, *Paysage de Chateaubriand*, Paris, Seuil, 1967, p. 44.

59 Fr-R. de Chateaubriand, *Essai sur la littérature anglaise*, dans John Milton, *Le Paradis perdu*, trad. Fr-R. de Chateaubriand, Paris, Belin, 1990, p. 80.

60 G. Flaubert, *Par les champs et par les grèves*, dans *Voyages*, *Œuvres complètes*, t. I, Paris, Les Belles Lettres, 1948, p. 390.

61 J. Rogozinski, « Le Don du monde », in *Du Sublime*, *op. cit.*, Paris, Belin, 1988, p. 209. Voir aussi J-Fr. Lyotard, « Quelque chose comme : "communication sans communication" », *L'Inhumain*, *op. cit.*, p. 124 : « D'une certaine façon la question du sublime est étroitement liée à ce que Heidegger nomme retrait de l'être, retrait de la donation ».

« le caractère d'un souvenir, souvenir du possible contre le réel qui l'a refoulé[62] ». On retrouve en quelque sorte dans cette sublimation de la représentation ce que Lyotard analyse en termes psychanalytiques comme un différend du sublime et du beau. Selon lui, le sublime serait comparable au *refoulement originaire* freudien (causé par l'affect inconscient ou la *Chose* lacanienne) qui ne se laisse pas représenter contrairement au *refoulement secondaire* qui apparaît dans le rêve ou le symptôme notamment et qu'il rapproche d'une esthétique du Beau[63]. En ce sens, par sa recherche d'une représentation, même martyrisée ou sacrifiée, le sublime romantique serait bien *moderne* et seulement moderne, il n'aurait pas entièrement accompli l'œuvre du sublime en voulant *faire œuvre* :

> Voici donc le différend : l'esthétique moderne est une esthétique du sublime, mais nostalgique ; elle permet que l'imprésentable soit allégué seulement comme un contenu absent, mais la forme continue à offrir au lecteur ou au regardeur, grâce à sa consistance reconnaissable, matière à consolation et à plaisir[64].

POSTMODERNITÉ ?

Il en irait donc tout autrement selon Lyotard du sublime postmoderne qui inventerait à chaque fois ses propres règles à partir d'une relation à l'inconnu et donc à l'informe et à l'indéterminé : « une œuvre ne peut devenir moderne que si elle est d'abord postmoderne. Le postmodernisme ainsi entendu n'est pas le modernisme à sa fin, mais à l'état naissant[65] ». Tout est désormais possiblement sublime à condition d'être irreprésentable, c'est-à-dire non (pré)déterminé par une représentation qui précéderait la présentation par l'art :

62 Th. W. Adorno, *Théorie esthétique*, trad. M. Jimenez et E. Kaufholz, Paris, Klincksieck, 1989, p. 177.

63 Voir J-Fr. Lyotard, « Réécrire la modernité », *L'Inhumain*, *op. cit.*, p. 42.

64 J-Fr. Lyotard, « Réponse à la question : qu'est-ce que le postmoderne ? », *Critique*, n° 419, avril 1982, p. 366-367, repris dans *Le Postmoderne expliqué aux enfants*, Paris, Galilée, 1988, rééd. Le Livre de poche, « Biblio-Essais », 1993, p. 26.

65 *Ibid.*, p. 24.

> Le postmoderne serait ce qui dans le moderne allègue l'imprésentable dans la présentation elle-même ; ce qui se refuse à la consolation des bonnes formes, au consensus d'un goût qui permettrait d'éprouver en commun la nostalgie de l'impossible ; ce qui s'enquiert de présentations nouvelles, non pas pour en jouir, mais pour mieux faire sentir qu'il y a de l'imprésentable. Un artiste, un écrivain postmoderne est dans la situation d'un philosophe : le texte qu'il écrit, l'œuvre qu'il accomplit ne sont pas en principe gouvernés par des règles déjà établies, et ils ne peuvent pas être jugés au moyen d'un jugement déterminant, par l'application à ce texte, à cette œuvre de catégories connues. Ces règles et ces catégories sont ce que l'œuvre ou le texte recherche. L'artiste et l'écrivain travaillent donc sans règles, et pour établir les règles de qui aura été fait. De là que l'œuvre et le texte aient les propriétés de l'événement, de là aussi qu'ils arrivent trop tard pour leur auteur, ou, ce qui revient au même, que leur mise en œuvre commence toujours trop tôt. Postmoderne serait à comprendre selon le paradoxe du futur (*post*) antérieur (*modo*[66]).

Lyotard accrédite ainsi ce que Jean Bessière[67] nomme une « sécularisation du sublime » ou « sublime inversé » dans le sens où l'interprétation postmoderne ferait du sublime un « lieu commun qui ne réclamerait pas de site, pas même un site naturel ». Sans transcendance de jouissance, d'élévation ou de puissance au sens nietzschéen du terme, « le sublime peut être ici et là selon quiconque » : « Une telle lecture de cette implication de la pensée contemporaine du sublime – il y a un sublime commun –, si elle est acceptée, fait du sublime une donnée innombrable de la littérature moderne, moderniste, post-moderne ». Et pourtant n'y aurait-il pas dans ces concepts de sécularisation[68] ou d'inversion[69] matière à penser le sublime romantique dans son rapport à une certaine postmodernité ? Jean Bessière semble faire l'hypothèse de cette *transcendance du laid*[70] :

> Il faudrait lire là que le commun est identifié à l'impouvoir de l'homme même, qui, dans cet impouvoir, perçoit cependant une dimension de grandeur. Ce

66 *Ibid.*, p. 26-27.

67 J. Bessière, « Le Sublime aujourd'hui : d'un discours sur le pouvoir de l'art et de la littérature et de sa possible réécriture », in *La Littérature et le sublime*, *op. cit.*, p. 446-448.

68 Voir *supra* et ce que dit Michel Crouzet de cette « laïcisation » du sublime chez Stendhal et chez les romantiques en général dans *La Poétique de Stendhal. Forme et société. Le sublime*, *op. cit.*, p. 139-144.

69 Voir *supra* et A. Michel, « Le Pathétique balzacien dans *La peau de chagrin*, *Histoire des Treize* et *Le Père Goriot* », art. cité, p. 229-245.

70 Voir Fr. P. Bowman, « La Transcendance religieuse du laid », *Le Christ romantique*, *op. cit.*, p. 265-271.

> serait, dans chaque cas, poursuivre avec une version christianisée du sublime, apparue à l'époque romantique et dont la littérature porterait encore la trace hors de la référence chrétienne. Cette version christianisée du sublime consiste à dire que l'homme est grand par sa chute, par sa déréliction. On peut tout autant dire qu'il y a, dans ce sublime inversé, l'hypothèse que le petit porte du grand[71].

Dans son rapport aux nouvelles conditions socio-historiques de vie notamment, l'esthétique romantique a su, au sein même d'une modernité qui s'imposait à elle autant qu'elle la suscitait, ménager une ligne de fuite que l'on dirait aujourd'hui donc postmoderne. Il s'agissait là encore peut-être de faire subir au sublime sa révolution et de rompre en grande partie avec Longin-Boileau sans renier la nécessaire transcendance du concept (éthique, métaphysique, esthétique, politique) : élévation morale et spirituelle, appel à la dignité surhumaine de l'être (pré)destiné à une forme d'infini, joie et jouissance esthétique, démocratisation et appel à une communauté d'expérience. Ce sublime commun, qui n'a rien de vil, même s'il peut se présenter comme humble[72] a été parfaitement théorisé par Théodore Jouffroy dans son *Cours d'esthétique*[73]. C'est dans le quarantième et dernier chapitre que Jouffroy expose cette tentative de définition d'un sublime en quelque sorte postmoderne et romantique. Jouffroy montre d'abord que le différend entre le beau et le sublime porte essentiellement sur la question du déchirement (des êtres et des formes) :

> L'idée fondamentale du sublime, c'est la lutte ; c'est l'idée de la force libre et intelligente luttant contre les obstacles qui gênent son développement ; l'idée fondamentale du beau, c'est l'idée de la force libre et intelligente qui arrive à son but facilement et sans effort[74].

C'est cette impression contraignante, voire angoissante d'irréconciliation sensible qui produit la valeur transcendante du sublime :

> Ainsi, de même que l'idée du sublime entraîne avec l'idée de la lutte, celle du courage, de la patience, de la persévérance, elle entraîne également l'idée

71 J. Bessière, art. cité, p. 447.

72 Voir D. Peyrache-Leborgne, « L'humble et le sublime », *La Poétique du sublime*, *op. cit.*, p. 83-122.

73 Th. Jouffroy, *Cours d'esthétique*, Paris, Hachette, 1843. Il s'agit d'une publication posthume dont s'est chargé Damiron. Il joint également, en appendice, la thèse de Jouffroy soutenue en 1816, qui portait sur le sublime et le beau, précisément (p. 325-363).

74 *Ibid.*, Leçon 40, p. 317.

de la personnalité, et, avec cette idée, toutes celles qui s'y rattachent, celles du mérite, de la vertu, du sacrifice, du dévouement[75].

En somme, il n'y a de vertu qu'acquise par la lutte contre ce qui la conteste. Il n'y a de sublime que par la communion sympathique avec la faiblesse qui se surmonte. C'est par cette participation symbolique, par cette communauté esthétique que le sublime tend à se propager et à indéfiniment s'épanouir et à faire sublime de tout :

> Un objet purement désagréable nous parait sublime, parce que nous sommes en train dans ce moment de trouver partout du sublime. Il suffit d'avoir l'esprit préoccupé de l'idée des misères de la condition humaine, des peines, des efforts que la vertu croûte à l'homme, de la lutte qu'il soutient ici-bas pour transporter cette idée sur tous les êtres de ce monde, pour les voir tous lutter péniblement et prêter ainsi du sublime à des choses qui sont peu sublimes par elles-mêmes[76].

La force du sublime, c'est précisément sa capacité à exprimer la condition de l'homme moderne, de l'homme démocratique même sans doute, qui doit *faire sa vie* : « le sublime qui nous rappelle la force se développant par la lutte, nous rappelle la condition humaine[77] ». Le renversement est évident : l'immanence c'est la transcendance. « Le sublime est en bas[78] ». Le ciel et la terre, le sublime et le beau inversent leurs prérogatives :

> Le beau qui nous présente le développement facile de la force, nous rappelle moins l'existence humaine que l'existence divine. Le beau est divin ; le sublime est humain. Il suit de là que le sublime nous doit apparaître beaucoup plus que le beau. Le beau n'est pas de ce monde ; nous le voyons rarement et quand nous en apercevons l'image, il ne nous rappelle pas les caractères de notre vie. Le sublime est au contraire l'image de notre condition ; et par cela même, le sentiment du sublime est plus commun que le sentiment du beau. Nous sommes tous profondément affectés par les objets sublimes, et à la vue d'un arbre sur la montagne, battu par les vents, nous ne pouvons pas rester insensibles ; ce spectacle nous rappelle l'homme, les douleurs de sa condition, une

75 *Ibid.*, p. 318.

76 *Ibid.*, p. 320-321.

77 *Ibid.*, p. 321.

78 V. Hugo, « Les Malheureux », *Les contemplations*, dans *Poésie II*, *Œuvres complètes*, Paris, Robert Laffont, « Bouquins », 1985, p. 461 : « Et l'on se dit : Souffrons, mais souffrons sur les cimes ! / Eh bien, non ! – Le sublime est en bas. Le grand choix, / C'est de choisir l'affront ».

> foule d'idées tristes. Les idées de notre vie actuelle nous sont plus familières que les idées d'une vie plus parfaite, et le beau est en conséquence moins senti que le sublime. Un objet purement beau ne cause pas des sensations très vives à la plupart des hommes. Il y a quelques âmes seulement qui sentent délicieusement le beau, tandis que tout le monde sent le sublime[79].

« Tout le monde sent le sublime », c'est sur ces mots étonnants que se clôt cette ultime leçon et par conséquent le *Cours* de Jouffroy. Le sens commun accordait au goût et à l'éducation à (et par) la beauté cette capacité à fédérer une communauté : « le beau unit, le sublime isole[80] », c'est ainsi que Ernst Cassirer résumait d'une formule les acquis des Lumières quant à leurs réflexions sur l'esthétique comparée du beau et du sublime. On pourrait finalement, avec Jouffroy, renverser la perspective. C'est peut-être tout le sens de ce sublime *inversé* ou *sécularisé* du romantisme. Au terme d'une évolution dans laquelle le romantisme a bien pris sa part, le sublime est devenu une culture commune et non plus une loi d'exception (la grande âme, le génie, le criminel *etc.*). On perçoit dès lors combien le texte de Jouffroy offre une synthèse vibrante du sublime romantique : moderne, dans son opposition subversive au beau et au classicisme; anti-moderne dans une posture idéologique réactive nourrie d'humanisme chrétien; et enfin postmoderne dans sa capacité à définir une communauté transcendante mais fondée sur une expérience immanente et immédiate – sans médiation : le sublime comme *lieu commun*.

Yvon Le Scanff
Université Paris III

---

79 *Ibid.*, p. 321-322.

80 E. Cassirer, *La Philosophie des Lumières*, traduit de l'allemand par Pierre Quillet, Paris, Fayard, 1966, coll. « Agora », 1986, p. 412.

CONSTRUCTIONS ET CONCEPTS DU ROMANTISME

Quelques réflexions sur les perspectives anglo-saxonnes

Nous souhaitons proposer ici quelques réflexions sur les définitions, les courants critiques et les constructions majeures dont le romantisme a été l'objet ou le laboratoire dans la critique anglo-saxonne du XXe et du XXIe siècles. Ces remarques ne prétendent en aucun cas à l'exhaustivité, mais elles illustrent les différentes approches, préoccupations et questions qui ont informé et renouvelé la perception du romantisme dans la tradition critique anglo-saxonne de ce siècle et du précédent. Étant donné la dimension illustrative de notre approche de ces grandes constructions et de ces critiques anglo-saxonnes du romantisme, nous organiserons notre propos autour de questions thématiques centrales. À certains moments-clés, cette organisation thématique nous permettra de prolonger ces réflexions pour mettre en valeur des similitudes entre ce qui, à première vue, peut sembler relever d'approches critiques et de constructions très différentes et même opposées de la notion de romantisme.

LES DÉFINITIONS ANGLO-SAXONNES DU ROMANTISME

Dès les premières tentatives de produire un discours critique sur le romantisme qui se sont manifestées au XXe siècle dans le monde anglo-saxon, le terme a toujours été contesté et controversé, et il continue de l'être aujourd'hui. Que le terme et son spectre sémantique se soient trouvés au cœur de débats si variés légitime de penser le « romantisme » dans le monde anglo-saxon non au singulier, mais au contraire comme une pluralité de « romantismes ». Les définitions variées de ce que l'on appelle « romantisme » au début du XXe siècle témoignent de la nature problématique et labile du terme auquel elles s'attachent. D'un côté, il ne fait alors guère de doute qu'un événement esthétique, culturel, social et politique connu sous le nom de « romantisme » s'est bien produit, mais de l'autre, on observe de vifs débats pour établir jusqu'à quel point celui-ci peut faire l'objet d'une codification ou être présenté de manière consensuelle comme un ensemble cohérent de pratiques et de convictions. La tension, au début du XXe siècle, entre les adeptes d'une vision essentialiste du « romantisme » et ceux qui manifestent plus de scepticisme quant à l'existence d'une telle essence a persisté dans les constructions anglo-saxonnes du « romantisme » jusqu'à nos jours[1].

Ainsi, dans ses conférences sur la poésie prononcées à Oxford en 1904, A. C. Bradley, spécialiste reconnu de la tragédie shakespearienne, profite d'une discussion sur Wordsworth pour faire une incursion qui se révèle capitale dans le champ des définitions du romantisme au début du XXe siècle. Bradley s'en prend à l'idée développée par Matthew Arnold d'un « Wordsworth qui ressent la joie qui nous est offerte dans la nature[2] », pour suggérer que Wordsworth est au contraire un poète chez qui « la souffrance [...] est sublime[3] » et qu'il est en contact avec le « monde obscur[4] » de l'existence ordinaire, un monde qui se révèle parfaitement réel, marqué par la souffrance, humain et inintelligible. L'objection lancée par Bradley au portrait que fait Arnold de Wordsworth en utopiste est un indicateur important, ainsi que nous le verrons,

1 Les remarques qui suivent doivent beaucoup aux introductions critiques d'un projet collectif en quatre volumes dirigés par Michael O'Neill et moi-même en 2004-2005. Pour ma part, je propose ici une version condensée et révisée de notre tentative de produire une cartographie convaincante des constructions anglo-saxonnes de la notion de romantisme (*cf.* M. O'Neill et M. Sandy, *Romanticism : Critical Concepts in Literary and Cultural Studies*, 4 vol., Londres, Routledge, 2006). Sauf indication contraire, les références aux sources secondaires renverront à cette édition et seront données entre parenthèses, avec le numéro de volume et de page. L'auteur tient à remercier Sophie Laniel-Musitelli pour sa relecture attentive de la traduction française de cet article.

2 « *Wordsworth who feels the joy offered to us in nature* », M. Arnold, « Wordsworth », in *English Literature and Irish Politics*, sous la direction de R. H. Super, Ardis, Ann Arbor, 1973, p. 51.

3 « *grief [...] is sublime* », A. C. Bradley, *Oxford Lectures on Poetry*, Londres, McMillan, New York, St Martin's Press, 1965, p. 106.

4 « *dark world* », *Ibid.*, p. 124.

de l'existence d'une division plus importante entre deux camps très représentatifs de la critique anglo-saxonne du XXe siècle : d'un côté, on trouve ceux qui conçoivent l'esthétique romantique comme une forme naïve d'échappatoire hors des réalités sociales, historiques et politiques, et de l'autre, ceux qui, à l'inverse, défendent l'idée que le romantisme se situe de plain-pied dans le réel et qu'il offre sur celui-ci une prise psychique, spirituelle et même existentielle.

L'unification des définitions du romantisme a donné lieu à de profondes divergences. Sensible à la dimension nationale (française, allemande et britannique) et disciplinaire (esthétique, historique, politique et philosophique) des frontières traversées par le romantisme, Arthur O. Lovejoy a relevé les nombreuses difficultés que posent la définition du romantisme et a défendu l'idée d'un échec quasi-total du terme. Lovejoy affirme que les nombreuses formes culturelles et les actualisations historiques du romantisme ne présentaient pas de socle commun ou d'essence partagée. Au cœur de l'essai de Lovejoy « On the Discrimination of Romanticisms [De la différenciation des romantismes] » (1924), on retrouve une méfiance sceptique envers toute affinité supposée qui s'étend jusqu'au « primat exclusif du discours sur soi, à la fétichisation du héros, à la contemplation esthétique éperdue de la nature[5] », lesquels permettrait de relier entre eux les romantismes de différents lieux et de différentes époques. Pour Lovejoy, c'est en réalité tout le contraire : il considère la multiplicité de ces revendications diverses et souvent ambiguës (dont beaucoup ont été remises en cause par une forme de romantisme ou une autre) comme autant de preuves étayant sa thèse, qui consiste à dire que « le "romantisme" conçu comme un ensemble cohérent n'est qu'une sottise[6] ».

Les idées de Lovejoy sur le caractère « erroné » de la notion de romantisme n'ont pas manqué d'être contestées. Le critique tchéco-américain René Wellek a proposé une essence cohérente du romantisme centrée sur les notions d'imagination, de symbolisme et d'organicisme. La trinité essentielle de Wellek suggérait qu'au cœur du romantisme se trouvait, ainsi que l'avait résumé Morse Peckham, le primat accordé à l'imagination dans la poésie, au symbolique et au mythique dans le style poétique

5 « *talking exclusively about oneself, for hero-worship, for losing oneself in aesthetic contemplation of nature* », A. Lovejoy, « *On the Discrimation of Romanticisms* », in M. O'Neill et M. Sandy, *Romanticism*, *op. cit.*, t. I, p. 38.

6 « *"Romanticism" as a whole—is a fatuity.* », *Ibid.*, t. I, p. 53.

et à une vision organique de la nature et du monde[7]. La défense par Wellek de l'existence d'une essence du romantisme s'est révélée centrale pour l'œuvre critique de Peckham, qui a cherché à concilier la position essentialiste de Wellek et l'approche non-essentialiste de Lovejoy, tout en résolvant certaines des tensions et des contradictions existant entre les écrits précoces de Lovejoy sur le romantisme et ses textes plus tardifs.

Prenant le contrepied du scepticisme de son aîné, Peckham affirme dans « Toward a Theory of Romanticism [Vers une théorie du romantisme] » (1951) que l'essai de Lovejoy de 1924 révèle « une théorie du romantisme historique dans le domaine des idées et de l'art[8] ». D'après Peckham, la présence de ces « fondements d'une théorie du romantisme[9] » est encore plus marquée dans l'étude plus tardive et tout à fait fondamentale de Lovejoy, *The Great Chain of Being* [*La Grande chaîne de l'être*] (1936), qui contredit ouvertement la position sceptique et non-essentialiste adoptée par l'auteur dans son texte de 1924. En développant l'idée d'un « organicisme dynamique[10] », Peckham suggère un modèle relationnel du romantisme, qui tient le juste milieu entre les aspects « positifs » et « négatifs[11] » du courant, lequel a la capacité d'évoluer entre trois niveaux variés, différents, mais reliés entre eux, à savoir la thèse, l'antithèse et la synthèse.

En mettant l'accent sur le fait que le romantisme constitue un événement historique relationnel et dynamique (et en insistant sur sa croyance fondamentale dans la transformation organique), Peckham réussit à la fois à résoudre les contradictions présentes dans les travaux de Lovejoy et à articuler l'attention extrême qu'accorde le critique aux divergences du sein du courant à une théorie fondatrice et englobante de « la métaphore organique de l'univers[12] ».

Dans une perspective différente, M. H. Abrams a conceptualisé le romantisme comme une notion complexe mais cohérente. Cependant, à travers son attachement à la cohérence du romantisme, Abrams présente des affinités avec l'essentialisme de Peckham. Dans deux ouvrages marquants, *The Mirror and the Lamp* [*Le Miroir et la lampe*] (1953) et *Natural*

7 M. Peckham, « Toward a Theory of Romanticism », *Ibid.*, t. I, p. 58.
8 « *a theory of the historical romanticism of ideas and art* », *Ibid.*, t. I, p. 57.
9 « *foundations for a theory of Romanticism* », *Ibid.*, t. I, p. 59.
10 « *dynamic organicism* », *Ibid.*, t. I, p. 62.
11 *Ibid.*, t. I, p. 65.
12 « *the organic metaphor of the universe* », *Ibid.*, t. I, p. 62.

Supernaturalism [*Le Surnaturalisme naturel*] (1971), ainsi que dans un grand nombre de travaux critiques d'importance, notamment « English Romanticism : The Spirit of the Age [Romantisme anglais : l'esprit du temps] » (1963), Abrams offre un compte rendu détaillé des diverses réactions romantiques à la ferveur révolutionnaire et à l'agitation des années 1790. Dans « English Romanticism : The Spirit of the Age », le critique reconnaît que le moteur de la poésie de l'époque était constitué par « des attentes apocalyptiques, ou au moins des représentations imaginaires apocalyptiques[13] ». Plus loin dans le même texte, Abrams complexifie cette idée que l'imagination apocalyptique constitue un moteur pour la poésie en mettant au jour, par exemple, l'existence d'un tournant décisif dans les écrits de Wordsworth ou de Shelley : ces auteurs passent en fait d'un désir de changements politiques révolutionnaires empreint d'optimisme à une croyance intime en les pouvoirs de l'imagination propres au poète.

Abrams développe cet élément complémentaire, introduit dans sa démonstration, pour en faire la thèse centrale de son livre *Natural Supernaturalism*, lequel, en lisant ce retrait dans la sphère intérieure comme un élément positif du romantisme, retrace la façon dont la sympathie initiale pour les causes et les principes de la révolution politique est convertie plus tard en un champ d'action purement intérieur, fondé sur l'imagination et la spiritualité.

La façon dont Abrams lit les réactions romantiques à la situation politique des années 1790 a soulevé de vives objections, en particulier chez tout un groupe de critiques, à la suite de la publication de l'ouvrage de Jerome McGann *The Romantic Ideology* [*L'Idéologie romantique*] (1983). Cette lecture a en réalité marqué le clivage définitif de la tradition anglo-saxonne en deux vastes camps : ceux qui lisent l'esthétique romantique comme une forme de fuite devant les réalités politiques ou sociales et ceux qui considèrent le romantisme comme une lutte avec une réalité psychique, spirituelle ou existentielle.

La vision promue par Abrams d'un tournant vers l'intériorité, en direction des pouvoirs de l'imagination, a eu l'effet d'un stimulus très positif pour toute une génération de critiques qui allait prendre le relais. Le plus remarquable d'entre eux est Harold Bloom qui, dans « The

---

13 « *at least apocalyptic expectations, or at least apocalyptic imaginings* », M. H. Abrams, « English Romanticism : The Spirit of the Age », in *Ibid.*, t. I, p. 79.

Internalisation of Quest Romance [L'Internalisation de la romance chevaleresque] » (1970), reconnaît l'importance de l'imagination apocalyptique mise en évidence par Abrams et, en en analysant les mécanismes de manière plus détaillée encore, démontre la façon dont une appropriation internalisée de la quête typique de la romance chevaleresque a offert au romantisme une défense solide contre des lectures rationalistes réductrices, que celles-ci se fondent à l'origine sur des éléments socio-politiques ou sur la psychanalyse freudienne.

Le cœur de la démonstration de Bloom est constitué par l'idée que le romantisme développe en lui-même une mentalité très fine et intelligente qui lui permet de résister activement à tous les récits donnant une vision limitée ou trop ouvertement rationaliste de l'existence. La poésie de la première et de la seconde génération romantique naît, selon Bloom, comme le lieu d'une lutte interne qui donne l'image d'un moi à la fois cohérent et clivé.

Cette approche critique du romantisme perçu comme une conscience à la fois unifiée et divisée révèle également, ainsi que le reconnaît Bloom, l'influence de l'œuvre de Northrop Frye. La relecture et la défense par Bloom du romantisme en général et du poème centré sur la quête chevaleresque en particulier doit beaucoup à Frye. Dans « The Drunken Boat : The Revolutionary Element in Romanticism [Le Bateau ivre : l'élément révolutionnaire dans le romantisme] » (1963), ce dernier identifie la façon dont, dans un univers post-newtonien, les romantiques utilisent toute une série de « métaphores de l'intérieur[14] », ainsi que les appelle Frye, qui servent comme autant de réceptacles destinés à préserver ce qu'il y a de plus précieux dans l'humain. Autrement dit, Frye suggère que les romantiques se détournent des réalités externes pour privilégier l'intérieur et qu'ils attestent ainsi de la puissance de l'esprit créateur. D'après Frye, la nature se trouve dès lors perçue comme un élément tantôt positif, tantôt négatif, selon ce qu'elle révèle ou ce qu'elle dissimule de la réalité à l'esprit créateur qui l'observe[15]. Pour Frye comme pour Bloom, le courant anti-romantique ne peut appartenir qu'à l'époque post-romantique, dans la mesure où le romantisme archétypal manifeste une conscience du fait qu'en son sein même, ainsi que l'écrit Frye, « les

14 « *"within" metaphors* », N. Frye, « The Drunken Boat : The Revolutionary Element in Romanticism », in *Ibid.*, t. I, p. 126.

15 *Ibid.*, t. I, p. 133.

valeurs de l'imagination [sont] menacées par une puissance chaotique et inconsciente qui se situe au-dessous d'elles[16] ».

Cette présentation du moi romantique comme une structure clivée trouve une actualisation importante, mais très différente, dans l'essai de Geoffrey Hartman « Romanticism and Anti-Self-Consciousness », dont la première publication remonte à 1962. L'essai de Hartman témoigne d'une attention subtile aux tensions et aux contradictions que fait naître l'activité du poète romantique et montre une réelle sensibilité aux difficultés suscitées par le fait que le romantisme soit travaillé par « une conscience de soi problématique[17] ». Cette pratique artistique qui se fonde sur une conscience de soi transcendant des formes de conscience analytiques et mineures est, d'après Hartman, le moyen par lequel le romantisme se prémunit contre tout risque de sombrer dans des états solipsistes. L'intuition qu'a Hartman d'une interaction dialectique au sein de la « trinité constituée de la nature, de la conscience de soi et de l'imagination » (*triad of Nature, Self-Consciousness, and Imagination*), qui sont considérées comme les forces déterminantes de la poésie romantique, lui permet également de montrer comment le romantisme en tant que phénomène culturel résiste à toute définition restrictive et à tout compte rendu schématique. Le fait que l'époque romantique ait marqué le moment historique où l'art a cessé d'être au service de la religion a conféré aux romantiques, ainsi que le remarque Hartman, la liberté de l'imagination comme une sorte de fardeau : celle-ci exigeait en effet l'autonomie d'un moi et d'une forme artistique particuliers pour transcender ou contenir « le tourbillon de la conscience de soi » (*the vortex of self-consciousness*). Pour Wordsworth et les autres romantiques, une telle « conscience de soi [est] à la fois nécessaire à la poésie et opposée à elle[18] », affirme Hartman.

16 « *imaginative values [are] threatened by a chaotic and unconscious power below it* », *Ibid.*, t. I, p. 134.

17 « *with a problematical self-consciousness* », G. Hartman, « Romanticism and Anti-Self-Consciousness », in *Ibid.*, t. I, p. 137.

18 « *self-consciousness [is] at once necessary and opposed to poetry* », *Ibid.*, t. I, p. 141.

ROMANTISME ET HISTORICISMES

L'attention aux complexités de la « conscience » et de l'intériorité est devenue la marque distinctive de ce que l'on nomme désormais la « Yale School of Romanticism », qui, avec Bloom et Hartman à sa tête, est devenu le principal mode de discours critique dans les années 1970 et au début des années 1980. Ce discours dominant a été remis en cause par deux ouvrages importants : le premier est celui de Marilyn Butler, *Romantics, Rebels, and Reactionaries* [*Romantiques, rebelles et réactionnaires*] (1981), et le second est *The Romantic Ideology* (1983) de Jerome McGann, que nous avons déjà mentionné. L'étude de Butler a imposé un argument majeur qui a permis d'étendre considérablement le canon romantique et a développé une argumentation convaincante pour imposer le fait que le roman constituait un genre littéraire d'une immense importance, en raison de ses répercussions sociales et de ce que le genre révélait sur les turbulences politiques de l'époque. Depuis une trentaine d'années, l'une des conséquences durables de l'importante contribution de Butler au débat est la révision et l'expansion du canon de la littérature romantique[19] par les éditeurs et les critiques anglo-saxons. Butler fait preuve d'esprit polémique dans les objections qu'elle formule contre les critiques qui se sont faits les champions de l'intériorité, de la conscience et de la psychologie, plutôt que de se pencher sur le contexte socio-politique de la genèse de toute création littéraire. On peut en prendre pour exemple l'article de Bulter sur « Burke, Godwin, and *Caleb Williams* [Burke, Godwin et *Caleb Williams*] » (1982), dans lequel elle démontre que le dernier volume du roman de Godwin s'intéresse bien moins à « un drame purement personnel[20] » qu'aux forces déterminantes du comportement humain que constituent les « conditions sociales[21] ». Contrairement à Bloom, Frye ou Hartman, Butler ne s'intéresse pas à l'idée d'un moi clivé chez Godwin, mais elle lit *Caleb Williams* (1794) comme une manière d'actualiser et d'incarner de manière précise la

19 Voir plus bas « Le romantisme et ses marges ».

20 « *purely personal drama* », M. Butler, « Burke, Godwin, and Caleb Williams », in *Ibid.*, t. II, p. 32.

21 « *social conditions* », *Ibid.*, t. II, p. 31.

remise en cause des pouvoirs de l'aristocratie que l'on trouve dans la seconde édition de son *Enquiry Concerning Political Justice* [*Enquête sur la justice politique*, 1793]. Une telle lecture renvoie à deux principes fondateurs de l'approche critique historiciste qui, en premier lieu, considère que seules sont fiables les interprétations fondées sur une compréhension claire de la scène politique et que, en second lieu, avoir conscience de cette dimension politique permet de déchiffrer les opérations complexes de la création littéraire.

De son côté, dans *The Romantic Ideology*, McGann a insisté sur la nécessité de séparer les œuvres de l'époque romantique du romantisme comme construction idéologique. McGann considère que cette dernière a amené de nombreux critiques récents à manifester une certaine mauvaise foi et une fausse conscience du romantisme, qui n'ont fait que se répéter indéfiniment, plutôt que d'offrir un compte rendu objectif des prémices de l'idéologie romantique qu'ils prétendaient identifier. Dans un article fondamental, « Romanticism and its Ideologies [Le Romantisme et ses idéologies] » (1982), McGann propose une vue en raccourci à la fois de la thèse centrale et de la position plus large qu'il adopte dans *The Romantic Ideology*.

Le critique y déclare que, si nous voulons faire « la critique de l'Idéologie du romantisme », nous devons alors prendre garde à ne pas « nous laisser absorber sans distance critique dans les représentations de lui-même que le romantisme a produites[22] ». Il est du ressort du critique de maintenir une perspective et une distance historiques qui, en séparant les acquis du passé de ceux du présent, met au jour un « différentiel » permettant au critique d'adopter la bonne approche vis-à-vis du romantisme et d'« élucider son sujet [...] *de manière historique*[23] ». McGann démontre que ce type de relation authentique au romantisme offre au critique la possibilité de mieux apprécier la façon dont les problèmes de l'histoire se révèlent à travers les stratégies d'effacement ou d'internalisation adoptées par les poètes romantiques et comment ils informent ces dernières. Cependant, en dernière analyse, McGann

22 « *critique the Ideology of Romanticism* », « *an uncritical absorption in romanticism's own self-representations* », J. McGann, « Romanticism and its Ideologies », in *Ibid.*, t. II, p. 108.

23 « *elucidate its subject matter...* historically », *Ibid.*, t. II, p. 110, les italiques sont dans l'original.

ne réduit pas, ainsi que la dimension marxiste de son argumentation pourrait facilement et logiquement l'y conduire, la poésie romantique à une série de « déplacements et d'illusions[24] » dénués de réflexion. À l'inverse, McGann reconnaît que la poésie romantique présente souvent au lecteur « le drame des contradictions qui sont inhérentes à cette idéologie » et entreprend une critique ouverte et latente « de son propre objet[25] ». On doit mettre au crédit du raisonnement élaboré par McGann et développé plus longuement dans *The Romantic Ideology* le fait qu'il ne propose pas de solutions simplistes et qu'il manifeste une authentique attention à l'ironie et aux contradictions qui traversent à la fois la poésie romantique qu'il étudie et la posture critique qu'il adopte dans son étude.

C'est la dernière section de « Romanticism and Its Ideologies » qui met le plus clairement en relief ce point : Byron y apparaît comme un poète emprisonné dans la grande machine de l'idéologie romantique et qui ne peut s'en libérer qu'en prenant conscience, dans ses créations fictionnelles, de l'inutilité des « déplacements et des illusions » romantiques.

Le dilemme de Byron en tant qu'artiste, tel que le décrit McGann, est aussi le dilemme propre au critique McGann et à toutes les formes de critique historiciste du romantisme en général. Paradoxalement, la critique historiciste veut percevoir aussi clairement que possible la réalité politique et sociale des choses exactement comme elle était à l'époque, sans pour autant se laisser circonvenir par les modes de compréhension ou les structures de croyance du romantisme. Ainsi, il arrive très souvent que la critique historiciste ait à naviguer entre les faits et le domaine de l'imagination et, par conséquent, qu'elle doive, en dépit de sa fidélité aux faits historiques, s'en remettre à la spéculation. Ce sont justement les critiques historicistes laissant, à l'instar McGann dans *The Romantic Ideology*, la place aux conjectures et à l'indécision au sein de leur méthodologie qui ont produit les résultats les plus engageants dans cette veine critique. Parmi ces résultats, les plus intéressants sont ceux qui manifestent une attention la plus fine possible à la façon dont cette spéculation et cette ouverture à l'indécision historiques et fictionnelles éclairent les artefacts littéraires examinés.

---

24 « *displacements and illusions* », *Ibid.*, t. II, p. 123.

25 « *toward its subject matter* », *Ibid.*, t. II, p. 108.

John Barrell partage avec Butler la conviction selon laquelle une connaissance fine du paysage politique permet de déchiffrer les traits fondamentaux des œuvres fictionnelles. Dans son article « Fire, Famine, and Slaughter [Le Feu, la famine et le massacre] » (2000), Barrell souligne comment, à travers les écrits de Burke et l'accusation de trahison portée par le gouvernement britannique en 1794 contre tous ceux qui soutenaient le projet de réforme parlementaire, le mot « imaginer », que l'on trouvait traditionnellement dans « les discours d'ordre esthétique et la psychiatrie », se retrouve profondément associé au débat politique[26]. Comme le remarque Barrell, cet acte de trahison avait besoin d'être imaginé : il n'était dès lors plus possible de concevoir l'imagination comme une faculté restreinte à la sphère de l'esthétique, et elle devint partie prenante de celle du politique. Cette idée se trouve au cœur de l'étude détaillée de Barrell, *Imagining the King : Figurative Treason, Fantasies of Regicide, 1793-1796* [*Imaginer le Roi : trahison figurative et fantasmes de régicide, 1793-1796*] (2000). Un détail qui se révèle tout à fait important dans l'usage du mot « imaginer » est au fondement de la lecture par Barrell des poésies que Coleridge compose contre le gouvernement dans les années 1790. Le critique reconnaît que Coleridge tente plus tard de séparer l'imagination du politique, notamment dans la *Biographia Literaria* (1817), mais il soutient que la polémique anti-gouvernementale entretenue par Coleridge constitue « un imaginaire du régicide[27] ». Alors que l'on considère habituellement que ces poèmes sont dirigés contre le Premier Ministre britannique, William Pitt, Barrell fournit de très nombreuses preuves contextuelles qui laissent penser que la véritable cible de Coleridge n'était autre que le Roi lui-même. Barrell émet l'hypothèse selon laquelle le texte de Coleridge contient de nombreuses références voilées et dissimulées aux mots « Roi [*King*] » ou « *rex* » pour étayer l'argument selon lequel il est impossible de considérer l'esthétique et la politique comme deux sphères parfaitement séparées l'une de l'autre.

L'interaction entre politique et esthétique est également au centre de l'étude fondamentale de Nicholas Roe, *Wordsworth and Coleridge : The Radical Years* [*Wordsworth et Coleridge : les années radicales*] (1988). La sensibilité de Roe aux subtilités formelles des textes littéraires est

26 « *discourses of aesthetics and psychiatry* », J. Barrell, « Fire, Famine and Slaughter », in *Ibid.*, t. II, p. 40.

27 « *regicidal imaginings* », *Ibid.*, t. II, p. 44.

articulée à une contextualisation précise des écrits des deux poètes durant leur période radicale, dans la décennie 1790. Dans son chapitre « "A Sympathy with Power" : Imagining Robespierre ["Sympathie pour le pouvoir" : imaginer Robespierre] », Roe montre par exemple que la pièce de Wordsworth *The Borderers* [*Les Frontaliers*] (1795-1797) exprime « la perception par Coleridge des similarités entre les abstractions arrogantes de Godwin et la politique visionnaire de Robespierre[28] ». Le critique détecte chez Wordsworth un intérêt pour la « science géométrique » comme un moyen de dépasser Godwin et il offre une lecture passionnante des « Lines Left upon a Seat in a Yew-Tree [Vers laissés sur un banc sous un if] » (1798) de Wordsworth, qu'il présente comme « l'épitaphe pour toute une génération d'hommes de bonne volonté, comme Coleridge et le poète lui-même, qui ont totalement perdu confiance dans la politique et la *Justice politique*[29] ». Une telle lecture exemplifie la façon dont la subtile entreprise critique de Roe traverse la frontière entre la forme littéraire et l'événement historique avec autant d'aisance et de force de conviction. À cet égard, Roe rompt avec l'idée promue par McGann d'une poésie romantique aux prises avec sa propre « fausse conscience » (*false consciousness*) et rend justice à la capacité de la poésie de devenir un important biais par lequel les opinions politiques et personnelles peuvent être (ré)organisées et (ré)affirmées.

On retrouve une approche similaire à celle de Roe dans l'article de Jeffrey N. Cox « Keats, Shelley, and the Wealth of the Imagination [Keats, Shelley et la richesse de l'imagination] » (1995 ; réédité plus tard dans *Poetry and Politics in the Cockney School : Keats, Shelley, Hunt, and their Circle* [*Poésie et politique de l'école* cockney *: Keats, Shelley, Hunt et leur cercle*] (1998)), mais le critique met l'accent sur le contexte biographique plutôt que politique. Dans cet article, Cox relit le célèbre échange sur le rôle de l'imagination dans la correspondance entre Keats et Shelley. Dans un geste qui rappelle la grotte de Mammon de Spenser[30], Keats y conjure

28 « *Coleridge's perception of the similarities between Godwin's arrogant abstractions and Robespierre's visionary politics* », N. Roe, *Wordsworth and Coleridge : the Radical Years*, in *Ibid.*, t. II, p. 152.

29 « *epitaph for a generation of good men like Coleridge and himself who had lost confidence in politics and* Political Justice », *Ibid.*, t. II, p. 157.

30 Dans le poème *The Faerie Queene* [*La Reine des fées*, 1596] d'Edmund Spenser, Mammon apparaît comme le dieu de l'avarice et de la cupidité, qui garde une grotte remplie de richesses *(note de la traductrice)*.

Shelley de « “garnir chaque cavité” de son sujet de minerai précieux[31] ». Une telle approche rappelle celle que Barrell adoptait pour Coleridge, dans la mesure où Cox opère, dans cet échange épistolaire entre Keats et Shelley, un transfert de la question de l'imagination vers la sphère économique. Le critique accorde une attention toute particulière au fait que, contrairement à son habitude (au moins si l'on considère le poète doué d'une « Capacité. Négative »), Keats mette l'accent sur l'égoïsme : il renvoie en réalité à un détail biographique qui nous apprend que, peu de temps auparavant, Shelley avait informé Leigh Hunt que Keats serait peut-être susceptible d'accorder un prêt à ce dernier. Cette dynamique personnelle explique que Cox mette en relief « l'importance des groupes dans la culture » (*importance of groups in culture*), en particulier la petite coterie d'auteurs liés à Hunt à cette époque, afin de lire la réponse de Keats à Shelley « comme une manière de régler ses comptes avec un poète qui se développait au même rythme que lui et représentait un défi pour son œuvre, comme une tentative de contrôler ses relations personnelles et poétiques avec Shelley qui avaient évolué à l'intérieur du cercle des proches de Hunt[32] ». Les circonstances biographiques et la situation économique que retrace Cox dans son ensemble sont, selon lui, au fondement de la réponse à la position de Keats que Shelley propose dans *A Defence of Poetry* [*Défense de la poésie*] (1821), qui assimile d'une part la poésie à « Dieu » et d'autre part « le principe égoïste » (*the selfish principle*) à « Mammon[33] ». Cox insiste sur le fait que le point de vue de Shelley sur cette question résulte d'un scepticisme de la part du poète à l'encontre de cette « monnaie de papier qui n'est qu'un pâle substitut de l'or[34] ». L'angoisse de Shelley sur les questions économiques est étroitement mêlée à la description esthétisée de la figure disparue de Keats[35] qu'il donne dans *Adonais* (1821), où Shelley « cherche le Keats éternel sous le masque et le manteau de son idéologie erronée de Mammon[36] ». En

31 « *“load every rift” of your subject with ore* », J. N. Cox, « Keats, Shelley, and the Wealth of the Imagination », in *Ibid.*, t. II, p. 59.

32 « *as a settling of accounts with a poet whose development paralleled and challenged Keats's own, an attempt to control his personal and poetic relations with Shelley as they had evolved within the Hunt circle* », *Ibid.*, t. II, p. 59.

33 *Ibid.*, t. II, p. 67.

34 « *paper money as a false substitution for gold* », *Ibid.*, t. II, p. 75.

35 Keats est mort en 1821 (*note de la traductrice*).

36 « *seeks the eternal Keats beneath the mask and mantle of his mistaken ideology of Mammon* », *Ibid.*, t. II, p. 75.

reliant les informations biographiques, contextuelles et textuelles, Cox brosse un tableau très abouti d'un moment historique et d'une genèse littéraire, ce qui rend possible certaines intuitions spéculatives capitales sur les relations qui unissent texte et contexte.

De son côté, William Keach remet en cause l'image établie depuis longtemps d'un Keats poète apolitique : il se concentre sur les interstices entre texte et contexte afin de modifier notre perception de Keats comme simple esthète. Keach s'est fait connaître pour son ingénieuse étude des formes poétiques dans *Shelley's Style* [*Le Style de Shelley*] (1984), et il prolonge cette réflexion dans son article « Cockney Couplets : Keats and the Politics of Style [Les Distiques *cockney* : Keats et la politique du style] », qui a été publié sous la forme d'une contribution à un numéro spécial de 1986 des *Studies in Romanticism* sur Keats et la politique, sous la direction Susan J. Wolfson. Il prend comme point de départ l'insulte adressée par Lockhart à Keats[37] et suggère que cette remarque désobligeante rend « possible de faire le lien entre politique et versification[38] ». Keach ne se contente pas de mettre en rapport le distique de Hunt et Keats et leurs opinions politiques libérales, mais il remarque que, tout particulièrement dans le cas de Hunt, il y avait une dimension conservatrice dans cette apologie de la forme du distique.

Alors qu'il pose d'importantes questions sur la relation (avérée ou non) entre la forme poétique et la sphère politique, tout en concédant qu'une telle connexion ne peut être prouvée sur le plan théorique, Keach affirme qu'il y a un réel bénéfice à penser les faits stylistiques « d'un point de vue historique ou politique[39] ». L'article de Keach est exemplaire dans la mesure où il rend possible de penser de manière intelligente et ouverte les processus d'influence et de fertilisation croisée entre style et politique, ce qui apparaît de manière évidente lorsqu'il analyse de manière très fine le poème de Keats « To Autumn [À l'automne] » (1820) et met en relief sa capacité de proposer au lecteur « une image idéalisée

37 Le critique John Gibson Lockhart (1794-1854), gendre de Walter Scott, avait dit en 1817 de Keats qu'il était un « poète *cockney* », terme qui désigne un quartier ouvrier de Londres et par extension l'argot qu'on y parle. Le parler *cockney* est aussi marqué par une sorte de versification improvisée, le *cockney rhyming slang*. Keats reprit l'injure à son compte et la revendiqua : avec Leigh Hunt, il devint l'un des représentants de la « Cockney School of Poetry » *(note de la traductrice).*

38 « *possible the linking of politics and versification* », W. Keach, « Cockney Couplets : Keats and the Politics of Style », in *Ibid.*, t. II, p. 164.

39 « *from a historical or political point of view* », *Ibid.*, t. II, p. 171.

et mythologique [...] qui sert de rempart contre une actualité historique négative avec laquelle Keats était certainement aux prises, mais qu'elle ne peut totalement mettre à distance[40] ». La position mesurée de Keach s'accorde ici fort bien avec son objet historique, dans la mesure où elle rend justice à la perfection émotive et formelle de la dernière ode de Keats, qui est elle-même un chef-d'œuvre de mesure et d'équilibre.

LE ROMANTISME ET SES MARGES : FEMMES ÉCRIVAINS ROMANTIQUES ET FIGURES « MINEURES »

Dans la lignée de l'étude historiciste de Marilyn Butler, *Romantics, Rebels, and Reactionaries*, beaucoup d'importants critiques anglo-saxons des XXe et XXIe siècles ont exploré les textes romantiques qui ont été relégués dans les marges des conceptions conventionnelles du romantisme, soit dès l'époque de leur composition, soit en raison des canons ultérieurs du goût littéraire. Les textes littéraires romantiques écrits par des femmes ou par des figures mineures de cette période démontrent à quel point les questions de « marginalité » étaient importantes et complexes à l'époque romantique. Elles restent toujours d'une grande actualité dans les études contemporaines.

Dans le sillage de la publication sous la direction d'Anne K. Mellor de l'important ouvrage collectif *Romanticism and Feminism* [*Romantisme et féminisme*] (1988), on a pu constater un intérêt critique notable pour ces aspects marginaux du romantisme : cette tendance a cherché à rétablir l'équilibre au sein d'un canon dominé par les auteurs masculins et s'est consacré avec beaucoup de zèle à promouvoir une forme de révisionnisme historique et à redécouvrir les femmes auteurs de la période. Une telle entreprise critique a mené à réaffirmer l'influence et l'importance de ces auteurs, notamment d'Anna Barbauld, Joanna Baillie, Felicia Hemans, Letitia Landon, Hannah More, Mary Robinson ou Anne Yearsley, ainsi qu'à fournir une nouvelle grille de lecture critique pour comprendre la

40 « *idealized, mythologized image... that fends off but cannot fully exclude a negative historical actuality which Keats was certainly in touch with.* », *Ibid.*, t. II, p. 174.

notion de sensibilité, les mécanismes du marché littéraire, ainsi que le rôle des femmes à la fois comme productrices et comme lectrices d'œuvres littéraires romantiques. Grâce à cette tentative de rétablir une forme d'équilibre au sein des études romantiques, ces critiques qui ont révisé et affiné notre compréhension historique de cette époque ont également mis en lumière des œuvres écrites par des auteurs prétendument « mineurs » (par exemple John Clare, George Crabbe et Leigh Hunt). Ces paradigmes historiques et critiques renouvelés ont également pris en charge d'étudier comment étaient représentées les femmes, à la fois dans leurs propres œuvres et dans les œuvres de leurs contemporains masculins.

L'article de Margaret Homans, « Keats Reading Women, Women Reading Keats [Keats lecteur des femmes, les femmes lectrices de Keats] » (1990), s'attache à montrer le rôle important joué par la notion de genre dans la représentation de la sensibilité poétique élaborée par Keats. La lecture d'Homans pose la question suivante : les méditations de Keats sur l'art de la poésie et sa théorie de la « Capacité. Négative » constituent-elles une féminisation générale de la fonction poétique ? Durant toute sa démonstration, Homans témoigne d'une grande attention à la complexité et à la labilité des relations de pouvoir entre les genres qui se manifestent dans les lettres de Keats et elle fait l'hypothèse très convaincante que « Keats fait de l'apparente féminité de sa capacité négative un moyen de renforcer le pouvoir et le plaisir masculins[41] ». Par conséquent, pour Homans, dans le projet créateur de la Capacité. Négative propre à Keats, le poète « préfère que les femmes restent des objets de contemplation distante[42] ». Le fait que Keats confère aux « figures de femme dans sa poésie » un statut subalterne d'objet reflète « sa peur de la véritable domination des femmes » qui, en tant que lectorat putatif, possèdent « le pouvoir de le faire échouer ou réussir sur le marché[43] ». Homans retrouve cette pulsion d'attraction-répulsion envers le féminin dans le mouvement qui anime l'« Ode to a Nightingale [Ode au rossignol] » (1819). D'après Homans, l'ode de Keats s'identifie dans un premier temps à la figure féminine que constitue l'oiseau et

41 « *[t]hat Keats habitually makes the apparent femininity of his negative capability enhance masculine power and pleasure* », M. Homans, « Keats Reading Women, Women Reading Keats », in *Ibid.*, t. III, p. 69.

42 « *prefers to keep women distinct as objects of vision* », *Ibid.*, t. III, p. 70.

43 « *figures of women in his poetry* », « *his fear of women's real dominance* », « *the power to make him fail or succeed in marketplace* », *Ibid.*, t. III, p. 71.

s'abandonne avec délice à « la perte délicieuse de l'identité » qui fait que le poème « se perd lui-même dans de belles images naturelles[44] ». Mais le poète reconnaît de manière tragique que cet acte de dissolution de soi ne constitue « qu'une autre forme de mort » et il ne se remet de cette prise de conscience qu'en méditant sur « la signification historique et mythique de l'oiseau[45] ». Homans suggère que, de cette manière, l'oiseau est objectifié comme « un rossignol générique », tandis que le poète revient à une identité stable, conscient du fait que « lire le féminin revient à être enfermé dans une identité, mais [que] ne pas le lire comporte le risque de devenir le fantôme d'une identité dispersée[46] ». Ici, et dans d'autres relectures que Margaret Homans propose de la poésie de Keats, la critique manifeste une réelle attention aux échanges complexes entre le regard masculin du poète et la figure qui est le sujet de ce regard et y est assujettie.

Dans une certaine mesure, Marlon B. Ross, dans son texte « Naturalizing Gender : Woman's Place in Wordsworth's Ideological Landscape [Naturaliser le genre : la place de la femme dans le paysage idéologique de Wordsworth] » (1986), se concentre, de la même manière qu'Homans dans ses relectures de Keats, sur « le désir masculin d'accéder à une identité propre » qui, à travers les « contours du désir masculin », fait de la femme l'inaccessible « objet de son désir[47] ». Tout comme Homans, Ross s'intéresse à la manière dont la figure féminine est « objectifiée[48] » dans la poésie de Wordsworth, mais il met beaucoup plus l'accent sur le rôle idéologique que le paysage joue dans ce processus. Selon Ross, les paysages poétiques de Wordsworth projettent le statut subalterne et culturellement construit des femmes sur l'ordre des choses de la nature, comme s'il existait une sorte de « hiérarchie des genres » naturelle, métaphysique et préexistante, selon laquelle « la femme devient une sous-espèce de l'humanité[49] ». À travers une série de lectures attentives

44 « *a pleasurable loss of identity* », « *loses itself in beautiful natural images* », *Ibid.*

45 « *only another form of death* », « *the bird's historical and mythical significance* », *Ibid.*

46 « *a generic nightingale* », « *[t]o read the female is to be confined in identity, and yet not to read her is to risk becoming a phantom of dispersed identity* », *Ibid.*, t. III, p. 77.

47 « *male's need for self-identity* », « *contours of masculine desire* », « *object of his desire* », M. B. Ross, « Naturalizing Gender : Woman's Place in Wordsworth's Ideological Landscape », *Ibid.*, t. III, p. 94.

48 « *objectified* », *Ibid.*, t. III, p. 95.

49 « *hierarchy of gender which the female becomes the subspecies of male humanity* », *Ibid.*, t. III, p. 95.

et convaincantes de la jeune Lucy (« Lucy Gray or Solitude [Lucy Gray ou la solitude] », 1798-1799), la jeune fille des Highlands écossais (« To the Highland Girl », 1807), et la faucheuse solitaire (« The Solitary Reaper », 1807), Ross conclut que les figures féminines des paysages de Wordsworth ne sont jamais autorisées à « apercevoir » ne serait-ce qu'une infime partie de la vision transcendante au sein de laquelle les forces naturelles et sociales fusionnent pour donner le sentiment d'un être unifié. À l'inverse, Wordsworth considère le « rôle des femmes comme secondaire[50] » et circonscrit par des « frontières naturelles[51] » et idéologiques qui sont gardées très attentivement par « les contours du désir masculin ».

À l'instar de nombreux critiques et éditeurs, Jonathan Wordsworth a beaucoup fait pour mettre en valeur l'étendue, la diversité et la richesse de l'œuvre des femmes auteurs de l'époque romantique. Dans son article « Ann Yearsley to Caroline Norton : Women Poets of the Period [De Ann Yearsley à Caroline Norton : les poétesses de la période] » (1995), Wordsworth remet en cause « notre tendance à examiner le début du romantisme au prisme de quelques grands noms seulement[52] ». Le critique renvoie aux milieux sociaux divers et variés dont sont issues les femmes romantiques de cette période, mais il démontre aussi qu'elles partageaient une expérience commune en termes de pressions économiques, politiques et personnelles. Wordsworth fait en particulièrement l'observation que ces pressions économiques et domestiques rendent d'autant plus étonnant le fait que Charlotte Smith, Mary Robinson, Ann Yearsley, Mary Tighe, Isabella Lickbarrow, Caroline Norton, Mary Bryan et Felicia Hemans aient réussi à produire des œuvres littéraires à un rythme aussi soutenu et avec une productivité aussi marquée. Le critique concède que Joanne Baillie est une sorte d'exception, dans la mesure où elle s'est révélée capable de défier « les hommes dramaturges de son époque depuis la sécurité de son foyer d'Hampstead et jusqu'à l'âge avancé de 88 ans[53] ». Dans son article, il se plaint de l'absence d'éditions critiques récentes de

50 « *woman's role as secondary* », *Ibid.*, t. III, p. 103.

51 « *natural boundaries* », *Ibid.*, t. III, p. 108.

52 « *our tendency to see the beginning of Romanticism in terms merely of a few distinguished names* », J. Wordsworth, « Ann Yearsley to Caroline Norton : Women Poets of the Period », in *Ibid.*

53 « *the male dramatists of the day from the security of a family home in Hampstead and living to be eighty-eight* », *Ibid.*, t. III, p. 151.

ces poétesses et attire l'attention du lecteur sur les écrits moins familiers de Susan Blamire, sur les *Sonnets and Metrical Tales* [*Sonnets et contes versifiés*] (1814) de Mary Bryan et sur les *Poetical Effusions* [*Effusions poétiques*] (1814) d'Isabella Lickbarrow. Ces femmes auteurs moins célèbres et leurs œuvres sont examinées plus en détails dans son introduction aux *Woodstock Facsimiles* (1994)[54]. L'inquiétude de Wordsworth quant à la pénurie d'éditions critiques a eu une réponse à travers la publications d'un bon nombre d'éditions convaincantes, parmi lesquelles, depuis la publication par Stuart Curran des *The Collected Poems of Charlotte Smith* (1994), *The Poems of Anna Laetitia Barbauld* (1994), édités par William McCarthy et Elizabeth Kraft, ainsi qu'une édition électronique de ses *Poems* [*Poèmes*] (1773), sous la direction de Lisa Vargo et Allison Muri. Il existe désormais une édition accessible de la poésie de Lickbarrow, éditée par Constance Parish en 2004, ainsi que de vastes anthologies des écrits romantiques féminins, dont *Romantic Women Writers 1770-1828* [*Femmes auteurs romantiques 1770-1828*] (1995) d'Andrew Ashfield, *Women Romantic Poets, 1785-1832 : An Anthology* [*Poétesses romantiques, 1785-1832 : une anthologie*] (1992 ; édition révisée en 1994) de Jennifer Breen et, plus récemment, *Women's Writing 1778-1838 : An Anthology* [*Écrits de femme 1778-1838 : une anthologie*] (2001) par Fiona Robertson. Dans son désir d'offrir une vision plus complète et précise de la période romantique, Wordsworth se fait l'avocat du caractère central de ces femmes auteurs et de leur œuvre dans le projet romantique, en particulier en ce qui concerne l'énergie vitale qu'elles exercèrent sur la poésie de William Wordsworth et de John Keats, entre autres. Le fait de détecter dans les ouvrages d'auteurs contemporains masculins des échos significatifs de ces voix et ces sensibilités féminines confirme la contribution importante apportée par les femmes auteurs à la culture littéraire romantique et reconfigure de manière décisive la cartographie des influences entre les œuvres de cette période et au-delà.

54 J. Wordsworth, *The Bright Work Grows : Women Writers of the Romantic Age* (1997).

LE ROMANTISME ET LES AUTRES CONTEXTES : ORIENTALISME, POST-COLONIALISME, SCIENCE, MÉDECINE ET ÉCOCRITIQUE

Les constructions du romantisme dans la critique anglo-saxonne ont trouvé avec la parution de l'*Orientalism* [*L'Orientalisme*, 1978] d'Edward Said de nouvelles manières de contextualiser et de configurer les aspects esthétiques et imaginaires de l'écriture de l'époque. L'étude de Said se concentre sur une exploration de la façon dont l'Occident a construit l'Orient pour en faire une figure de l'« Autre » séduisant. La cartographie qu'établit Said des relations entre Occident et Orient a produit de nouvelles manières d'aborder la fascination de la littérature romantique pour les sujets et les décors orientaux (comme par exemple dans les poèmes orientaux de Byron). Dans son article « *Kubla Khan* and Orientalism : The Road to Xanadu Revisited [*Kubla Khan* et l'orientalisme : la route de Xanadu revisitée] », Nigel Leask, qui s'est révélé l'un des critiques les plus éminents dans ce champ des études sur le romantisme, affiche sa défiance à l'encontre des lectures qui ont, à la suite de Coleridge, considéré le poème de 1797 comme une « curiosité psychologique[55] » et comme un texte qui se penchait de manière auto-réflexive sur sa propre invention. Partant de *The Road to Xanadu* [*La Route de Xanadu*] (1927) de John Livingstone Lowe, ainsi qu'il le reconnaît subtilement, Leask cherche à réétablir « la spécificité géographie du décor oriental [de *Kubla Khan*] qui est absent dans la version finale et canonique qui a été publiée du poème en 1816[56] ». À travers une lecture attentive et détaillée de « The Politics of the Chinese garden [La Politique du jardin chinois[57]] », Leask conclut que l'usage par Coleridge du décor oriental dans son poème lui permet, dans les trente-six premiers vers, de critiquer de manière oblique le climat d'oppression que font peser les Conservateurs.

55 « *psychological curiosity* », N. Leask, « *Kubla Khan* and Orientalism : The Road to Xanadu Revisited », in *Ibid.*, t. II, p. 179.

56 « *a geographical specificity to* [Kubla Khan's] *oriental setting absent in the final, "High Romantic" published version* », *Ibid.*

57 *Ibid.*, t. II, p. 189.

À ce titre, Leask considère les huit derniers vers du poème comme l'expression d'une alternative au « despotisme oriental » et d'une réaction contre un système despotique oppressif incarné par « le contrôle absolu de Kubla sur la production esthétique[58] ». L'interprétation du « Kubla Khan » de Coleridge abolit la frontière entre l'activité critique qui consiste à accorder une attention extrême aux détails du texte et le déchiffrement complexe des codes politiques et culturels.

La fascination que manifeste Leask pour la « spécificité géographique » du décor oriental choisi par Coleridge dans *Kublan Khan* renvoie à d'autres lectures post-coloniales des œuvres de l'époque romantique qui se concentrent sur les représentations de l'espace et les questions qu'elles soulèvent. Dans le sillage des diverses interprétations post-coloniales suscitées par les romans de Walter Scott, Saree Makdisi pose dans son article de 1995, « Colonial Space and the Colonization of Time in Scott's *Waverley* [Espace colonial et colonisation du temps dans *Waverley* de Scott] » cette question fondamentale : « comment l'espace, conçu comme un processus matériel et politique fluide et simultané, est-il produit ou reproduit à l'époque de la conquête coloniale[59] ? ». Makdisi propose ainsi une cartographie des relations spatiales (et temporelles) entre Highlands et Lowlands, entre passé et présent (réels ou imaginaires) dans *Waverley* (1814) de Scott.

Ce qui en émerge, nous suggère le critique, est que le roman « essentialise des dualismes[60] » au sein desquels les Highlands sont identifiés à un passé définitivement révolu, tandis que les Lowlands et l'Angleterre sont associés au présent. Scott peut faire preuve d'une forme d'empathie envers ce passé disparu, mais *Waverley* promeut un récit historique dans lequel les Hanovriens battent les Jacobites. Néanmoins, le récit de Scott « doit affronter une crise de la représentation qu'il a lui-même instaurée[61] » : celle-ci repose sur l'usage problématique du statut du passé (symbolique ou réel) et du passé lui-même, en particulier dans sa fonction symbolique, élaboré en un « espace contesté[62] » et inventé au

58 « *Kubla's paramount control of aesthetic production* », *Ibid.*, t. II, p. 195.

59 « *how is space, as a fluid and simultaneous material and political process, produced or re-produced during the process of colonial conquest ?* », *S. Makdisi, « Colonial Space and the Colonization of Time in Scott's* Waverley », in *Ibid.*, t. II, p. 199.

60 « *essentializing dualisms* », *Ibid.*, t. II, p. 204.

61 « *confronts a representational crisis of its own making* », *Ibid.*, t. II, p. 213.

62 « *contested space* », *Ibid.*, t. II, p. 215.

sein du présent. Dans ce contexte, Makdisi affirme que le *Waverley* de Scott réinvente le « passé Jacobite » pour le « présent des Lowlands[63] » dans une visée coloniale propre. Dans les faits, le roman de Scott représente la colonisation des Highlands par les Britanniques comme « la répétition d'un projet colonial plus large de la part de l'Angleterre[64] ». Pourtant, la « crise de la représentation » (*representational crisis*) présente dans *Waverley* rend également possible de déceler une contestation des valeurs coloniales incorporées dans la cartographie spatiale et temporelle imaginaire élaborée par le roman de Scott et de mettre au jour la reconfiguration des événements historiques contemporains que cette contestation organise. Pour Makdisi, le roman de Scott est un cas dans lequel « la vision coloniale n'est jamais univoque et non-problématique[65] ». Ainsi, *Waverley* émerge de manière cruciale comme une retraite du présent historique et comme une méditation élégiaque sur un passé des Highlands perdu, mais en réalité totalement inventé.

Les projections dans un avenir imaginaire constituent également une partie intégrante des passés imaginaires coloniaux. L'exploration fine que propose Fiona Robertson des « British Romantic Columbiads [Colombiades romantiques de Grande-Bretagne] » (1998) prend comme point de départ le texte inachevé de William Robertson *The History of America* [*L'Histoire de l'Amérique*] (1777). La critique note que le caractère inachevé de ce texte historique renvoie à « une histoire coloniale intégrée qui ne s'est jamais réalisée[66] ». Cet état inachevé préfigure également les conditions textuelles de ces « épopées des Amériques » (*Columbiads*) qui relatent « les débuts et le développement des États-Unis[67] ». Fiona Robertson se concentre sur la façon dont des poètes romantiques comme William Bowles, Robert Southey et Samuel Rogers ont imaginé l'espace géographique de l'Amérique qui, avant la Guerre d'Indépendance, était une colonie britannique ayant de surcroît des origines complexes en lien avec « l'histoire coloniale espagnole[68] ». À des degrés qui varient au gré des perspectives mouvantes et de l'ironie de l'histoire, les « épopées des

63 « *Jacobite past* », « *Lowland present* », *Ibid.*, t. II, p. 219.

64 « *a rehearsal of Britain's larger colonial project* », *Ibid.*, t. II, p. 222.

65 « *colonial vision is never straightforward and unproblematic* », *Ibid.*, t. II, p. 224.

66 « *an integrated colonial history which was never to be* », F. Robertson, « British Romantic Columbiads », in *Ibid.*, t. II, p. 231.

67 « *the beginning and growth of the United States* », *Ibid.*, t. II, p. 234, 235.

68 « *Spanish colonial history* », *Ibid.*, t. II, p. 232.

Amériques » composées par ces trois poètes rationalisent cette partie de l'histoire nationale en montrant qu'elle se développe comme « une étape dans une histoire providentielle[69] ». Cette manière de donner du sens à un passé complexe et à un avenir incertain constitue pour Robertson un exemple important de la manière dont les représentations du passé historique à l'époque romantique étaient inévitablement informées par les angoisses du présent. L'imaginaire mis en place par les romantiques a beau être profondément marqué par l'histoire, il est aussi influencé de manière indélébile par les perspectives du moment présent de leur invention.

Que l'histoire constitue une série de récits ou de textes (et que l'historicité elle-même soit une forme de textualité) est une idée qui préoccupe les critiques historicistes et leur offre également des angles d'approche très productifs. Elle informe par exemple l'ouvrage d'Helen Thomas *Romanticism and Slave Narratives : Transatlantic Testimonies* [*Romantisme et récits d'esclave : témoignages transatlantiques*] (2000) qui, en mettant en relief l'implication de la Grande-Bretagne dans le commerce des esclaves, « explore les productions culturelles de la période [romantique] depuis [ce] contexte historique et idéologique révisé[70] ». La critique affirme que, si l'on tient compte de la « considérable distance idéologique[71] », les œuvres des poètes et les écrivains de la première génération romantique apparaissent clairement comme « les produits des mêmes influences historiques » (*products of the same historical influences*) que les récits d'esclaves. En définitive, pour Thomas, ces modes d'écriture distincts sont similaires dans l'intérêt qu'ils manifestent pour les opérations mémorielles, subjectives et historiques qui sont perçues comme des « moments de témoignage spirituel[72] ». Par exemple, Thomas propose une lecture des « poèmes-conversations » de Coleridge qui en fait des adaptations des « récits de libération spirituelle » se concentrant sur « les concepts d'imagination et d'individu, plutôt que sur le collectif[73] ». Thomas fait l'éloge de

69 « *as a stage in providential history* », *Ibid.*, t. II, p. 249.

70 « *explores the [Romantic] period's cultural productions from [this] revised historical and ideological context* », H. Thomas, *Romanticism and Slave Narratives : Transatlantic Testimonies*, in *Ibid.*, t. II, p. 254.

71 « *considerable ideological distance* », *Ibid.*, t. II, p. 256.

72 « *moments of spiritual witness* », *Ibid.*

73 « *the concept of the imagination and the individual, rather than the collective self* », *Ibid.*, t. II, p. 268.

William Blake pour sa confrontation directe et sans compromission avec « l'esclavage physique et spirituel » (*physical and spiritual enslavement*) dans ses *Visions of the Daughters of Albion* [*Visions des filles d'Albion*] (1793), ainsi que dans ses autres textes visionnaires. Mais pour Thomas, il n'en va pas de même avec Wordsworth, qui échoue à s'attaquer directement à la question de l'esclavage quand, dans un sonnet dédié à Toussaint L'Ouverture, qui avait pris la tête de la rébellion à Saint-Domingue, le poète « évite toute discussion de la notion de race[74] » et s'abstient de tout appel à la liberté. Dans un geste qui rappelle la méfiance de McGann pour les « déplacements » imaginaires des romantiques dans *The Romantic Ideology*, Thomas lit la poétique de Wordsworth comme un rempart fictionnel contre les assauts réels de l'histoire.

Dans ce siècle et au précédent, les critiques anglo-saxons du romantisme ont proposé des investigations plus poussées du contexte et ont étudié dans quelle mesure les œuvres romantiques reflètent et transmettent les connaissances médicales de leur époque. Cet intérêt pour les sciences a aussi conduit certains critiques du romantisme à déceler dans les écrits de l'époque une préfiguration de nos préoccupations pour l'environnement et la crise écologique. L'exploration de la « science de l'esprit » constitue ainsi un champ émergent dans le champ du romantisme et des sciences, avec à sa tête Alan Richardson. Le titre de la longue étude de Richardson *British Romanticism and the Science of the Mind* [*Le Romantisme britannique et la science de l'esprit*] (2001) met l'accent sur l'aspect biologique plutôt qu'environnemental dans l'étude de ce qui a été récemment reconnu comme « une nouvelle manière psychologique d'apprécier la vie mentale inconsciente et la cognition incarnée[75] ». La lecture que propose Richardson de Jane Austen nous en apprend beaucoup sur son approche de la vie de l'esprit et sur cette « cognition incarnée », de même que sur les perspectives changeantes développées à l'époque à ce sujet. Pour Richardson, *Mansfield Park* (1814) constitue un exemple caractéristique de roman du début de l'époque romantique dans lequel le personnage apparaît comme une construction soumise aux pressions et aux influences de l'environnement, ainsi que l'atteste le dénouement du texte. Richardson démontre qu'il s'agit là d'une peinture « lockéenne »

74 « *avoids any discussion of race* », *Ibid.*, t. II, p. 278.

75 « *new psychological appreciation of unconscious mental life and embodied cognition* », A. Richardson, *British Romanticism and the Science of the Mind*, in *Ibid.*, t. II, p. 302.

du personnage qui diffère remarquablement de l'explication binaire du personnage qu'Austen met en relief dans *Persuasion* (1817). Richardson considère que cette première explication donnée par Austen sanctionne « une vision imperturbablement dualiste et parfaitement en accord avec les conceptions orthodoxes de l'âme », tandis que la seconde, qui est représentée par les effets de la chute de Louisa Musgrove[76] dans les escaliers de la Nouvelle Jetée, associe « les actes mentaux à des fonctions cérébrales discontinues[77] ». Richardson soutient que, lors de sa description de la seconde de ces explications, durant la convalescence de Louisa, Austen développe un nouveau style, qui entre en résonance avec les débats contemporains sur la relation précise entre l'esprit et le cerveau et témoigne d'une sensibilité à la manière dont « les impulsions émotionnelles, cognitives et psychologiques sont prises dans un processus complexe d'action/réaction[78] ». Bien des intuitions que cette posture rend possibles sont dues à la manière habile dont Richardson convoque des discours contextuels divers mais complémentaires au sujet de la vie et de la « science de l'esprit » à l'époque romantique.

C'est la même attention au contexte qui a contribué à établir clairement jusqu'à quel point le discours médical informait le langage de la politique et de la culture de l'époque. Alan Bewell, auteur de *Romanticism and the Discourse of Colonial Disease* [*Le Romantisme et le discours de la maladie coloniale*] (1999), effectue des rapprochements très convaincants entre la médecine et les textes romantiques dans son étude « "Cholera Cured Before Hand" : Coleridge, Abjection, and the "Dirty Business of Laudanum" » [« "Le Choléra guéri par avance" : Coleridge, l'abjection et le "sale commerce du laudanum" »] (1998). La citation présente dans l'intitulé de l'article de Bewell reprend le titre de la « diatribe politico-médicale » au ton satirique qu'engage Coleridge au sujet du débat sur les réformes politiques de 1831-1832 et tout particulièrement, ainsi que le montre Bewell, de « l'association effectuée par la classe moyenne entre les réformes sociales et l'épidémie de choléra[79] » et dans laquelle il se coule

76 Il s'agit de la rivale du personnage principal, Anne Elliot *(note de la traductrice).*

77 « *[an] unabashedly dualistic and in line with orthodox notions of the soul* », « *mental acts with discrete brain functions* », *Ibid.*, t. II, p. 307.

78 « *emotional, cognitive, and physiological impulses engaged in a complicated dance of action and reaction* », *Ibid.*, t. II, p. 317.

79 « *the middle class association of the politics of Reform with the cholera epidemic* », A. Bewell, « "Cholera Cured Before Hand" : Coleridge, Abjection, and the "Dirty Business of

dans la posture d'un « réformateur issu de la classe laborieuse ». D'après Bewell, le poème donne ici raison à la classe dirigeante et se moque des classes les plus pauvres, dans la mesure où, en dépit de sa sympathie pour ces dernières, Coleridge ne les croyait pas capables de « jouer un rôle dans le gouvernement de la nation[80] ». Le caractère conflictuel des opinions politiques de Coleridge à ce moment précis n'avait d'égale que sa relation compliquée avec les figures du laudanum et du choléra, dans la mesure où les effets du premier (dont Coleridge cherchait à se sevrer) étaient bien connus pour leurs « vertus anti-cholériques[81] ». De manière ironique, Coleridge se retrouve dès lors soumis à une forme de double contrainte où sa relation à l'Orient va jouer un rôle important. Au moment même où Coleridge cherche à se libérer, ainsi que le développe Bewell, « d'un poison oriental (le laudanum), l'autre poison venu d'Orient (le choléra) le remplace[82] ». En dépit du caractère profondément satirique du poème de Coleridge, Bewell affirme qu'un faisceau de preuves « suggère que [le poète] croyait vraiment avoir enduré cet état d'abjection qu'il associait à l'esclavage et aux classes laborieuses[83] ». Comme dans d'autres lectures historicistes et contextualisantes, Bewell fait usage de plusieurs strates de matériau contextuel provenant de l'horizon biographique, politique et médical afin de proposer un nouveau regard sur les positions politiques incertaines de Coleridge à cette époque.

Ailleurs dans son ouvrage sur les influences des discours médicaux sur les maladies coloniales à l'époque romantique, Bewell entremêle les aspects biographiques, politiques et médicaux, ce qui lui permet de mettre en relief l'empreinte des discours médicaux au sujet de la fièvre tropicale et de la tuberculose sur le langage employé par Keats dans « To Autumn ». De la part de Keats, cette ode constitue une tentative courageuse mais tragique de tenter de se libérer de sa situation personnelle et de créer un environnement, imaginaire ou non, qui apparaisse comme proprement anglais et dans lequel une respiration paisible, poétique comme réelle, soit possible. Dans ce siècle comme au précédent, « To

Laudanum" », in *Ibid.*, t. II, p. 345.

80 « *play a role in governing the nation* », *Ibid.*, t. II, p. 354.

81 « *anti-choleric aspects* », *Ibid.*, t. II, p. 355.

82 « *of one Eastern poison (laudanum), the other Eastern poison (cholera) took its place* », *Ibid.*, t. II, p. 357.

83 « *suggest that [the poet] believed that he had undergone the state of abjection that he associated with slavery and the working class* », *Ibid.*, t. II, p. 358.

Autumn » de Keats s'est imposé comme un important laboratoire qui a permis toute une série de réévaluations critiques du romantisme dans le monde anglo-saxon. Cela est vrai également de l'approche écocritique développée par Jonathan Bate dans « Living with the Weather [Vivre avec le temps] », étude d'abord publiée dans un numéro spécial des *Studies in Romanticism*, dirigé par Bate, sur le « romantisme et l'écologie » (« Green Romanticism ») and inclus ensuite dans son étude approfondie d'écocritique *The Song of the Earth* [*Le Chant de la terre*] (2000). Dans « Living with the Weather », Bate prend comme point de départ la vision apocalyptique du poème de Byron « Darkness [Ténèbres] » (1816), écrit à l'occasion de l'éclipse de soleil causée par un nuage de cendres après l'éruption du volcan Tambora en Indonésie (1815). Bate remarque qu'à l'inverse de nombreux critiques récents du romantisme, Byron « ne sépare pas la culture de la nature[84] ». Bate identifie cette division entre culture et nature comme une conséquence de « la critique littéraire des années 1980, très marquée par l'idéologie[85] » et qui elle-même résultait de la guerre froide et des tensions qu'elle occasionnait. Bate considère que l'antidote à ce genre de critique apparaîtra quand un « New Geographism » aura remplacé le « New Historicism[86] ». Si McGann trouvait dans « To Autumn » une tendance à vouloir fuir le climat politique de la Régence et à se réfugier dans l'art, Bate trouve dans cette ode un souci très profond des questions météorologiques, qui témoigne d'une attention à la fragilité de la nature et à l'intégrité de l'existence. En écho à la lecture que Bewell proposait de « To Autumn », Bate reconnaît que la discussion sur le temps et la qualité de l'air que l'on peut respirer est, lorsque l'on est rongé par la consomption comme Keats, une question d'une extrême gravité. La respiration est un processus naturel et vital qui, bien qu'il assure notre survie, est facilement considéré comme acquis et peut être vite détérioré, avec des conséquences extrêmement sérieuses. Pour Bate, « To Autumn » montre que Keats reconnaît l'équilibre délicat et les relations d'interdépendance entre l'humain et la nature pour finir par se réjouir, à l'instar de Coleridge dans « Frost at Midnight [Gel à minuit] » (1798), de l'existence d'une

---

84 « *does not set culture apart from nature* », J. Bate, « Living with the Weather », in *Ibid.*, t. II, p. 398.

85 « *ideologically-inflected literary criticism of the 1980s* », *Ibid.*

86 *Ibid.*, t. II, p. 399. Le *New Historicism* est un courant de critique littéraire développé dans le monde anglo-saxon par Stephen Greenblatt *(note de la traductrice)*.

« unité écologique fragile, belle et nécessaire[87] ». L'ode de Keats et ses significations complexes « en vient à ressembler », d'après la lecture de Bate, « à un écosystème bien régulé[88] ». Le propre mode d'écocritique développé par Bate atteint son but grâce à l'attention soutenue du critique historiciste aux détails du contexte de la période et à la sensibilité du formaliste aux traits textuels et aux formes signifiantes.

GENRES, FORMALISME ET ROMANTISME

En ce qui concerne les formes et les genres de l'écriture romantique, les critiques anglo-saxons concernés par ce type de questions importantes ne se laissaient pas décourager par la domination de cette « critique littéraire des années 1980 très marquée par l'idéologie » identifiée par Bate. Près de vingt ans plus tôt, dans un important article intitulé « Structure and Style in the Greater Romantic Lyric [Structure et style du grand poème lyrique romantique] » (1965), M. H. Abrams avait caractérisé le mouvement typique du « grand poème lyrique romantique » comme consistant à « revenir à son point de départ, à la scène extérieure, mais avec un état d'esprit différent et une compréhension plus profonde qui est le résultat de la méditation survenue entretemps[89] ». On considère que le schéma mis en relief par Abrams s'applique à tous les grands poètes romantiques, à l'exception de Byron. Le fait que le poète constitue une exception au modèle du lyrisme romantique construit par Abrams entre ici en résonance avec les objections véhémentes formulées par Jerome McGann dans les années 1980 à l'encontre de la critique générale du romantisme produite par Abrams et, ainsi que nous l'avons vu, plus largement, à l'encontre de la Yale School of Romanticism.

L'attention que porte Abrams aux rapports entre forme littéraire, voix et concept romantiques est toujours vivace dans la tradition anglo-saxonne : ce fait est attesté par un nombre d'études récentes, parmi

87 « *fragile, beautiful, necessary ecological wholeness* », *Ibid.*, t. II, p. 409.

88 « *comes to resemble [...] a well-regulated eco-system* », *Ibid.*, t. II, p. 404.

89 « *upon itself to end where it begun, at the outer scene, but with an altered mood and deepened understanding which is the result of the intervening meditation* », M. H. Abrams, « Structure and Style in the Greater Romantic Lyric », in *Ibid.*, t. I, p. 197.

lesquelles *Romanticism and the Uses of Genre* [*Le Romantisme et l'usage des genres*] (2009) de David Duff et un recueil collectif d'articles sous la direction d'Alan Rawes, *Romanticism and Form* [*Le Romantisme et la forme*] (2007). À la fin des années 1980, pourtant, l'un des plus fervents plaidoyers en faveur de l'importance de la forme dans les études romantiques est venu du livre fondamental de Stuart Curran, *Poetic Form and British Romanticism* [*Forme poétique et romantisme anglais*] (1986). L'étude de Curran montre comment, dans leurs œuvres, les romantiques ont conféré à la forme poétique des usages auto-réflexifs et très complexes. Cette utilisation intelligente de la forme poétique donne une tout autre dimension à l'usage du genre par les romantiques et, selon Curran, dans leur rapport à la fois à la forme et au genre, les romantiques « n'en restent jamais à une position statique, même lorsqu'ils élaborent des structures qui rendent compte d'un mouvement mental permanent[90] ». Au centre de l'approche de Curran se trouve l'intuition que les romantiques adoptent une démarche consciente d'elle-même en déployant les « éléments constitutifs » d'un genre à un tel degré qu'ils deviennent « auto-réflexifs dans leur conception elle-même[91] ». Cette dimension auto-réflexive, en particulier chez la deuxième génération des écrivains romantiques, permet d'élaborer un scepticisme sain dont découle une liberté envers des formes et des genres poétiques qui, autrement, entraveraient l'artiste par leurs « pressions idéologiques[92] ». De telles approches créatives du genre ont une affinité avec les « stratégies déconstructrices de la poésie romantique anglaise » et rendent possible une forme d'art expérimentale et politiquement habile.

Le fait de mettre de plus en plus l'accent sur ces formes poétiques auto-réflexives et conscientes d'elles-mêmes a constitué un trait notable du travail effectué par ces critiques, qui ont résisté à la subordination effectuée par la critique historiciste des questions de forme à l'idéologie. Michael O'Neill, auteur de *Romanticism and the Self-Conscious Poem* [*Le Romantisme et le poème auto-réflexif*] (1997), soutient de manière convaincante dans son essai sur Shelley « "The Mind Which Feeds This Verse" : Self- and Other-Awareness in Shelley's Poetry ["L'Esprit qui nourrit

90 « *never remained still, even when formulating structures encompassing ceaseless mental movement* », St. Curran, *Poetic Form and British Romanticism*, in *Ibid.*, t. I, p. 228.

91 « *self-reflexive in their very conception* », *Ibid.*

92 « *ideological pressures* », *Ibid.*, t. I, p. 226.

ce vers" : la conscience de soi et de l'autre dans la poésie de Shelley] » (1993) que « le drame de la carrière de Shelley en tant que poète provient qu'il reconnaît sans aucune complaisance et de manière évolutive l'importance culturelle de la poésie[93] ». Rompant avec l'accusation violente de McGann, qui voyait chez Shelley « une assimilation dénuée de toute distance critique des représentations que le romantisme donne de lui-même[94] », O'Neill considère Shelley comme un poète disposant d'une conscience de lui-même complexe : attentif aux avantages et aux inconvénients qu'une telle conscience accorde dans le cadre du processus de création, il est un « poète des perspectives croisées » qui est « loin de refuser l'examen critique » lorsqu'il s'agit des modes de « représentations » poétique qu'il s'est choisis[95].

Pour ces critiques du genre et de la forme poétiques, la poésie romantique possède une conscience d'elle-même très élaborée qui est loin d'être un simple trait de mimétisme historique. L'exigence d'analyser et de mettre en relief les opérations subtiles et la vie et la conscience internes de la poésie informe l'étude sagace d'Helen Vendler *The Odes of John Keats* [*Les Odes de John Keats*] (1983). Dans un article plus tardif, « Keats and the Uses of Poetry [Keats et les usages de la poésie] » (1988), la critique reconnaît l'aspect « politique radical » de Keats, mais soutient que, chez le poète, cette dimension politique est impossible à séparer de sa conscience poétique des faiblesses que présente son œuvre précoce, dans laquelle, ainsi que l'explique Helen Vendler, « les revendications de fonctions sociales assignées à la poésie [...] sont simplement proclamées, sans être incarnées sur le plan poétique[96] ». D'après la critique, le développement poétique de Keats est marqué par un éloignement progressif vis-à-vis de la conception de la « fonction thérapeutique de la poésie » et par un passage à une conceptualisation de cette dernière comme « un art de la médiation, oraculaire et sacerdotal[97] ». Vendler est catégorique lorsqu'il s'agit de défendre l'idée que l'esthétique doit

93 « *The drama of Shelley's career as a poet arises out of his uncomplacent and evolving recognition of the cultural significance of poetry* », M. O'Neill, « "The Mind Which Feeds This Verse" : Self- and Other-Awareness in Shelley's Poetry », in *Ibid.*, t. I, p. 244.

94 « *uncritical absorption in Romanticism's own self-representations* », *Ibid.*, t. I, p. 246.

95 « *a poet of crisscrossing perspectives* », *Ibid.*, t. I, p. 244 ; « far from uncritical », *Ibid.*, t. I, p. 246.

96 « *claims for the social functions of poetry [...] are asserted merely, not poetically enacted* », H. Vendler, « Keats and the Uses of Poetry », in *Ibid.*, t. I, p. 295.

97 « *as a mediating, oracular, and priestlike art* », *Ibid.*, t. I, p. 297.

avoir son espace propre et que, en dernière instance, la poésie de Keats (comme par exemple à la fin de « To Autumn ») veut s'apparenter au « principe » symbolique et « esthétique de la musique[98] ». Par là-même, l'article de Vendler offre une forte riposte aux critiques qui se concentrent sur l'idéologie et considèrent que « le devoir d'un artiste relève du mimétisme historique[99] ».

Le livre de Susan J. Wolfson *Formal Charges : The Shaping of Poetry in British Romanticism* [*Charges formelles : la formation de la poésie dans le romantisme anglais*] (1997) associe de manière très convaincante de nombreux discours théoriques tout en accordant une réelle attention aux détails textuels et au fonctionnement de la forme poétique. L'originalité de l'approche de la critique tient beaucoup à son intuition que cette conscience poétique défendue par Vendler et O'Neill en dit long sur les visées sociales et politiques des écrits des poètes romantiques. Susan Wolfson considère la forme poétique comme le principe vital déterminant de la poésie romantique, lequel détermine une œuvre de l'intérieur (en fonction de ses structurations internes) et de l'extérieur (en réaction à des pressions culturelles exogènes). Son néo-formalisme permet un dialogue entre les approches critiques de type formaliste et historiciste en articulant les différentes manières dont la forme du texte est conditionnée à la fois par des principes esthétiques intrinsèques et auto-régulateurs et par des forces historiques extrinsèques et coercitives.

Le type de formalisme critique agrémenté d'une inflexion théorique que promeut Wolfson se rapproche de nombre d'approches critiques récentes qui s'emploient à mettre en relief les différentes opérations autour de la forme poétique à travers toute une série de perspectives théoriques. Un recueil d'essais critiques a paru très récemment sous le titre *Romanticism and Philosophy : Thinking with Literature* [*Romantisme et philosophie : penser avec la littérature*] (2015) et sous la direction de Sophie Laniel-Musitelli et Thomas Constantinesco : on y trouve une série d'articles par Christoph Bode, Edward Duffy, Angela Esterhammer, Arkady Plotnitsky ou Laura Quinney qui, à partir de théories diverses (comme le sous-titre le suggère), cherchent à penser les effets de la formes littéraire. Mais d'importantes études se sont également concentrées sur la forme littéraire dans sa relation à l'histoire intellectuelle et aux

98 « *aesthetic principle of music* », *Ibid.*, t. I, p. 303.

99 « *the artist's duty is a historically mimetic one* », *Ibid.*

perspectives théoriques, parmi lesquelles *The Dark Interpreter : The Discourse of Romanticism* [*L'Interprète sombre : le discours du romantisme*] (1980) de Tilottama Rajan, *The Sculpted Word : Keats, Ekphrasis, and the Visual Arts* [*Le Mot sculpté : Keats, l'ekphrasis et les arts visuels*] (1994) de Grant F. Scott et *Poetics of Self and Form in Keats and Shelley : Nietzschean Subjectivity and Genre* [*Poétique du moi et de la forme chez Keats et Shelley : subjectivité nietzschéenne et genre*] (2005) de Mark Sandy.

Rajan et Sandy lisent l'esthétique romantique comme une théorie qui anticipe la philosophie de Nietzsche : ces lectures entrent en résonance avec celle de John Kerrigan dans « Revolution, Revenge, and Romantic Tragedy [Révolution, vengeance et tragédie romantique] » (1995). Kerrigan est conscient des débats romantiques autour du genre de la tragédie de la vengeance et du contexte européen dans lequel cet important genre dramatique a émergé à l'époque romantique. Selon lui, le drame lyrique de Shelley, *The Cenci* [*Les Cenci*] (1819), permet d'amplifier le « fatalisme vengeur » (*retributive fatalism*) que Byron développe dans la dernière scène de *Marino Faliero* (1821) et d'en faire les « prémices de l'éthique révolutionnaire annoncée par Nietzsche[100] ». D'autres études témoignent elles aussi de la conscience développée par Kerrigan de la centralité du drame à l'époque romantique : on songe notamment à *Shakespeare and the English Romantic Imagination* [*Shakespeare et l'imagination romantique anglaise*] (1986) de Jonathan Bate et *Romantic Drama : Acting and Reacting* [*Le Drame romantique : action et réaction*] (2009) de Frederick Burwick.

Cette redécouverte de l'importance de genres qui avaient été jusque-là relativement négligés a également donné lieu à une réévaluation de la parodie et de la satire à cette époque. Depuis que l'historien de la culture E. P. Thompson a démontré l'importance du mode satirique au XIXe siècle, on a constaté un réel intérêt critique pour les relations entre parodie, satire et romantisme, qui ont été brillamment retracées par Gary Dyer dans *British Satire and the Politics of Style* [*La Satire anglaise et la politique du style*] (1997), Marcus Wood dans *Radical Satire and Print Culture, 1790-1822* [*La Satire radicale et la culture du texte imprimé, 1790-1822*] (1994) et Steven Jones dans son étude *Shelley and Satire* [*Shelley et la satire*] (1994).

100 « *pre-echoes of the revolutionary ethics announced by Nietzsche* », J. Kerrigan, « Revolution, Revenge, and Romantic Tragedy », in *Ibid.*, t. III, p. 253.

Ces diverses réactions critiques à la satire romantique sont complétées par l'appareil critique conséquent rassemblé dans les cinq volumes de *Parodies of the Romantic Age* [*Parodies de l'époque romantique*] (1998), parus sous la direction de John Strachan et Graeme Stone. De manière plus récente encore, les deux ouvrages de Steven E. Jones, *Satire and Romanticism* [*Satire et romantisme*] (2000) et *The Satiric Eye* [*L'œil satirique*] (2003), ont retracé l'histoire de la satire romantique avec beaucoup de clarté et d'exhaustivité, soulignant à quel point cette contre-culture a pénétré tous les aspects du champ littéraire, éditorial et théâtral.

ROMANTISME, DÉCONSTRUCTION ET ONTOLOGIE

Les importants commentaires critiques de Paul De Man témoignent du rapprochement qui s'est établi entre la littérature romantique et les pratiques de la déconstruction telles qu'elles se sont développées dans le monde anglo-saxon. L'essai de De Man, « Intentional Structure of the Romantic Image [Structure intentionnelle de l'image romantique] » (1970), illustre bien un certain nombre d'opérations critiques qui sont typiques de la façon dont la déconstruction interroge les prétentions du romantisme en ce qui concerne l'imagination et la vision transcendante. Selon De Man, les épiphanies de Wordsworth mettent en scène une forme de « nostalgie pour un objet s'étant transformée en une nostalgie qui ne pourra [...] jamais devenir une présence singulière[101] ». D'après le critique, toute vision unifiée qui se présente comme une présence se trouve perturbée, vidée de son sens et rendue absente au langage.

Par ailleurs, dans son article « History, Existence, and "To Autumn" [Histoire, existence et "À l'automne"] », Paul H. Fry offre une défense existentielle de « l'ontologie du moment lyrique » (*ontology of the lyric moment*). Fry tourne le dos à l'accent mis par les critiques historicistes sur le contexte pour affirmer qu'« il est parfois plus légitime de mettre

101 « *a nostalgia for an object [which] has become a nostalgia that could... never become a particularised presence* », P. De Man, « Intentional Structure of the Romantic Image », in *Ibid.*, t. III, p. 377.

l'accent sur un régime existentiel que sur un régime historique[102] ». En définitive, pour Fry, l'ode de Keats « To Autumn » est l'affirmation d'un « moment anhistorique de mort lente », produite par un moi qui se libère des spéculations ontologiques sur l'au-delà et « les oppressions téléologiques qui font de l'histoire un récit progressif[103] ».

LE ROMANTISME ET SON HÉRITAGE

Attentifs au fait que le terme de « romantique » constitue largement une invention victorienne rétrospective, certains critiques ont remis en cause l'utilisation de taxinomies littéraires établies et du découpage en périodes comme un moyen efficace de raconter l'histoire littéraire. Parmi les études fondamentales dans ce champ qui s'est concentré sur l'héritage du romantisme sur les époques ultérieures, on trouve *The Monstrous Debt : Modalities of Romantic Influence in Twentieth-Century Literature* [*La Dette monstrueuse : modalités de l'influence romantique au XXe siècle*] (2006), sous la direction de Damian Walford Davies et Richard Marggraf Turley, *« The All-Sustaining Air » : Romantics Legacies and Renewals in British, American and Irish Poetry since 1900* [*L'Air qui nourrit toute chose : héritages et réécritures romantiques dans la poésie britannique, américaine et irlandaise depuis 1900*] (2007) de Michael O'Neill, *Decadent Romanticism 1780-1914* [*Le Romantisme décadent 1780-1914*], sous la direction de Kostas Boyiopoulos et Mark Sandy, ainsi que deux numéros de la revue *Romanticism* en 2008 et 2009, le numéro 14.1 sous la direction de Michael O'Neill et le numéro 15.1 sous celle de Matthew J. A. Green.

À des degrés divers, ces études confirment à quel point les artistes ultérieurs ont tenté de replacer leur propre art au sein d'une généalogie romantique, de même qu'elles soulignent le souci propre qu'a manifesté le romantisme de l'héritage qu'il allait léguer aux générations futures. Après tout, les auteurs romantiques ont écrit dans et pour un moment à venir. La capacité du romantisme de maintenir des positions fermes

102 « *existential register is still sometimes more appropriate to emphasise than the historical one* », P. H. Fry, « History, Existence, and "To Autumn" », *Ibid.*, t. III, p. 380.

103 « *the teleological oppressions that make history a progressive narrative* », *Ibid.*, t. III, p. 386.

tout en les remettant en question, d'affirmer et de mettre en cause ses propres présupposés préfigure ces interprétations positives et négatives de ses formes littéraires multiples. La critique anglo-saxonne des XXe et XXIe siècles a connu à la fois des défenseurs et des détracteurs de l'entreprise romantique, mais, considérées dans leur ensemble, ces voix, quelles qu'elles soient, témoignent de la présence controversée, prolongée et persistante du romantisme.

Mark SANDY
Durham University

Traduit de l'anglais
par Victoire FEUILLEBOIS

QUATRIÈME PARTIE

PERSPECTIVES CULTURELLES

VERS UNE DÉFINITION OUVERTE DU ROMANTISME

L'AMOUR ROMANTIQUE

Quelques échos théoriques au xxe siècle

La culture romantique est de celles qui exaltent l'amour sexuel, qui en font une *valeur* générale. L'amour y est plus qu'une « passion » individuelle : c'est une quête spirituelle, une recherche active de l'idéal partagée en principe par toutes les âmes sensibles et enthousiastes – d'où entre autres le culte des grands amoureux romanesques, Julie d'Étange ou Werther. C'est pourquoi l'interprétation et l'évaluation de l'amour romantique au vingtième siècle prennent elles aussi une dimension collective et relèvent d'une pensée historico-culturelle autant que morale. Ce n'est pas l'amoureux seul dont les sentiments et les comportements sont étudiés : on met en cause les auteurs qui ont raconté ou inventé son histoire, le public qui s'est passionné pour ses aventures, la société historique qui a valorisé et pérennisé son expérience. L'amour est envisagé moins comme une « vie » personnelle que comme un texte (le plus souvent narratif) à usage commun, et la critique de ce texte constitue aussi un jugement porté sur une certaine culture. La réflexion sur l'amour déborde donc le cadre éthique et psychologique vers ce qu'on appelle aujourd'hui la « théorie » au sens interdisciplinaire – théorie de la culture, théorie de la littérature, théorie de l'existence humaine. Elle reprend à sa façon le geste intellectuel des romantiques eux-mêmes, en cherchant à promouvoir une prise de conscience de l'amour comme d'un phénomène général, à théoriser ce sentiment (Germaine de Staël et Stendhal l'avaient déjà tenté), à le faire passer de « l'en-soi » au « pour-soi » ; on verra que ces termes de la dialectique hégélienne ne sont pas déplacés ici.

Cette critique théorique, portant sur *l'idéologie* de l'amour autant que sur sa *psychologie*, fut initiée par *L'Amour et l'Occident* (1939) de Denis de Rougemont[1]. Celui-ci n'emploie que rarement le terme d'« amour

---

1 Il avait dû être précédé par quelques essais critiques de la fin du XIXe et du début du XXe siècle (*Le Bovarysme* de Jules de Gaultier, 1892, *Le Romantisme et les mœurs* de Louis Maigron, 1910), qui n'avaient pas traité spécialement de l'amour.

romantique[2] », et la période chronologique qu'il explore est très étendue, allant des troubadours du XIIIe siècle jusqu'au « "vague des passions" préromantique[3] » et au *Tristan und Isolde* de Richard Wagner ; néanmoins il entend consciemment situer l'amour-passion dans une culture géographique et historique bien définie, désignée dans son titre comme *l'Occident* et, dans ses écrits politiques postérieurs, comme *l'Europe* dont l'unification devait être l'objectif constant de ses activités. L'origine de cette forme d'amour remonterait à la rencontre de deux religions différentes, le Christianisme et l'hérésie manichéenne venue d'Iran et reprise au Moyen Âge par les Cathares. Le dualisme cathare oppose directement le ciel et la terre, sans admettre la médiation christique, d'où une aspiration mystique à Dieu qui ignore la réalité terrestre. Sur le plan des passions, cette mystique aurait engendré un culte de l'amour impossible, illustré par la poésie des troubadours ou le roman médiéval de Tristan et Iseut :

> Ils veulent aller tout droit à l'Amour [divin] par l'amour [humain], et de la Nuit au Jour sans nul intermédiaire[4].

En rendant une certaine tendance religieuse responsable de la formation d'un fait culturel comme l'amour-passion, Rougemont suit une tradition (post-)romantique (hégélienne, etc.) qui présentait la religion comme une forme supérieure de la culture, intégrant et expliquant toutes les manifestations sociales et esthétiques de celle-ci. Et, en considérant l'amour-passion comme une projection déformée de l'Amour mystique, il le fait résulter d'un processus *métaphorique*, où un sentiment (l'amour d'une femme) se substitue à un autre (l'amour de Dieu) qui lui ressemble[5].

---

2 « Tout l'amour romantique est dans ce dernier vers », commente-t-il les mots de Pétrarque « Brûler de loin – de près geler » (D. de Rougemont, *L'Amour et l'Occident*, Paris, UGE, 10/18, 1970, p. 155).

3 *Ibid.*, p. 156.

4 *Ibid.*, p. 145. On ne se prononcera pas ici sur la validité de cette hypothèse de l'hérédité historique, qui manque de preuves factuelles et qui a des affinités douteuses avec quelques théories occultistes. Notre étude relève de l'histoire intellectuelle et s'intéresse aux structures conceptuelles, parfois discutables du point de vue scientifique.

5 Denis de Rougemont se rend bien compte que la passion ainsi définie relève d'une certaine rhétorique : dans sa « Note sur la métaphore » (*Ibid.*, p. 140-142) il compare explicitement la formation de cette passion à celle de quelques métaphores linguistiques ou poétiques. La sémiotique cherche à formaliser cette approche rhétorique (*cf.* Al. J. Greimas et J. Fontanille, *Sémiotique des passions*, Paris, Seuil, 1991).

On rencontre souvent cette métaphore passionnelle dans la littérature du XIXe siècle, mais sous une forme ascendante et non descendante : chez Flaubert, Huysmans, Gourmont le mysticisme sublimait la sensualité[6], tandis que dans *L'Amour et l'Occident* c'est l'amour sexuel (platonique il est vrai) qui contient en lui un mysticisme sous-jacent. Le renversement de la métaphore est dû au changement de perspective : désormais il ne s'agit pas de rendre compte des conduites mais des œuvres ; ce n'est plus l'amoureux qui est sur la sellette mais l'auteur qui en parle et la culture qui consacre son récit avec les ressources du sacré.

Denis de Rougemont cherche donc des catégories pour analyser cette appropriation culturelle de la passion amoureuse. Il évoque d'abord *l'histoire*, en répétant à deux reprises : « L'amour heureux n'a pas d'histoire. Il n'est de roman que de l'amour mortel, c'est-à-dire de l'amour menacé et condamné par la vie même[7] » ; « L'amour heureux n'a pas d'histoire *dans la littérature occidentale.* Et l'amour qui n'est pas réciproque ne passe point pour un amour vrai[8] ». On remarque le mode négatif (c'est-à-dire sélectif) des deux formulations, et le fait que « l'histoire » en question est dans les deux cas une histoire romanesque : « il n'est de roman… », « dans la littérature occidentale ». L'auteur de l'ouvrage fait lui-même une histoire de l'amour en Occident, mais en l'occurrence il pense à une autre histoire : l'histoire comme discours, un récit fictionnel qui sélectionne ses objets d'après ses propres valeurs, en écartant l'amour heureux et en glorifiant celui « menacé et condamné par la vie même ».

Un autre terme vient appuyer et remplacer « l'histoire », c'est le *mythe.* Au niveau élémentaire, « un mythe est une histoire, une fable symbolique […] résumant un nombre infini de situations plus ou moins analogues[9] ». Autrement dit, il est lui aussi un récit mais un récit généralisé, condensant un savoir global, traduisant certaines « règles de conduite[10] », occultant sa propre origine et ayant un grand pouvoir sur nous, « généralement à notre insu », par la force de son « élément *sacré*[11] ». La fonction d'un mythe est d'extérioriser, quitte à les déformer, certaines données profondes du

6 Parmi les contemporains de Rougemont, on retrouve la même disposition chez Georges Bataille, que celui-là dut rencontrer au Collège de sociologie en 1938.

7 D. de Rougemont, *L'Amour et l'Occident*, *op. cit.*, p. 11.

8 *Ibid.*, p. 42.

9 *Ibid.*, p. 14.

10 *Ibid.*

11 *Ibid.*, p. 15.

psychisme : « …nous avons besoin d'un mythe pour exprimer le fait obscur et inavouable que la passion est liée à la mort[12] ». Le choix d'exemple – la passion et la mort – laisse deviner une source probable de l'idée de mythe chez Rougemont : c'est le livre tout récent de Roger Caillois *Le Mythe et l'homme* (1937) et son essai « La Mante religieuse » où l'insecte en question est décrit comme un emblème mythique de la sexualité mortifère[13]. De même que Caillois, Rougemont cherche à dégager le sens profond d'un mythe singulier, tout en négligeant les liens de système entre différents mythes ; c'est ce qu'a remarqué Jean-Paul Sartre, dans un compte-rendu bref mais perspicace de son ouvrage[14].

Or, une transformation se produit : explorant le mythe « en profondeur » et non en système, Denis de Rougemont se voit contraint de réduire le *récit* mythique à une *situation* mythique[15]. Le sens généralisable du récit freine le progrès de celui-ci : au lieu d'avancer et d'arriver à la « morale », la « fable symbolique » piétine sur place en devenant de plus en plus pathétique. Tel est le « mythe » de Tristan et Iseut : pendant leur longue histoire d'amour leur situation ne change guère. Une fois tombés amoureux l'un de l'autre, ils ne peuvent plus ni s'unir ni se séparer définitivement, ils ne font que souffrir sans cesse des obstacles s'opposant à leur passion, et il s'agit d'« obstacle(s) voulu(s)[16] » :

> On peut dire qu'ils ne perdent pas une occasion de se séparer. Quand il n'y a pas d'obstacle, ils en inventent[17]…

---

12 *Ibid.*, p. 16.

13 Sans citer le nom de Caillois, l'auteur de *L'Amour et l'Occident* discute un autre exemple de lui, tiré également de l'entomologie : la *formica sanguinea*, une race de fourmis capables de s'intoxiquer avec des conséquences fatales (*Ibid.*, p. 294-295). En octobre 1938, Rougemont intervint au Collège de sociologie, co-présidé par Bataille et Caillois, avec un exposé tiré de son ouvrage encore inédit sur l'amour, « Arts d'aimer et arts militaires ». Voir *Le Collège de sociologie, 1937-1939*, textes présentés par D. Hollier, Paris, Gallimard, coll. « Folio », 1995, p. 403-447.

14 Voir J-P. Sartre, « Denis de Rougemont. "L'Amour et l'Occident" » [1939], *Critiques littéraires (Situations, I)*, Paris, Gallimard, coll. « Idées », 1975 p. 77. Sartre mentionne entre autres le nom de Caillois comme un auteur partageant la même conception du mythe que Rougemont.

15 Léonid Pinski, un remarquable représentant des études littéraires soviétiques, a proposé de distinguer deux formes de la trame narrative : la *fable* (mobile, acheminée vers un dénouement) et la *situation* (répétitive et immobile). Voir L. Pinski, *Realizm epokhi Vozroždenia*, Moscou, Goslitizdat, 1961, p. 301.

16 D. de Rougemont, *L'Amour et l'Occident*, *op. cit.*, p. 37.

17 *Ibid.*, p. 29.

Ainsi l'amour romantique, chez Denis de Rougemont, est surdéterminé : il relève d'une certaine psychologie (d'origine religieuse) et aussi d'une certaine narratologie. Les péripéties du roman de Tristan s'expliquent par « l'amour de l'amour[18] » moralement contestable, car les héros de ce roman « ne s'aiment pas [...]. *Ce qu'ils aiment, c'est l'amour, c'est le fait même d'aimer*[19] » ; mais elles tiennent aussi à « l'amour du roman[20] », au pacte narratif entre l'auteur et le lecteur : « [...] il apparaît qu'une convention tacite, ou mieux, une sorte de *complicité* les lie : la volonté que le roman continue, ou comme on dit, qu'il rebondisse[21] ». Le récit met en scène une déviation morbide du sentiment amoureux, « un amour réciproque malheureux[22] » et « un double narcissisme[23] », mais il est régi en même temps par sa loi interne : Tristan et Iseut une fois réunis, il n'y aurait plus de roman. Denis de Rougemont tente d'expliquer celle-ci par celle-là, la « forme » par le « contenu » : « Il est clair que la description de ces errements et de leurs punitions exigeait la forme du récit, et non plus de la simple chanson[24] » ; mais on pourrait aussi soutenir l'inverse, à savoir que la forme romanesque implique déjà une certaine matière passionnelle qui lui est propre – « romantisme vient du roman[25] »...

Une vingtaine d'années après Rougemont, René Girard prolongea sa critique de l'amour-passion dans son premier livre, *Mensonge romantique et vérité romanesque* (1961), en s'y référant plus d'une fois à *L'Amour et l'Occident*. Chez lui, cette critique fit partie d'une théorie plus générale du *désir mimétique*, dont il tira par la suite une théorie encore plus globale prétendant expliquer l'origine de phénomènes socioculturels très variés, incluant guerres, persécutions, cultes religieux et œuvres d'art[26]. Les désirs

18 *Ibid.*, p. 28.

19 *Ibid.*, p. 33.

20 *Ibid.*, p. 28.

21 *Ibid.*

22 *Ibid.*, p. 133.

23 *Ibid.*, p. 43. Dans la partie finale et proprement morale de son livre, Denis de Rougemont oppose à ce double narcissisme une forme active et bénéfique de l'amour : l'Agapè contre l'Éros.

24 *Ibid.*, p. 108.

25 *Ibid.*, p. 19.

26 Cette extrapolation risquée des données obtenues par quelques brillantes analyses textuelles pose des problèmes et suscite des critiques acerbes ; voir entre autres, R. Pommier,

humains, selon Girard, suivent un schéma triangulaire : avec le sujet et l'objet, ils comportent la figure nécessaire d'un *médiateur*, dont le sujet imite les désirs et qui peut se situer soit à distance (médiateur *externe :* dieu, héros légendaire, ancêtre, etc.) soit à proximité du sujet (médiateur *interne*, qui devient un rival encombrant pour l'accomplissement du désir). Les deux médiations sont liées comme le sont la cause et l'effet, la médiation interne (humaine) étant issue d'une « transcendance déviée[27] », d'une médiation externe et divine. À l'imitation par métaphore (l'amour sexuel imitant l'amour de Dieu), Girard ajoute donc une imitation par métonymie, par contagion, cherchant son modèle dans les désirs et sentiments du prochain. Si Denis de Rougemont explorait un cas de médiation externe, où les mystiques manichéens informent les passions amoureuses des Européens, René Girard, lui, s'occupe surtout de la médiation interne, plus conflictuelle, plus dangereuse – et aussi plus moderne, les classes sociales se rapprochant dans les sociétés démocratiques et les modèles supérieurs à imiter se trouvant à une moindre distance des imitateurs.

C'est à ce point-là de sa réflexion qu'il introduit la notion de *romantisme*, figurant dans le titre de son ouvrage. Le romantisme doit se comprendre dans un sens historique assez précis, comme une culture résultant des transformations démocratiques des sociétés européennes au XIXe siècle[28]. Ce qui le définit, ce n'est pas un certain type de sentiment amoureux (après tout, la médiation interne s'est pratiquée depuis toujours, même si la modernité en a fait un type dominant) mais un certain *rapport* culturel, et avant tout littéraire, au désir humain. Le propre du romantisme, selon Girard, est d'occulter la structure triangulaire du désir : il s'agit d'« attitudes que nous qualifierons en bloc de *romantiques* car elles nous paraissent toutes destinées à maintenir l'illusion du désir

---

René Girard, un allumé qui se prend pour un phare, Paris, Kimé, 2010, et J. Landy, « Deceit, Desire, and the Literature Professor : Why Girardians Exist », *Republics of Letters : A Journal for the Study of Knowledge, Politics, and the Arts*, vol. 3, nº 1, septembre 2012. On ne discutera ici que les premiers pas théoriques de René Girard, limités aux études littéraires et précédant ses grandes synthèses socio-anthropologiques.

27 R. Girard, *Mensonge romantique et vérité romanesque*, Paris, Grasset, coll. « Pluriel », 1992, p. 78.

28 Cette culture persisterait jusqu'à nos jours : Girard croit retrouver ses traits dans l'œuvre romanesque de Sartre, et il parle souvent, mais sans presque citer des noms, d'une « critique romantique » contemporaine qui dénaturerait par ses interprétations erronées le sens des romans de Dostoïevski ou de Proust.

spontané et d'une subjectivité quasi divine dans son autonomie[29] ». Les théories qui en découlent « nous décrivent un désir sans médiateur. Elles traduisent le point de vue du sujet désirant résolu à *oublier* le rôle que joue l'*Autre* dans sa vision du monde[30] ». Autrement dit le désir « romantique » est un désir *méconnu*, une sorte d'idéologie qui aplatit le triangle de la médiation jusqu'à la ligne droite entre le sujet et l'objet. Notons que l'idée même de méconnaissance, qui jouera un rôle énorme dans les théories socio-anthropologiques de Girard (méconnaissance de l'acte sacrificiel fondant les cultes et les sociétés), renvoie elle-même à la culture intellectuelle du XIXe siècle : elle remonte aux théories de Marx et Freud, d'après lesquelles les structures mentales d'un individu ou d'une classe sont fondées sur l'oubli ou l'ignorance de quelques faits hautement pertinents de leur existence.

Ainsi, le romantisme est chez Girard une notion non seulement historique mais polémique. Le romantisme est critiqué comme une fausse conscience, mais pour une autre raison que chez Rougemont : c'est une culture du *mensonge*, une « maladie ontologique », une hypocrisie sociale pénétrant jusqu'au fond de l'âme, l'homme s'imaginant désirer par lui-même tandis qu'il ne fait que suivre les désirs des autres. Étrangement, ce romantisme lui-même semble refoulé dans l'ouvrage de Girard : celui-ci ne donne aucune analyse (ne serait-ce qu'à titre de contre-exemple) d'œuvre « romantique » et se concentre sur celles de quelques grands « romanciers », qui réussissent à dévoiler les vrais mobiles des conduites humaines et à reconstituer la structure médiatisée des désirs de leurs personnages. La tradition de cette « vérité romanesque » est historiquement moins bien définie, elle englobe plusieurs grands écrivains séparés quelquefois par des siècles (Cervantès, Stendhal, Dostoïevski, Flaubert, Proust) et son évolution n'est pas un progrès ininterrompu : Dostoïevski par exemple illustre une phase plus avancée de la conscience « romanesque » que Proust qui lui est postérieur. Le romantisme est caractérisé en creux : tous les auteurs étudiés cherchent à le dépasser en dénonçant le désir mimétique qu'il occulte : « Le romancier est seul à décrire cette genèse véritable de l'illusion dont le romantisme rend toujours responsable le sujet solitaire[31] ».

---

29 *Ibid.*, p. 43.
30 *Ibid.*, p. 53.
31 *Ibid.*, p. 31.

Où est l'amour dans tout cela ? Girard parle du *désir* qui d'évidence n'est pas toujours amoureux ni sexuel. On constate même que la plupart du temps chez les « romanciers » étudiés il ne l'est pas : leurs personnages convoitent moins des êtres vivants que des rangs sociaux et des biens de prestige les connotant (dans *Le Rouge et le Noir*, monsieur de Rênal est en concurrence de biens symboliques avec Valenod, et parmi ces biens il peut y avoir un précepteur – une personne vivante mais briguée comme une chose ou un honneur). Il y a plus : en mimant les autres, ce ne sont pas toujours leurs *désirs* qu'ils imitent.

Cette confusion se laisse lire dès le début de l'ouvrage de Girard[32]. Don Quichotte exalte l'exemple de quelques personnages de fiction : Ulysse et Énée sont les « portraits de prudence et de patience », Amadis de Gaule est « le nord, l'étoile, le soleil des vaillants et amoureux chevaliers, et nous devons l'imiter[33] ». Le critique d'en déduire : « Don Quichotte a renoncé, en faveur d'Amadis, à la prérogative fondamentale de l'individu : il ne choisit plus les objets de son désir, c'est Amadis qui doit choisir pour lui[34] ». Don Quichotte dit bien « nous devons l'*imiter* » ; mais est-ce qu'il entend imiter les désirs d'Amadis (et quels sont-ils ?) ? Son propos ne contient pas un mot signifiant un désir ; et en bonne logique, un héros parfait ne devrait même pas avoir de désirs, qui dénotent un manque, une insatisfaction, une incomplétude de la personne désirante. Ce que Don Quichotte cherche à imiter, ce n'est pas le désir mais l'*être* d'Amadis, sa vaillance et sa noblesse d'esprit ; et si, d'après ce modèle, il se met à courtiser une dame (Dulcinée), ce n'est pas pour imiter un désir proprement dit, caractérisé par un objet particulier (autrement il aurait bien choisi une femme plus noble...) mais la disposition même d'aimer une dame, une disposition que le « médiateur » ne désire pas parce qu'elle fait partie de sa personne.

Certes, il s'agit là d'une médiation « externe », relativement ancienne et bénigne. Mais le même chassé-croisé de l'être et du désir s'observe dans les romans du XIXe siècle. Inutile de produire des analyses qui le confirment ; il suffit de constater que René Girard fait lui-même cette remarque. Il dit que chez Proust « l'objet [de la passion] n'est qu'un

32 Elle pourrait bien miner tout le développement ultérieur de la doctrine girardienne, basée sur l'idée initiale des *désirs* imités. Mais il n'est pas lieu d'en discuter ici.

33 *Ibid.*, p. 15.

34 *Ibid.*, p. 16.

moyen d'atteindre le médiateur. C'est l'*être* de ce médiateur que vise le désir[35] ». Et ailleurs, à propos d'un autre romancier :

> À mesure que le médiateur se rapproche, son rôle grandit et celui de l'objet diminue. Dostoïevski, par une intuition géniale, installe le médiateur sur le devant de la scène et repousse l'objet au second plan[36].

Le triangle mimétique, chez les « romanciers », a tendance à s'aplatir comme chez les « romantiques », mais par un autre côté : il ne se réduira plus au rapport entre le sujet et l'objet mais à celui entre le sujet et le médiateur. L'objet du désir est sinon évacué, mais rejeté à un statut auxiliaire, il ne vaut pas grand-chose par lui-même mais seulement comme un objet d'échange avec le médiateur. C'est pourquoi il peut se dématérialiser, devenir un pur valant-pour du commerce social, jusqu'à se perdre dans les abstractions des rangs, des positions, des réputations et d'autres choses intelligibles. Dans ces conditions, il reste peu de place pour l'amour ou même pour le désir sexuel, l'intrigue érotique est oblitérée par la « maladie ontologique » ou « métaphysique », et le critique constate « la disparition progressive du plaisir sexuel dans les stades les plus aigus de la maladie ontologique[37] ». Tout se réduit à un jeu mimétique où le sujet veut *devenir* intégralement son médiateur, et non réaliser pour son propre compte quelque désir isolé de ce dernier.

L'amour dont il s'agit chez Girard est donc un amour rudimentaire, menacé de perdre son essence de rapport passionnel. D'une part, c'est la seule variété de désir mimétique qui a un véritable objet, où le sujet cherche à « avoir » quelqu'un (dans quelque sens que ce soit) et non à être cette personne. Mais d'autre part, induit du dehors, ce désir ne donne lieu qu'à « l'amour de tête[38] », dans le genre de celui de Julien Sorel avec Mathilde de la Mole. Même si, pour conquérir sa maîtresse, Julien a eu besoin de simuler d'abord la passion pour une autre femme, en fin de compte le rôle d'une tierce personne s'avère facultatif :

---

35 *Ibid.*, p. 69.

36 *Ibid.*, p. 59.

37 *Ibid.*, p. 105-106. Pour caractériser cette maladie, Girard se réfère plus d'une fois à la critique de Maurice Blanchot. Celui-ci a également mis en scène l'ontologie du désir (désir du vide, du néant) dans sa propre œuvre romanesque. Voir à ce sujet mon article : S. Zenkin, « Transformations of Romantic Love », in *Blanchot Romantique*, sous la direction de J. McKeane et H. Opelz, Bern, Peter Lang, 2010, p. 129-139.

38 R. Girard, *Mensonge romantique et vérité romanesque*, *op. cit.*, p. 161.

> La présence d'un rival n'est pas nécessaire, dans le désir sexuel, pour qu'on puisse qualifier ce désir de triangulaire. L'être aimé se dédouble en objet et en sujet sous le regard de l'amant [...]. Le dédoublement fait apparaître un triangle dont les trois sommets sont occupés par l'amant, par l'aimée et par le corps de cette aimée[39].

Le triangle girardien s'aplatit encore une fois, en se réduisant à deux termes : il y a deux amants qui sont des sujets et des objets de passion l'un pour l'autre, mais ils sont en plus des *médiateurs* l'un pour l'autre. Ils s'imitent mutuellement, au point de mettre en marche une « machine désirante » à deux qui n'a rien de spontané. Mais ce qu'ils n'imitent, ce ne sont pas leurs désirs, également factices : ce sont leurs indifférences, simulées elles aussi pour se mettre en position dominante de médiateur l'un devant l'autre.

Ce jeu pervers, que Girard appelle « la médiation double », est instable, car la tromperie mutuelle ne peut pas durer. C'est alors à qui tiendra le dernier : « la victoire appartient à celui des deux amants qui soutient le mieux son mensonge. Révéler son désir est une faute d'amant[40]... ». Il s'ensuit – même si Girard ne tire pas cette conséquence générale – que tout changement dans le jeu, tout véritable *événement narratif* doit décomposer la structure triangulaire. Le « mensonge romantique » cesse tout d'un coup, l'amour mimétique est désensorcelé et la « vérité romanesque » fait son apparition. Il peut s'agir, comme le dit le dernier chapitre de l'ouvrage girardien, intitulé « La Conclusion[41] », des révélations finales des héros romanesques (la désillusion de Don Quichotte, la repentance de Raskolnikov, etc.) qui leur font abandonner l'imitation et prendre conscience du caractère inauthentique de ce qu'ils prenaient pour leurs désirs ; il peut s'agir en particulier d'une conversion religieuse de ces héros, *ad majoram gloriam* du christianisme auquel René Girard adhère. Mais il y là a aussi un certain effet narratif : le roman, le récit littéraire, finit par interrompre le jeu des miroirs mimétiques ; c'est pourquoi la contrepartie des illusions « romantiques » s'appelle chez Girard précisément le « roman », et non par exemple le « réalisme[42] ». Si les désirs

---

39 *Ibid.*, p. 125.

40 *Ibid.*, p. 129.

41 L'article a disparu dans la table des matières de *Mensonge romantique et vérité romanesque*, sans doute par erreur : il s'agit moins d'une conclusion du livre de Girard que des conclusions typiques des œuvres « romanesques » qu'il analyse.

42 Ce terme se rencontre chez Girard, mais dans un sens différent.

mimétiques ne peuvent former qu'une structure immobile – presque un « mythe », d'après Denis de Rougemont – le mouvement narratif annule cette structure en laissant voir sa vérité cachée. L'impressionnant « grand récit » socio-anthropologique que Girard bâtit dans ses ouvrages postérieurs (les actes de violence mimétique producteurs du sacré, systématiquement méconnus par les hommes et finalement démystifiés grâce à la mort non-sacrificielle du Christ), ce récit conjectural et hasardeux se fonde sur une intuition littéraire pertinente. En commençant son travail par le roman moderne, Girard a su deviner un trait important de celui-ci, et qui se fait particulièrement évident à l'époque romantique : ce roman est un récit de *connaissance*, dont les événements majeurs sont désormais la critique, la découverte, les « illusions perdues » plutôt que de simples aventures et péripéties dramatiques.

Encore une vingtaine d'années plus tard, l'étude critique de l'amour-passion fut le sujet d'un séminaire et d'un livre de Roland Barthes[43]. Celui-ci connaissait bien l'ouvrage de Denis de Rougemont (qui figure dans la bibliographie de son propre livre et dans les références de ses notes du séminaire), de même que ceux de René Girard ; en témoigne entre autres cette phrase qui se lit presque comme une citation : « L'objet aimé est désiré parce qu'un autre (d'autres) nous a montré qu'il est désirable : l'Amour vient *par induction*[44] ». De même que ses prédécesseurs, Barthes n'évoque que rarement « l'*amour romantique* (appellation vague, mais commode, désignant plus un mode existentiel qu'une phase historique[45]) » ; néanmoins, à la différence de ses deux prédécesseurs, il aborde la culture romantique et préromantique de front, en prenant pour ses premiers matériaux des chefs-d'œuvre reconnus de

43 Les notes du séminaire sur le *Discours amoureux*, tenu en 1974-1976, ont été éditées en 2007. C'est ce texte posthume que nous allons citer la plupart du temps ; celui du livre publié par Barthes lui-même (*Fragments d'un discours amoureux*, 1977), qui en est une version abrégée et remaniée, ne sera utilisé que dans quelques cas où il rajoute aux notes du séminaire. Nous le citerons d'après les *Œuvres complètes* de Barthes.

44 R. Barthes, *Le Discours amoureux (Séminaire à l'École pratique des hautes études 1974-1976, suivi de Fragments d'un discours amoureux. Pages inédites)*, avant-propos d'É. Marty, présentation et édition de Cl. Coste, Éditions du Seuil, 2007, p. 186. Notons que René Girard, qui était déjà à l'époque un théoricien réputé, l'auteur de *Mensonge romantique et vérité romanesque* et de *La Violence et le sacré* (1970), figurait parmi les « élèves titulaires » du séminaire de Barthes (voir *Ibid.*, p. 12, avant-propos d'Éric Marty).

45 *Ibid.*, p. 53.

cette culture : le *Werther* de Goethe, les poèmes de Heine et les *Lieder* de Schubert. Lui aussi fait œuvre de critique culturelle : il n'explore par *l'amour romantique* proprement dit mais *le discours amoureux*, sa mise en forme sémiotique, telle que le romantisme nous l'a léguée. Cette mise en forme est conflictuelle, elle comporte une *censure :* « Époque romantique : début de l'ère du soupçon, début de la suspicion du langage, première censure culturelle de l'expression amoureuse[46] ». Ce qui est censuré, c'est moins la passion amoureuse (on en parle beaucoup – mais de l'extérieur) que son expression propre, son insertion dans la culture, si bien que « le discours amoureux est aujourd'hui *d'une extrême solitude*[47] », ignoré de tous les discours institutionnalisés.

Si, après l'amour par métaphore chez Rougemont et le désir par métonymie chez Girard, l'on cherchait un terme semblable dans le texte de Barthes, celui de *métalangage* pourrait se présenter d'abord. Or en réalité son rôle est tout différent : chez Barthes il ne désigne pas une notion opérationnelle mais une notion-repoussoir, ce qu'on cherche à éviter. À plusieurs reprises, Barthes répète qu'il s'agit pour lui de « parodier le métalangage de la science[48] », de « détruire (déconstruire) le métalangage[49] ». Dans sa leçon inaugurale au Collège de France (1977) il déclarait : « La sémiologie dont je parle [...] ne peut être elle-même un métalangage[50] », il voulait libérer l'analyse des signes de « l'arrogance » scientiste. Pourtant cela était plus facile à dire qu'à faire, et en pratique Barthes n'en continuait pas moins d'analyser le « discours amoureux » à l'aide d'un certain métalangage, ou de plusieurs métalangages concurrents. Ainsi, une notion de travail destinée à contrer le métalangage fait partie elle-même d'un métalangage philosophique élaboré à l'époque romantique – c'est la *dialectique*, un terme très fréquent dans les notes de Barthes sur le discours amoureux, plus fréquent peut-être que dans aucun de ses écrits, y compris ceux de sa période d'engagement marxiste des années 1950[51].

46 *Ibid.*, p. 157.

47 R. Barthes, *Œuvres complètes*, t. III, Paris, Seuil, 1995, p. 459.

48 R. Barthes, *Le Discours amoureux*, *op. cit.*, p. 293.

49 *Ibid.*, p. 674.

50 R. Barthes, *Œuvres complètes*, t. III, *op. cit.*, p. 811.

51 Le terme de *dialectique* n'est pas absent chez Denis de Rougemont et René Girard, mais il y est beaucoup moins insistant que chez Barthes. Chez ce dernier, sa fréquence diminue considérablement entre le séminaire et le livre grand public (*Fragments d'un discours amoureux*).

On se rappelle que, d'après Denis de Rougemont, dans la culture européenne « l'amour qui n'est pas réciproque ne passe point pour un amour vrai ». Or, c'est bien cette forme de l'expérience amoureuse qui est au centre de l'analyse barthesienne : un amour non partagé ou du moins dont la réciprocité reste incertaine. Tel Werther, le sujet amoureux est douloureusement rivé à l'autre, dont il interprète les réactions, cherche à comprendre les sentiments, souffre d'être abandonné. Cet amour n'est pas traité comme une « maladie », ontologique ou non, mais plutôt comme un *labyrinthe* dont l'issue est évidente à quiconque en a la vue plongeante mais pas à celui qui est dedans[52] et à qui la dialectique propose une voie de sortie, ou plutôt une nouvelle dimension du monde pour voir cette sortie. L'amoureux romantique manque d'espace ; il « est *collé* à l'image », à l'image de l'être aimé, qui remonte à l'image maternelle. Suivant toujours un « mythe romantique français », il est censé exprimer sa passion dans une création ; mais en fait « il n'a même par cette distance technique du bras, nécessaire pour peindre ou écrire[53] ». L'image plus ou moins fausse de l'être aimé qui est selon beaucoup d'auteurs un leurre de l'amoureux[54], s'inscrit chez Barthes dans l'ordre lacanien de l'Imaginaire s'opposant au Symbolique comme activité signifiante (« peindre ou écrire »). Passer de l'un à l'autre est un mouvement dialectique : « dialectiser la demande et/ou le désir sans jamais ternir l'incandescence de l'apostrophe[55] », « passer du pathos dramatique à la conscience tragique[56] », « réintégrer la réalité, sans cependant *liquider* la relation[57] », « *faire le deuil* (qui sera l'issue dialectique de la crise amoureuse[58]) ». En d'autres termes, dialectiser c'est prendre conscience de sa passion, maîtriser son imaginaire, établir une distance entre l'image et soi-même. À la différence des remèdes de l'amour

52 *Ibid.*, p. 387.

53 R. Barthes, *Le Discours amoureux*, *op. cit.*, p. 126-127. L'auteur ajoute : « La création est possible si le sujet passe de la métaphore à la métonymie, s'il trouve le bon tissu métonymique, quitte à y réinsérer les métaphores de son amour, sous forme d'*exempla* » (*Ibid.*, p. 127).

54 *Cf.* par exemple Rougemont : « Nous savons que Tristan n'aimait pas Iseut pour elle-même, mais seulement pour l'amour de l'Amour dont sa beauté lui offrait une *image* » (D. de Rougemont, *L'Amour et l'Occident*, *op. cit.*, p. 189).

55 R. Barthes, *Le Discours amoureux*, *op. cit.*, p. 94.

56 *Ibid.*, p. 115.

57 *Ibid.*, p. 304.

58 *Ibid.*, p. 469.

proposés par Rougemont (substituer l'amour-Agapè à l'amour-Éros) ou Girard (reconnaître le caractère mimétique de son désir), celui de Barthes doit changer les modalités *signifiantes* de l'amour. Il s'agit de remettre en mouvement la fixation amoureuse, remplacer l'amour-essence par l'amour-existence (*loving*, not *love*)[59], laisser travailler le temps, cette autre dimension de notre expérience. L'amoureux s'efforce de deviner son destin *tout de suite*, en interrogeant le paradigme quasi-linguistique d'une feuille qui tombera ou ne tombera pas ; cependant

> ceci est anti-dialectique (le langage, le sens n'est jamais dialectique). La dialectique dirait : ne tombera pas *et puis* tombera, mais entre-temps vous aurez vous-même changé. La dialectique, c'est d'accepter que les choses « mûrissent », c'est-à-dire viennent non à propos, soient soustraites à l'*à-propos* du désir, du *fantasme*, dont la devise est « immédiatement[60] ».

La dialectique s'apparente-t-elle donc au *récit*, qui introduit des événements et des changements successifs de la situation du héros ? La réponse de Barthes est complexe. Il admet que le résultat du travail dialectique peut être un *mythe*[61] et qu'en racontant son histoire à un confident l'amoureux espère « dialectiser [ses] contradictions. Le confident me permet de narrer, de réciter, de produire un intelligible : j'arrange l'Image dans le sens qui me convient… » Mais il remarque tout de suite : « Ce profit narratif est ambigu, car ce n'est jamais que profit de l'Imaginaire[62] ». Le récit, raconté ou même vécu « de l'intérieur » par son protagoniste, reste une structure de sens, et « le sens n'est jamais dialectique ». C'est pourquoi un geste dialectique est d'ouvrir les structures, et en particulier décevoir les attentes narratives. Dans son propre texte, Barthes fragmente à cette fin les « figures » du discours amoureux et les dispose dans l'ordre arbitraire de l'alphabet, « pour faire entendre qu'il ne s'agissait pas ici [dans son livre *Fragments d'un discours amoureux*] d'une histoire d'amour (ou de l'histoire d'un amour[63]) ». Une autre solution, encore plus subtile et valant pour la vie réelle, apparaît d'une « histoire chinoise » qu'il raconte :

59 *Ibid.*, p. 461.
60 *Ibid.*, p. 206.
61 *Ibid.*, p. 158.
62 *Ibid.*, p. 630.
63 R. Barthes, *Œuvres complètes*, t. III, *op. cit.*, p. 464.

> Un mandarin est éperdument amoureux d'une courtisane. « Je serai à vous lorsque vous aurez passé cent nuits assis sur un tabouret dans mon jardin, sous ma fenêtre ». À la quatre-vingt-dix-neuvième nuit, le mandarin se lève, prend son tabouret sous son bras et s'en va[64].

De cette fable, qui n'est peut-être pas chinoise mais bien européenne[65] et qui semble parodier un célèbre poème du romantisme allemand, la ballade de Schiller « *Ritter Toggenburg* » (le héros passant des années à contempler la fenêtre de celle qui n'a pas voulu l'épouser), Barthes esquisse plusieurs interprétations : vengeance sur la courtisane, guérison de la passion amoureuse, fin de la répétition (de l'amour-passion comme une répétition infinie de la même situation). Enfin il insiste sur le caractère narratif – *ou dialectique* – du dénouement :

> Comme rupture, le départ permet la constitution d'une histoire. Si cent nuits, pas d'histoire à raconter, il faut la rupture nécessaire à tout texte. Inversement, le mandarin aurait pu rester la centième nuit *pour ne pas faire d'histoire.* Et peut-être alors – cran dialectique – issue encore plus ferme, plus décisive, plus objectivisée, car non spectaculaire, hors de l'aliénation amoureuse[66].

Une « histoire », ce n'est pas mal, mais un refus d'histoire serait encore mieux. Au lieu de raconter l'histoire, on peut la rendre invisible, réduire à zéro – tout en sauvegardant sa possibilité sous-jacente : c'est bien cela l'*Aufhebung* dialectique. Pour mettre en mouvement l'imaginaire et se dégager de « l'aliénation amoureuse », il suffit d'une modulation fine du signifiant, ou de la situation dans laquelle il est proféré : c'est ainsi que l'holophrase performative *Je-t-aime*, répétée dans un amour heureux (« dialectisé »),

> serait à chaque fois un signe unique, et dès lors toujours nouveau. La dialectique consisterait à conquérir sans cesse des sens nouveaux à travers les mêmes signes et à triompher du pouvoir réducteur du langage[67].

Parmi les moyens de cette conquête des sens nouveaux, il y a non seulement la subtilisation (dans tous les sens du mot) du récit et les effets du performatif, mais aussi l'analyse *théorique.* Les idées générales

---

64 R. Barthes, *Le Discours amoureux*, *op. cit.*, p. 481.

65 « Impossible de me rappeler où je l'ai lue » (*Ibid.*).

66 *Ibid.*

67 *Ibid.*, p. 399.

sur l'amour ne font que reprendre, prolonger et transposer dans une forme impersonnelle (*tu* devenant *il*, puis *il* devenant *on*) le même discours que l'amoureux adresse à l'objet de sa passion : « À ce moment, on peut dire, par provocation, que toute philosophie de l'amour est un *baratin généralisé*[68]... ». Et Barthes suggère un cas particulier : « par exemple ce séminaire-ci[69] ? » Un séminaire sur le discours amoureux, qui nécessairement met en exercice des métalangages théoriques, peut devenir, à condition de les employer avec sagesse et délicatesse, un lieu où s'énonce ce même discours. Et les réserves discrètes de Barthes (les termes péjoratifs de « provocation » et « baratin ») visent à voiler le caractère trop intime de ce qu'il livre au public : en effet, dans son séminaire de 1975-1976 il s'appuie aux œuvres du romantisme allemand en même temps qu'au « Texte Roland », c'est-à-dire à sa propre expérience amoureuse, y compris son expérience actuelle du moment...

Les trois textes brièvement analysés ici pour montrer la présence du romantisme dans la théorie moderne sont bien des textes théoriques, non seulement par leur discours conceptuel mais aussi parce qu'ils mettent à l'épreuve les limites interdisciplinaires et considèrent leur objet dans le cadre de différents discours à la fois : la typologie culturelle et religieuse, la psychologie, l'anthropologie, la sémiologie. Fidèles à l'héritage freudien, les trois auteurs détectent dans l'amour-passion des substitutions métaphoriques ou métonymiques qui forment l'image de l'objet aimé : substitution de l'amour de Dieu chez Rougemont, substitution (mimésis) du désir d'autrui chez Girard, substitution de l'image maternelle chez Barthes. En revanche – et c'est le prix à payer – ils mettent entre parenthèses la réalité propre de l'objet aimé et de la communication avec lui : Denis de Rougemont ne fait que signaler cette perspective interpersonnelle en opposant l'Agapè à l'Éros, René Girard s'intéresse davantage aux tensions entre le sujet désirant et son rival/modèle, et Roland Barthes définit d'emblée l'amour-passion comme un rapport à sens unique, sans réponse de l'objet aimé[70].

En remplaçant ou en dépassant le « métalangage » par la « dialectique » – qui est chez lui un autre nom de *l'écriture* – Barthes montre mieux

68 *Ibid.*, p. 526.

69 *Ibid.*

70 L'amoureux est « quelqu'un qui parle en lui-même, amoureusement, face à l'autre (l'objet aimé), qui ne parle pas » (R. Barthes, *Œuvres complètes*, t. III, *op. cit.*, p. 461).

que les autres l'enjeu profond de l'activité théorique. Celle-ci, tiraillée entre la « philosophie » et la « littérature », l'idée et l'écriture, se trouve devant une alternative : soit inventorier d'une manière « conceptuelle » des substitutions et des structures psycho-rhétoriques (ce qui peut aboutir à la mise en place d'un nouveau grand récit), soit « conquérir sans cesse des sens nouveaux à travers les mêmes signes », en faisant jouer des langages variés, qui grâce à leur variation continuelle risquent moins d'être des métalangages autoritaires. La réflexion sur l'amour-passion « romantique » pourrait servir d'un cas exemplaire où ces deux mouvements intellectuels divergents se croisent et cherchent un éventuel accord : un problème amoureux par excellence.

Serge ZENKINE
Université d'État
des Sciences Humaines
(RGGU) de Moscou

LE ROMANTISME RÉVOLUTIONNAIRE AU XXe SIÈCLE

QU'EST-CE QUE LE ROMANTISME RÉVOLUTIONNAIRE ?

Le romantisme est généralement présenté dans les dictionnaires et encyclopédies comme un mouvement littéraire et artistique du début du XIXe siècle. Nous pensons au contraire qu'il s'agit d'un phénomène beaucoup plus étendu et profond : on trouve des manifestations romantiques dans le domaine de la philosophie, de la religion, du droit, de la pensée politique et de l'historiographie. Et nous sommes convaincus que l'histoire du romantisme n'est pas terminée en 1830 ou 1848, mais continue *jusqu'à aujourd'hui*.

Le romantisme doit être conçu comme une vision du monde qui traverse tous les domaines de la culture, et dont la caractéristique quintessentielle est la protestation culturelle contre la civilisation capitaliste moderne au nom de certaines valeurs du passé. Ce que le romantisme refuse dans la société industrielle/bourgeoise moderne, c'est avant tout le *désenchantement du monde* (Max Weber) – le déclin ou la disparition de la religion, de la magie, de la poésie, du mythe, et l'avènement d'un monde entièrement prosaïque, utilitariste, marchand. Le romantisme proteste contre la mécanisation, la rationalisation abstraite, la réification, la dissolution des liens communautaires et la quantification des rapports sociaux. Cette critique se fait au nom de valeurs sociales, morales ou culturelles pré-modernes – présentées comme traditionnelles, historiques, concrètes – et constitue, à de multiples égards, une tentative désespérée de ré-enchantement du monde. Si le romantisme s'affirme comme une forme de sensibilité profondément empreinte de nostalgie, ce n'est pas pour autant qu'il est étranger à la modernité : d'une certaine façon on peut même le considérer comme une forme d'*autocritique culturelle de la modernité.* En tant que vision du monde, le romantisme est né au cours de la deuxième moitié du XVIIIe siècle – on peut considérer Jean-Jacques Rousseau comme son premier grand penseur – et il continue, jusqu'à nos jours, à être l'une des principales structures-de-sensibilité de la culture moderne[1].

En opposant aux valeurs purement quantitatives de la *Zivilisation* industrielle les valeurs qualitatives de la *Kultur* spirituelle et morale, ou à la *Gesellschaft* (société) individualiste et artificielle la *Gemeinschaft* (communauté) organique et naturelle, la sociologie allemande de la fin du XIXe siècle formulait de façon systématique cette nostalgie romantique du passé.

Bien évidemment, la nébuleuse culturelle romantique est loin d'être homogène : on y trouve une pluralité de courants, depuis le romantisme conservateur ou réactionnaire qui aspire à la restauration des privilèges et hiérarchies de l'Ancien Régime, jusqu'au romantisme révolutionnaire, qui intègre les conquêtes de 1789 (liberté, démocratie, égalité) et pour lequel le but n'est pas un *retour* en arrière mais un *détour* par le passé communautaire vers *l'avenir utopique.*

Si Rousseau est l'un des premiers représentants de cette sensibilité romantique révolutionnaire, on la trouve également chez Schiller, dans les premiers écrits républicains des romantiques allemands (Schlegel), dans les poèmes de Hölderlin, Shelley et William Blake, dans les œuvres de jeunesse de Coleridge, dans les romans de Victor Hugo, dans l'historiographie de Michelet, dans le socialisme utopique de Fourier. Le romantisme révolutionnaire n'est pas absent – comme dimension partielle – des écrits de Marx et Engels, et on le retrouve dans les écrits d'autres marxistes ou socialistes comme William Morris, Gustav Landauer, Ernst Bloch, Henri Lefebvre, Walter Benjamin. Enfin, il laisse son empreinte sur quelques-uns des principaux mouvements de révolte culturelle du XXe siècle, comme l'expressionnisme, le surréalisme et le situationnisme.

---

1 *Cf.* M. Löwy, R. Sayre, *Révolte et Mélancolie. Le romantisme à contre-courant de la modernité*, Payot, Paris, 1992.

LE SURRÉALISME

Le surréalisme est l'exemple le plus frappant et le plus fascinant de la permanence d'un courant romantique au XXe siècle. Il est, de tous les mouvements culturels de ce siècle, celui qui a porté à sa plus haute expression l'aspiration romantique à ré-enchanter le monde. Il est aussi celui qui a incarné de la façon la plus radicale la dimension révolutionnaire du romantisme. La révolte de l'esprit et la révolution sociale, changer la vie (Rimbaud) et transformer le monde (Marx) : telles sont les deux étoiles polaires qui ont orienté le mouvement depuis son origine, en le poussant à la recherche permanente de pratiques culturelles et politiques subversives. Au prix de multiples scissions et défections, le noyau du groupe surréaliste autour d'André Breton et de Benjamin Péret n'a jamais abandonné son refus intransigeant de l'ordre social, moral et politique établi – ni son autonomie jalouse, malgré l'adhésion ou la sympathie envers les différents courants de la gauche révolutionnaire : d'abord le communisme – entrée de Breton au PCF en 1927 – ensuite le trotskisme – visite de Breton à Trotski au Mexique et rédaction commune de l'appel « Pour un art révolutionnaire indépendant » – enfin l'anarchisme : collaboration des surréalistes, de 1951 à 1953 au journal *Le Libertaire*, organe de la Fédération Anarchiste (Georges Fontenis).

L'opposition du mouvement surréaliste à la civilisation capitaliste moderne n'est ni raisonnable, ni mesurée : elle est radicale, catégorique, irréductible. Dans un de leurs premiers documents, « La Révolution d'abord et toujours » (1925), les fondateurs du surréalisme proclament :

> Partout où règne la civilisation occidentale, toutes attaches humaines ont cessé, à l'exception de celles qui avaient pour raison d'être l'intérêt, le « dur paiement au comptant ». Depuis plus d'un siècle, la dignité humaine est ravalée au rang de valeur d'échange... Nous n'acceptons pas les lois de l'Économie et de l'Échange, nous n'acceptons pas l'esclavage du Travail[2]...

2 *La Révolution surréaliste*, n° 5, 1925. Le texte est signé par un grand nombre d'artistes et d'intellectuels du groupe, parmi lesquels Breton, Aragon, Éluard, Leiris, Crevel, Desnos, Péret, Soupault, Queneau.

Se souvenant, beaucoup plus tard, des premiers débuts du mouvement, Breton observe :

> À ce moment le refus surréaliste est total, absolument inapte à se laisser canaliser sur le plan politique. Toutes les institutions sur lesquelles repose le monde moderne et qui viennent de donner leur résultante dans la Premier Guerre mondiale sont tenues par nous pour aberrantes et scandaleuses[3].

Ce rejet viscéral de la modernité sociale et institutionnelle n'empêche pas les surréalistes de se référer à la modernité culturelle – celle dont se réclamaient Baudelaire et Rimbaud.

L'objet privilégié de l'attaque surréaliste contre la civilisation occidentale est le rationalisme abstrait et borné, la platitude réaliste, le positivisme sous toutes ses formes[4]. Dès le *Premier Manifeste du surréalisme* (1924), Breton dénonce l'attitude qui consiste a bannir, « sous couleur de civilisation, sous prétexte de progrès », tout ce qui relève de la chimère ; face à cet horizon culturel stérile, il affirme sa croyance à la toute-puissance du rêve[5]. La recherche d'une alternative à cette civilisation restera présente dans toute l'histoire du surréalisme – y compris dans les années 70, quand un groupe de surréalistes français et tchèques publiera (sous la responsabilité de Vincent Bounoure) *La Civilisation surréaliste* (1976)[6].

Breton et ses amis n'ont jamais caché leur profond attachement à la tradition romantique du XIXe siècle – aussi bien allemande (Novalis, Arnim) qu'anglaise (le roman noir) ou française (Hugo, Pétrus Borel). Qu'est-ce

---

3 A. Breton, « La Claire Tour » (1951), in *La Clé des champs*, Paris, 10/18 et J-J. Pauvert, 1967, p. 42.

4 Comme l'observe si bien Marie Dominique Massoni, rédactrice de la revue surréaliste *SURR (Surréalisme, utopie, rêve et révolte)*, publiée à Paris dans les années 1990, les surréalistes partagent avec les romantiques « le refus de voir le monde n'exister que sur des bases mathématiques, logiques, utiles, vérifiables, quantifiables, bourgeoises en somme », ainsi que le rejet viscéral du « cartésianisme, philosophie par excellence du bourgeois scientiste ». M. D. Massoni, « Surréalisme and Romanticism », in M. Blechmann, *Revolutionary Romanticism*, San Francisco, City Lights, 1999, p. 194.

5 A. Breton, *Manifestes du surréalisme*, Paris, Gallimard, 1967, p. 19, p. 37.

6 Une rumeur insistante, qui avec le temps a pris la pesanteur écrasante et la consistance granitique du dogme, veut que le surréalisme ait disparu, comme mouvement et action collective, en 1969. En fait, si certains membres du groupe surréaliste de Paris (autour de Jean Schuster) ont cru bon d'annoncer en cette année la dissolution du groupe, d'autres (autour de Vincent Bounoure) ont décidé de continuer l'aventure surréaliste. Aujourd'hui, à l'année 2002, une activité surréaliste collective existe, non seulement à Paris, mais aussi à Prague, Madrid, Stockholm, Leeds et Chicago.

que le romantisme pour les surréalistes ? Rien ne leur semble plus détestable que la mesquine approche académique qui en fait un « genre littéraire ». Voici ce qu'en dit Breton dans sa conférence de Haïti sur « Le Concept de liberté chez les romantiques » (1945) :

> L'image scolaire qu'on nous demande de nous faire du romantisme est une image *truquée.* L'usage des catégories nationales et des absurdes tiroirs qui servent à séparer les genres littéraires empêche de se faire du mouvement romantique une idée d'ensemble[7].

En fait, le romantisme est une vision du monde – dans le sens de *Weltanschauung* – qui traverse les nations et les siècles :

> Est-il besoin de faire observer que le romantisme, en tant qu'état d'esprit et *humeur* spécifiques dont la fonction est d'instaurer de toutes pièces une nouvelle conception générale du monde, transcende ces façons – très limitées – de sentir et de dire qui se sont proposées après lui (…). Par-delà la jonchée des œuvres qui en procèdent ou en dérivent, notamment à travers le symbolisme et l'expressionnisme, le romantisme s'impose comme un *continuum*[8].

Le surréalisme lui-même se situe dans cette continuité temporelle longue du romantisme en tant que « état d'esprit ». Critiquant les pompeuses célébrations officielles du centenaire du romantisme français en 1930, Breton commente dans le *Second Manifeste* :

> Nous disons, nous, que ce romantisme dont nous voulons bien, historiquement, passer aujourd'hui pour la queue, *mais alors la queue tellement préhensile*, de par son essence même en 1930 réside tout entier dans la négation de ces pouvoirs et de ces fêtes, qu'avoir cent ans d'existence pour lui c'est la jeunesse, que ce qu'on a appelé à tort son époque héroïque ne peut plus honnêtement passer que pour le vagissement d'un être qui commence seulement à faire connaître son désir à travers nous[9].

On ne saurait imaginer, au XXe siècle, une proclamation plus catégorique de l'actualité du romantisme.

Rien ne serait plus faux que de conclure, de cette allégeance explicite, que le romantisme des surréalistes est le même que celui des

---

7 A. Breton, « Évolution du concept de liberté à travers le romantisme » (1945), in *Conjonction. Surréalisme et Révolte en Haïti*, n° 194, juin 1992, p. 82.

8 *Id.*, « Perspective Cavalière », *Perspective Cavalière*, Paris, Gallimard, 1970, p. 227.

9 *Id.*, *Manifestes du Surréalisme*, *op. cit.*, p. 110.

poètes ou penseurs du XIXe siècle. Il s'agit, par ses méthodes, ses choix artistiques ou politiques, ses comportements sensibles, de quelque chose de radicalement *nouveau,* qui appartient pleinement, dans toutes ses dimensions, à la culture du XXe siècle, et qui ne saurait aucunement être considéré comme une simple réédition, ou, pire encore, comme une imitation du premier romantisme.

Bien entendu, la lecture de l'héritage romantique du passé par les surréalistes est hautement sélective. Ce qui les attire vers les « façades gigantesques de Hugo », vers certains textes de Musset, d'Aloysius Bertrand, de Xavier Forneret, de Nerval, c'est, comme l'écrit Breton dans *Le Merveilleux contre le mystère*, la « volonté d'émancipation totale de l'homme ». C'est aussi, chez « un bon nombre d'écrivains romantiques ou postromantiques » – comme Borel, Flaubert, Baudelaire, Daumier ou Courbet – la « haine toute spontanée du bourgeois type », la « volonté de non-composition absolue avec la classe régnante », dont la domination est « une sorte de lèpre contre laquelle, si l'on veut éviter que les plus précieuses acquisitions humaines soient détournées de leur sens et ne contribuent qu'à l'avilissement tous les jours plus grand de la condition humaine, il ne suffit plus de brandir le fouet, mais sur laquelle il faudra un jour porter le fer rouge[10] ».

La même chose vaut pour les romantiques allemands. Breton n'ignore rien de la « doctrine passablement confuse mais ultraréactionnaire » exprimée par Novalis dans son essai *Europe ou la chrétienté* (1799), ou des prises de position hostiles à la Révolution Française d'Achim von Arnim. Mais cela n'empêche que leurs œuvres, véritables *pierres de foudre*, ébranlent les fondements de l'ordre culturel bourgeois, par leur mise en question de la séparation entre le réel et l'imaginaire[11]. Leur pensée gagne ainsi une dimension profondément utopique/subversive, comme par exemple quand Novalis, dans ses fragments philosophiques, « reprend à son

10 *Id.*, « Le Merveilleux contre le mystère » (1936), in *La Clé des champs*, *op. cit.*, p. 10, et « Position politique de l'art » (1935), in *Position politique du surréalisme*, Paris, Denoël-Gonthier, 1972, p. 25-26. On trouve une analyse intéressante du rapport des surréalistes au romantisme allemand dans le livre de K.H. Bohrer, *Die Kritik der Romantik*, Francfort, Suhrkamp Verlag, 1989, p. 48-61. Sur le lien entre surréalisme, romantisme et révolte étudiante des années 60, voir l'essai de R. Faber, « Frühromantik, Surrealismus und Studentenrevolte, Oder die Frage nach dem Anarchismus », in *Romantische Utopie, Utopische Romantik*, sous la direction de R. Faber, Hildesheim, Gerstenberg, 1979, p. 336-358.

11 A. Breton, « Introduction » (1933), in Achim d'Arnim, *Contes Bizarres*, Paris, Julliard, 1964, p. 18, p. 20, p. 21.

compte ce qui est par excellence le postulat magique – et s'il le fait sous une forme qui exclut de sa part toute restriction : "Il dépend de nous que le monde soit conforme à notre volonté[12]" ».

Sélective sera aussi la passion des surréalistes pour certaines traditions et formes culturelles pré-modernes : sans hésiter, les surréalistes vont puiser dans l'alchimie, la Kabbale, la magie, l'astrologie, les arts dits primitifs d'Océanie ou d'Amérique, l'art celtique[13]. Toutes leurs activités sur ce terrain viseront à déborder les limites de « l'art » – comme activité séparée, institutionnalisée, ornementale – pour s'engager dans l'aventure illimitée du ré-enchantement du monde. Cependant, comme révolutionnaires qui s'inspirent de l'esprit des Lumières, de Hegel et surtout de Marx, ils sont les adversaires les plus résolus et les plus intransigeants des valeurs qui sont au cœur de la culture romantique-réactionnaire : la religion et le nationalisme. Comme le proclame le *Second Manifeste* : « Tout est à faire, tous les moyens doivent être bons à employer pour ruiner les idées de famille, de patrie, de religion ». À l'entrée du paradis perdu surréaliste se trouve inscrit en lettres de feu cette inscription libertaire bien connue : Ni Dieu ni Maître !

LE SITUATIONNISME

Malgré les polémiques et les excommunications mutuelles, on ne peut que constater une profonde « affinité élective » entre la tentative de subversion culturelle de Guy Debord et celle d'André Breton et ses amis. Comme l'observe avec intelligence une étude récente sur l'auteur de *La Société du spectacle* :

---

12 *Id.*, « Sur l'art magique » (1957), in *Perspective Cavalière*, *op. cit.*, p. 142.

13 Comme l'observe Marie Dominique Massoni, « la force du désir et du merveilleux les fait [les surréalistes] mettre en chemin vers l'hermétisme, comme les romantiques avaient pu le faire avant eux. Depuis *Entrée des médiums*, jusqu'aux toiles de Camacho ou de Stejskal les surréalistes emboîtent le pas à l'alchimiste Eugène Canseli et et à la tradition ésotérique, la débarrassant de son fatras occultiste souvent très à l'honneur chez les romantiques. Breton a fait inscrire sur sa tombe : "Je cherche l'or du temps". La référence au romantisme tout comme à l'alchimie y est évidente. », M. D. Massoni, « Surréalisme and Romanticism », art. cité, p. 197.

> On ne soulignera jamais assez la dette contractée par Debord et ses amis auprès du surréalisme de l'entre-deux-guerres : il suffit de lire le premier tract surréaliste venu, le plus petit article de *Littérature*, ou une quelconque correspondance d'un surréaliste, pour s'en convaincre. Cette évidente parenté ne sera jamais signalée par les situationnistes[14].

Il est toutefois à noter que dans ses écrits des années 80 et 90, Debord va prendre la défense d'André Breton, dénonçant l'utilisation systématique contre lui du terme dépréciatif de « Pape » comme « une ignominie dérisoire[15] ».

Des différences évidentes existent entre Debord et Breton : le premier est bien plus rationaliste et plus proche du matérialisme français des Lumières. Ce qu'ils partagent, outre la haute visée poétique et subversive qui se propose de dépasser la dualité entre « art » et « action », l'esprit orgueilleux de révolte, d'insoumission et de négativité, c'est la sensibilité *romantique révolutionnaire.*

Guy Debord n'a jamais cessé de dénoncer et de tourner en dérision les idéologies de la « modernisation », sans craindre un seul instant l'accusation d'« anachronisme » : « Quand "être absolument moderne" est devenu une loi spéciale proclamée par le tyran, ce que l'honnête esclave craint plus que tout, c'est qu'on puisse le soupçonner d'être passéiste[16] ».

Et il n'a jamais caché une fascination pour certaines formes précapitalistes de la communauté. La valeur d'échange et la société du spectacle ont dissout la communauté humaine, fondée sur une expérience directe des faits, un vrai dialogue entre les individus et une action commune pour résoudre les problèmes. Debord mentionne souvent les réalisations partielles de la communauté authentique dans le passé : la *polis* grecque, les républiques médiévales italiennes, les villages, les quartiers, les tavernes populaires. Reprenant (implicitement) à son compte la célèbre distinction de Ferdinand Tönnies entre *Gesellschaft* et *Gemeinschaft,* il stigmatise le spectacle comme « une société sans communauté ». Dans les *Commentaires sur la société du spectacle* de 1988, il établit un constat amer de cette déchéance : « Car il n'existe plus d'agora, de communauté générale ; ni même de communautés restreintes à des corps intermédiaires

---

14 Sh. Gonzalvez, *Guy Debord ou la beauté du négatif*, Paris, Mille et Une Nuits, 1998, p. 22.

15 G. Debord, *Considérations sur l'assassinat de Gerard Lebovici*, Paris, Éditions Gérard Lebovici, p. 57. *Cf.* aussi *Id.*, *Cette mauvaise réputation*, Paris, Gallimard, 1993.

16 *Id.*, *Panégyrique*, Paris, Éditions Gérard Lebovici, 1989, p. 89.

ou à des institutions autonomes, à des salons ou des cafés, aux travailleurs d'une seule entreprise[17]... ».

Pour illustrer le *romantisme noir* – au sens du « roman noir » anglais du XVIIIe siècle – de Guy Debord, nous prendrons comme exemple le scénario du film *In Girum Imus Nocte et Consumimur Igni*. Comme ses ancêtres romantiques, Debord n'a que mépris pour la société moderne : il ne cesse de dénoncer ses « mauvaises bâtisses malsaines et lugubres », ses innovations techniques qui ne profitent le plus souvent qu'aux seuls entrepreneurs, son « analphabétisme modernisé », ses « superstitions spectaculaires », et surtout son « paysage hostile », qui répond aux « convenances concentrationnaires de l'industrie présente ». Il est particulièrement féroce envers l'urbanisme néo-haussmannien et modernisateur de la Cinquième République, promoteur d'une sinistre adaptation de la ville à la dictature automobile. Une politique responsable, selon Debord, de la mort du soleil, de l'obscurcissement du ciel de Paris par « la fausse brume de la pollution » qui couvre en permanence « la circulation mécanique des choses, dans cette vallée de la désolation ». Il ne peut donc que refuser « l'infamie présente, dans sa version bourgeoise ou dans sa version bureaucratique », et il ne voit pas d'autre issue à ses contradictions que « l'abolition des classes et de l'État[18] ».

Cet anti-modernisme révolutionnaire s'accompagne d'un regard nostalgique vers le passé – peu importe qu'il s'agisse de la « demeure antique du roi de Ou », réduite en ruines, ou du Paris des années 50, devenu lui aussi – grâce à l'urbanisme contemporain – une ruine béante. Le regret poignant des « beautés qui ne reviendront pas », des époques où « les étoiles n'étaient pas éteintes par le progrès de l'aliénation », l'attirance pour « les dames, les cavaliers, les armes, les amours » d'un âge révolu traversent, comme un murmure souterrain, tout le texte[19].

Mais il ne s'agit pas de revenir au passé. Peu d'auteurs du XXe siècle ont réussi, autant que Guy Debord, à transformer la nostalgie en

---

17 *Id.*, *La Société du spectacle* (1967), Paris, Gallimard, 1992, p. 154 ; *Id.*, *Commentaires sur la société du spectacle*, Paris, Éditions Gérard Lebovici, 1988, p. 29. Il lui arrive aussi, dans le même contexte, à idéaliser « ce qui furent naguère des magistrats, des médecins, des historiens... ». Pour une critique légitime de cette « complaisance romantique » envers la justice et la médecine d'avant le spectacle, *cf.* Sh. Gonzalvez, *Guy Debord ou la beauté du négatif*, *op. cit.*, p. 49.

18 G. Debord, *In Girum Imus Nocte et Consumimur Igni*, in *Œuvres cinématographiques complètes*, Paris, Éditions Champ Libre, 1978, p. 193, p. 202, p. 212, p. 220-221.

19 *Ibid.*, p. 217, p. 219, p. 221, p. 255.

une force explosive, en une arme empoisonnée contre l'ordre des choses existant, et en une percée révolutionnaire vers l'avenir. Ce qu'il cherche, ce n'est pas le retour à l'âge d'or, mais « la formule pour renverser le monde[20] ».

Aussi bien le surréalisme que le situationnisme ont joué un rôle culturel important dans les événements de Mai 68, une révolte qui ne peut pas être comprise sans la dimension romantique révolutionnaire.

CRITIQUE LITTÉRAIRE MARXISTE ET ROMANTISME RÉVOLUTIONNAIRE

À la suite de cette évocation de mouvements culturels et artistiques ayant joué un rôle primordial au XXe siècle, nous nous tournons vers un champ qui concerne plus directement la réception du romantisme originel au XXe siècle : la critique littéraire d'inspiration marxiste ou marxisante, dans sa conjoncture avec le romantisme. Nous développerons surtout un exemple important, tiré du champ culturel anglais, mais le sujet nécessite d'abord quelques remarques préliminaires. Si on regarde la critique marxiste du XXe siècle en général, on trouve une tendance forte – liée à des conceptions passablement étriquées et dogmatiques – de réticence ou même d'hostilité envers les courants et mouvements romantiques du XIXe siècle, souvent considérés comme étant à la fois « idéalistes » et « réactionnaires ». Dans cette perspective, le romantisme est perçu comme antithétique au marxisme ; il exprime un stade inférieur de révolte et est associé avec d'autres classes que le prolétariat. Il s'oppose aussi au « réalisme » en littérature, avec lequel le marxisme s'identifie. Cette attitude se reflète clairement, entre autres, dans la présentation que fait Jean Fréville, en 1936, d'un recueil de textes de Marx et Engels sur la littérature et l'art. D'une manière très tendancieuse, parce que les contenus les contredisent en grande partie, Fréville intitule les chapitres d'extraits ayant trait aux romantiques : « Contre le romantisme », « Les Méfaits du romantisme », et « Le Romantisme réactionnaire ». Ces intitulés révèlent bien davantage le point de vue

20 *Ibid.*, p. 247-249.

de Fréville et d'un certain marxisme dogmatique, que celui des pères fondateurs du marxisme[21].

Ce n'est donc pas du côté d'une certaine « orthodoxie » marxiste – d'obédience plus ou moins stalinienne – qu'il faut chercher une sympathie pour les mouvements romantiques, et au-delà, une expression du romantisme révolutionnaire, mais plutôt sur les marges, chez des critiques et penseurs excentriques et originaux. Dans l'aire germanique on pourrait mentionner, bien entendu, Georg Lukacs – à l'origine du concept de « l'anticapitalisme romantique » – quoique son rapport à ce romantisme soit extrêmement complexe (on peut dire, en simplifiant, que plus Lukacs se rapproche de l'orthodoxie stalinienne, plus il s'éloigne du romantisme)[22]. En dehors de Lukacs, il faudrait inclure aussi certains penseurs associés à l'École de Francfort, notamment Herbert Marcuse, qui sans être des critiques littéraires à proprement parler, ont réfléchi sur, et analysé, des textes littéraires.

Dans le domaine français, on citera surtout Henri Lefebvre, qui était sans doute philosophe et sociologue avant tout, mais qui a consacré plusieurs études aux auteurs littéraires, notamment des romantiques (Musset, Stendhal…). Or, Lefebvre est l'auteur d'un essai, publié dans la NRF en 1957, précisément intitulé « Vers un romantisme révolutionnaire ». Bien qu'il appelle de ses vœux dans cet article un *nouveau* romantisme qui ne ferait plus référence au passé comme le faisait le romantisme du XIXe siècle, dans d'autres ouvrages Lefebvre montre clairement que lui aussi éprouve une nostalgie pour un passé précapitaliste, et s'en inspire dans ses propres projections vers l'avenir[23]. Parmi les critiques fran-

21 K. Marx, F. Engels, *Sur la littérature et l'art*, édité par J. Fréville, Paris, Éditions Sociales Internationales, 1936. Un recueil en anglais, d'inspiration très différente, est : *Marx and Engels on Literature and Art*, édité par L. Baxandall et S. Morawski, St. Louis, Milwaukee, Telos Press, 1973. Pour une discussion des perspectives de Marx et Engels sur les auteurs romantiques, voir R. Sayre, M. Löwy, « Marx, Engels et les écrivains romantiques », *Europe*, numéro spécial sur « Marx et la culture », n° 988-989, août-septembre 2011, p. 83-99.

22 Sur Lukacs et « l'anticapitalisme romantique », voir M. Löwy, *Pour une sociologie des intellectuels révolutionnaires : L'évolution politique de Lukacs 1909-1929*, Paris, PUF, « Sociologie d'aujourd'hui », 1976.

23 H. Lefebvre, « Vers un romantisme révolutionnaire », *La Nouvelle Revue Française*, 1er octobre 1957, p. 32-60. Sur la dimension nostalgique de Lefebvre, voir notamment son ouvrage *La Vallée de Campan, étude de sociologie rurale*, Paris, PUF, 1963. Sur le romantisme révolutionnaire de Lefebvre dans son rapport aux situationnistes, voir l'excellent article de Patrick Marcolini : P. Marcolini, « L'Internationale situationniste et la querelle du romantisme révolutionnaire », *Noesis* n° 11, 2007, p. 31-46.

çais, on pourrait peut-être aussi considérer Pierre Barbéris, récemment disparu, comme étant dans une certaine mesure tributaire du courant romantique révolutionnaire.

Chez les Anglais, il faudrait avant tout mentionner le personnage de E. P. Thompson, auteur d'une étude magistrale de William Morris, écrivain et artiste du XIXᵉ siècle qui incarnait dans sa vie et son œuvre à la fois un communisme anarchisant et un romantisme utopique. La vision de Thompson lui-même est très proche de celle de Morris. Mais, bien qu'il ait écrit sur d'autres auteurs romantiques que Morris – William Blake, notamment – Thompson était surtout un historien social, qui a profondément marqué la vie intellectuelle anglaise avec son magnum opus, *The Making of the English Working Class* (1963)[24]. En revanche, le penseur anglais sur lequel nous allons nous concentrer, pour illustrer le romantisme révolutionnaire du XXᵉ siècle dans son rapport à la réflexion sur les textes littéraires, était avant tout un « littéraire ».

RAYMOND WILLIAMS

Il s'agit d'un écrivain qui a exercé une influence sur la vie intellectuelle britannique presque aussi considérable que Thompson, mais qui reste quasi inconnu en France. Un seul de ses nombreux livres a été publié, très tardivement, en traduction française, et celui-ci n'est pas parmi ses principales publications littéraires[25]. Gallois, issu d'une famille modeste (son père était cheminot), Raymond Williams a fait ses études à l'Université de Cambridge ; pendant ses années universitaires il a adhéré, comme son camarade de classe Eric Hobsbawm, au Parti communiste britannique. Mais contrairement à Hobsbawm,

24 L'ouvrage a été traduit en français avec un grand retard : E. P. Thompson, *La Formation de la classe ouvrière anglaise*, trad. G. Dauvé, M. Golaszewski et M-N. Thibault, Paris, Seuil, Points-Histoire, 2012, ainsi que, plus récemment encore, un autre ouvrage majeur, *Customs in Common* (1991) : *Id.*, *Les Usages de la coutume : traditions et résistances populaires en Angleterre, XVIIᵉ-XIXᵉ siècles*, trad. J. Boutier et A. Virmani, Paris, Gallimard, Seuil, Éditions de l'EHESS, 2015.

25 R. Williams., *Culture et matérialisme*, trad. N. Calvé et É. Dobenesque, Paris, Éditions Les Prairies ordinaire, 2009.

qui y est resté pour la majeure partie de sa carrière, Williams a quitté le Parti avant la fin de ses études, et pendant le reste de sa vie il s'est défini comme un « socialiste » dans le sens que donnent les Anglais à ce terme, un marxiste indépendant qui faisait un usage original de cet héritage. Auteur de plus d'une vingtaine de livres, qui s'étendent de la fin des années 40 à la fin des années 80 (il est mort en 1988), son œuvre est multiforme, abordant surtout la littérature et le théâtre, mais aussi les médias, notamment la télévision, et plus généralement des questions de « culture ». Williams était lié au mouvement intellectuel des « *Cultural Studies* » (études culturelles) qui s'est développé d'abord en Angleterre à partir des années 50, mais il en a donné une expression particulière – qu'il appelait le « matérialisme culturel » – plus proche du marxisme que chez d'autres interprètes de ce courant. Williams a évolué dans une certaine mesure au cours de sa vie d'auteur, mais il s'agit de modulations à partir d'un fondement commun qu'on peut bien caractériser de « romantisme révolutionnaire ». Dans ce qui suit, nous évoquerons surtout deux ouvrages clés, tirés de deux périodes différentes de sa production, pour illustrer sa problématique.

Le premier, *Culture and Society* [*Culture et société*], qui est à l'origine de sa célébrité, a paru en 1958. Dans un entretien donné une vingtaine d'années plus tard, Williams a expliqué que son intention en écrivant ce livre était « oppositionnelle », qu'il voulait

> riposter à l'appropriation d'une longue lignée de pensée sur la culture par une perspective qui était devenue [...] définitivement réactionnaire, [...] essayer de rétablir la véritable complexité de la tradition confisquée – afin de faire apparaître la récupération pour ce qu'elle était[26].

Or cette tradition que Williams voulait sauver de son appropriation par la droite, c'était précisément la tradition romantique anglaise. Ce courant s'étend de la fin du XVIIIe siècle à nos jours. L'ouvrage prend comme point de départ la constatation que deux phénomènes se produisent simultanément pendant cette période : le développement d'un nouveau sens du mot « culture », et l'avènement du capitalisme industriel. La culture dans son nouveau sens se définit par contraste avec cette société : c'est le domaine de l'idéal et de la vraie valeur. Certains artistes et penseurs la conçoivent comme un refuge ou une enclave à

26 *Id.*, *Politics and Letters : Interviews with New Left Review*, Londres, NLB, 1979, p. 97-98.

l'intérieur de la société moderne, d'autres comme nécessairement une « culture commune » vers laquelle il faut aspirer, mais tous regrettent, d'une manière ou d'une autre, une communauté culturelle perdue qui existait avant l'ère moderne.

Parcourant cette tradition qui traverse le XIXe siècle, des poètes du premier romantisme – Blake, Wordsworth et Shelley, entre autres – en passant par le roman « industriel » de Elizabeth Gaskell, Dickens et George Eliot, jusqu'aux ouvrages, en divers genres, des critiques « prophétiques » de la modernité qu'étaient John Ruskin et William Morris, Williams montre comment elle continue à se développer, sous des formes très diverses, au XXe siècle, chez d'importants écrivains comme George Bernard Shaw, D. H. Lawrence, T. S. Eliot, George Orwell. Williams attribue un rôle crucial à William Morris dans cette filiation – ce courant qui critique la « société » au nom de la « culture » – voyant en Morris une espèce de plaque tournante entre le XIXe et le XXe siècle. Un chapitre important de *Culture and Society* est consacré aux rapports entre la tradition romantique et le marxisme, anglais en particulier. Selon Williams, une partie considérable des marxistes anglais des années 1930 continuaient sous une autre forme cette tradition qui inclut le poète et essayiste victorien Matthew Arnold aussi bien que William Morris, en tentant de créer une théorie marxiste de la culture. Cette tentative, selon Williams, constituait « une interaction entre le romantisme et Marx, entre l'idée de la culture qui est la principale tradition anglaise, et la brillante réévaluation de cette idée que fit Marx ». Quand il ajoute « Nous sommes obligés de conclure que l'interaction est jusqu'à présent loin d'être achevée », Williams définissait en fait le projet – peut-être sans le savoir – qui serait le sien, et celui de E. P. Thompson, par la suite[27].

Dans *Culture and Society* Williams montre la grande diversité des options politiques qu'on trouve à l'intérieur d'un même refus d'une société commerciale, industrielle, mécanique. Il fait ressortir les affinités qui peuvent lier des conservateurs comme le poète Robert Southey à des « radicaux » comme William Cobbett, qui peuvent lier l'anarcho-communiste William Morris au nostalgique de la chrétienté médiévale qu'était T. S. Eliot. Or, dans l'entretien vingt ans après auquel nous avons déjà fait allusion, Williams tient à se défendre contre le reproche d'avoir minimisé dans ce livre les positions politiques répréhensibles de certains :

27 *Id.*, *Culture and Society*, Londres, Chatto and Windus, 1958, p. 280.

> J'avais découvert des thèmes profondément liés à l'idée que je me faisais de la crise de mon époque et de la voie socialiste pour en sortir, non pas dans la liste approuvée des penseurs progressistes, mais chez ces figures paradoxales. [...] J'ai pu réintroduire certains thèmes et certaines questions qui me semblent toujours la base nécessaire de l'action[28].

Contre les communistes ou les socialistes « productivistes », Williams affirme que c'est précisément avec l'explosion de la productivité dans l'après-guerre que « les questions posées par Blake et Cobbett ont acquis leur force[29] ». Le romantisme reste donc actuel.

Le deuxième livre que nous aborderons s'intitule *The Country and the City* [*La campagne et la ville*]. Publié en 1973, il explore une thématique qui recoupe partiellement celle de *Culture and Society* – le contraste entre la campagne et la ville – en analysant les rapports souvent complexes entre les images littéraires et l'Histoire réelle. Comme Williams l'indique dans l'entretien de 1978, ce livre aussi avait un but « polémique », visant en fait deux cibles opposées : d'un côté, il attaquait l'interprétation consacrée des poèmes faisant l'éloge des grands manoirs campagnards (« *country houses* »), qui les voit comme autant de « descriptions » (*records*) de ces manoirs, et donc par extension « de la société rurale organique que fut l'Angleterre d'autrefois ». Mais de l'autre côté, Williams s'opposait à une forme de pensée dominante à l'époque dans le Parti travailliste, qui n'envisageait le socialisme que comme « un capitalisme industriel réussi, sans les capitalistes[30] ». En effet, dans le livre Williams lutte sur deux fronts : en tant que révolutionnaire contre un romantisme mystificateur et réactionnaire, en tant que romantique, contre le dévoiement du projet révolutionnaire, sa corruption par le monde moderne.

Dans le premier moment de la critique, Williams conteste le tableau édénique du domaine campagnard dépeint par une certaine littérature « néo-pastorale » du XVIIe siècle, qui servait selon lui souvent d'écran idéologique, puisque ces domaines étaient déjà le locus d'un capitalisme agraire naissant. Williams voit vers le milieu du XVIIIe siècle une modification importante dans la littérature rustique : d'une idéalisation de la retraite rurale on passe à un sentiment mélancolique de perte et de déchéance ; ceci implique un saut qualitatif dans le développement du

28 *Id.*, *Politics and Letters*, *op. cit.*, p. 106.
29 *Ibid.*, p. 115.
30 *Ibid.*, p. 304, p. 314.

capitalisme rural, et annonce déjà une « structure de sensibilité » (un concept-clé de la critique littéraire de Williams) pleinement romantique[31]. Désormais cette littérature regrettera souvent une époque de bien-être campagnard dans un passé récent, et chaque génération revivra l'illusion qui consiste à sentir qu'elle-même a vécu la crise de la disparition de la « Vieille Angleterre[32] ». Cette démystification de la thématique rustique et nostalgique peut donner l'impression dans certains passages d'une offensive antiromantique de la part de Williams. Mais il n'en est rien, car ce qu'il recherche, c'est plutôt un romantisme lucide et complexe qui peut convaincre parce qu'il a prise sur la réalité. Ceci étant dit, il est vrai que cette position ne lui permet pas d'apprécier, dans certaines manifestations de cette littérature, une aspiration utopique authentique qui s'exprime à travers une nostalgie conditionnée par la culture de l'élite.

Williams donne une inflexion très personnelle à sa discussion du thème de la campagne dans ce livre, se référant à sa jeunesse dans une région rurale du Pays de Galles et au caractère uni de sa communauté, dû en partie à sa petite taille (une communauté « connaissable » comme il l'appelle[33]). Il conserve un grand attachement envers la terre, et ressent de la colère devant la récupération de ce thème par les élites et par la droite conservatrice : « Le chant de la terre, du travail rural, de la jouissance [...] du monde naturel, est trop important, et trop mouvant, pour être docilement abandonné [aux ennemis du changement[34]] ».

Williams connaît aussi les aliénations de la ville moderne, et dans sa discussion du pôle urbain de l'opposition dans le livre, il cite comme témoignages véridiques les récits que font Wordsworth, Carlyle et Hardy de leur expérience de l'isolement, de la fragmentation sociale dans la grande ville. Mais il met en valeur également les possibilités d'épanouissement offertes par la ville, et en fin de compte ce à quoi il aspire est plutôt la *transcendance* de l'opposition elle-même, entre la ville et la campagne, dans une société post-capitaliste enracinée dans des valeurs précapitalistes. À la fin du livre, il rappelle qu'il existe une idée chez Marx et Engels

31 *Id.*, *The Country and the City*, New York, Oxford University Press, 1973, p. 61, p. 68.

32 Sur le phénomène global, voir *Ibid.*, chapitre 2.

33 Sur les « *knowable communities* », voir notamment *ibid.*, chapitre 16.

34 *Ibid.*, p. 271.

qui est à la fois la plus passionnante, la plus pertinente mais la moins développée de toute la pensée révolutionnaire. Engels écrivait que le socialisme « abolirait le contraste entre la ville et la campagne, qui a été amené à son point culminant par la société capitaliste actuelle[35] ».

Or, comme Williams le note ailleurs dans *The Country and the City*, cette transcendance de la division ville/campagne, division qui contient toutes les autres, avait déjà été évoquée par William Blake, lorsque dans un de ses vers les plus connus le poète exprime sa volonté ardente de « construire Jérusalem dans la terre verdoyante et agréable d'Angleterre[36] ».

Dans la dernière période de sa carrière, les travaux de Williams s'orientent de plus en plus vers une tentative de définir la forme que pourrait et devrait prendre une « nouvelle Jérusalem », une véritable transcendance de la société actuelle. Parmi les essais de cette période, on trouve une petite monographie sur la vie et l'œuvre de William Cobbett[37]. Cet auteur avait déjà figuré dans *Culture and Society* et *The Country and the City*, que Williams reprend pour l'examiner plus longuement. Ce n'est pas un hasard car, dans la tradition de la critique sociale romantique, Cobbett est, avec quelques autres, un auteur privilégié pour Williams, l'un des plus proches de sa propre sensibilité et de ses perspectives.

Si Williams lui trouve quelques faiblesses, elles ne portent pas sur l'essentiel. Ce qui constitue pour lui la grande valeur de Cobbett, c'est que celui-ci est d'un tempérament profondément démocrate, qu'il manifeste un mode de pensée concret, une sorte de matérialisme spontané, et surtout qu'il se solidarise pleinement avec les ouvriers dans leur souffrance et leur révolte face à l'avènement d'un monde régi par le capitalisme. C'est de cette forme-là de romantisme que Williams lui-même se réclame. Dans son étude de l'auteur de *Rural Rides* [*Voyages à la campagne*[38]], Williams s'efforce donc de mettre en valeur sa force subversive contre ceux qui veulent le réduire à n'être qu'un simple réactionnaire rêvant du passé :

35 *Ibid.*, p. 304.

36 *Ibid.*, p. 149.

37 *Id.*, *Cobbett*, Oxford, Oxford University Press, « Past Masters », 1983. William Cobbett (1763-1835) fut un journaliste, essayiste et polémiste célèbre en son temps. D'abord conservateur, il devint vers 1804 – et resta jusqu'à la fin de sa vie – un « Radical ».

38 L'œuvre la plus connue de Cobbett, *Rural Rides* a acquis le statut d'un classique mineur.

> S'il est la voix de quelque chose qu'on peut appeler [...] la Vieille Angleterre, il est aussi, dans le même mouvement, la voix de la protestation contre le capital financier, l'impérialisme et l'État aristocratique, et la voix de l'encouragement à l'organisation de la classe ouvrière[39].

On ne saurait mieux caractériser le romantisme révolutionnaire – celui du XIXe, comme du XXe siècle.

Michael LÖWY
EHESS

Robert SAYRE
UPEM

39 R. Williams, *Cobbett*, *op. cit.*, p. 56.

LECTURES CRITIQUES DU ROMANTISME

(1900-2014)

1894 Ferdinand BRUNETIÈRE, *L'Évolution de la poésie lyrique en France au dix-neuvième siècle*, 2 vol., Paris, Hachette.

1902 Georg BRANDES (1842-1927), *L'École romantique en France*, traduit sur la 8e édition allemande par A. Topin, précédé d'une introd. par Victor Basch, Paris, A. Michalon (t. V, seul traduit en fr., des *Grands courants littéraires au XIXe siècle*).

1904 Emmanuel BARAT, *Le Style poétique et la révolution romantique*, Paris, Hachette.

Isaac ROUGE, *Frédéric Schlegel et la genèse du romantisme allemand (1791-1797)*, Paris, A. Fontemoing.

1905 Charles MAURRAS, *L'Avenir de l'intelligence, suivi de Auguste Comte ; Le romantisme féminin ; Mademoiselle Monk*, Paris, A. Fontemoing.

1906 Albert CASSAGNE, *La Théorie de l'art pour l'art en France chez les derniers romantiques et les premiers réalistes*, Paris, Hachette.

1907 Edmond ESTÈVE, *Byron et le romantisme français : essai sur la fortune et l'influence de l'œuvre de Byron en France de 1812 à 1850*, Paris, Hachette.

Pierre LASSERRE, *Le Romantisme français. Essai sur la révolution dans les sentiments et dans les idées au XIXe siècle*, Paris, Mercure de France.

1908 Ernest SEILLIÈRE, *Le Mal romantique, essai sur l'impérialisme irrationnel*, Paris, Plon-Nourrit et Cie, 1903-1908.

1910 Louis MAIGRON, *Le Romantisme et les mœurs* : *essai d'étude historique et sociale, d'après des documents inédits*, Paris, Honoré Champion.

1912 Jules MARSAN, *La Bataille romantique*, Paris, Hachette.

Daniel MORNET, *Le Romantisme en France au XVIIIe siècle*, Paris, Hachette.

1917 Paul VAN TIEGHEM, *Ossian en France*, Paris, Hachette.

1918 Julien BENDA. *Belphégor, essai sur l'esthétique de la présente société française.* [4e édition.], Paris, É. Paul frères.

1920 Fernand BALDENSPERGER, *Goethe en France. Étude de littérature comparée*, 2e éd. revue, Paris, Hachette.

1921 Fernand BALDENSPERGER, « La Littérature comparée : le mot et la chose », introduction au premier numéro de la *Revue de littérature comparée.*

1922 Léon DAUDET, *Stupide* XIX*e siècle*, Paris, Nouvelle Librairie Nationale.

1923 Fernand BALDENSPERGER, *Le Mouvement des idées dans l'émigration française (1789-1815)*, Paris, Plon-Nourrit.

1924 Arthur O. LOVEJOY, "On the Discrimination of Romanticisms", *PMLA*, Vol. 39, n° 2 (Jun., 1924), p. 229-253.

Pierre TRAHARD, *Le Romantisme défini par « Le Globe »*, Paris, Les Presses françaises.

Paul VAN TIEGHEM, « La notion de vraie poésie dans le préromantisme européen », dans *Le Préromantisme*, t. I, Paris, Félix Alcan, p. 17 et suiv.

1927 Maurice SOURIAU, *Histoire du romantisme en France*, 3 vol. (*I. 1. Le romantisme sous l'Ancien Régime. La Révolution, le Consulat et l'Empire ; 2. La Restauration ; II. La Décadence du romantisme*), Paris, Spes, 1927-1928.

1928 Charles MAURRAS, Raymond de La TAILHÈDE, *Un débat sur le Romantisme*, Paris, E. Flammarion.

Auguste VIATTE, *Les Sources occultes du romantisme : illuminisme, théosophie* (1770-1820), Paris, Honoré Champion.

1929 André MONGLOND, *Histoire intérieure du Préromantisme français de l'Abbé Prévost à Joubert : Le héros préromantique*, Grenoble, B. Arthaud.

1930 André MONGLOND, *Le Préromantisme français*, Grenoble, Artaud, 1930, 2 vol.

Henri TRONCHON, *Romantisme* et *préromantisme. En l'honneur du romantisme* : Conférences faites à la Faculté des lettres pendant la « Quinzaine romantique » (26 mai – 6 juin 1930), Dijon, Faculté des lettres.

Paul VAN TIEGHEM, « La Poésie de la nuit et des tombeaux », dans *Le Préromantisme. Études d'histoire littéraire européenne*, t. II, Paris, Félix Alcan.

1932 Pierre MOREAU, *Le Romantisme*, Paris, J. de Gigord. (*Histoire de la littérature française*, t. VIII).

1933 Edmond EGGLI, et Pierre MARTINO, *Le Débat romantique en France (1813-1830). Pamphlets. Manifestes. Polémiques de presse*, Paris, Les Belles Lettres, 1933, t. I (seul paru).

1934 Ernest SEILLIÈRE, *Sur la psychologie du romantisme allemand*, Paris, Nouvelles Éditions Critiques.

Jean GIBELIN, *L'Esthétique de Schelling et l'Allemagne de madame de Staël*, Paris, Honoré Champion.

1935 Herbert J. HUNT, *Le Socialisme et le romantisme en France. Étude de la presse socialiste de 1830 à 1848*, Oxford, Clarendon Press.

1936 Albert THIBAUDET, *Histoire de la littérature française de 1789 à nos jours*, Paris, Stock, ; rééd. Paris, Cnrs Éditions (2007), présentation de Michel Leymarie.

1937 Fernand BALDENSPERGER, « "Romantique", ses analogues et ses équivalents, tableau synoptique de 1650 à 1810 », *Harvard Studies and Notes in Philology and Literature*, XIX, 1937, p. 13-106.

« Le romantisme allemand », *Les Cahiers du Sud*, n° 194, 1er semestre 1937.

1939 Albert BÉGUIN, *L'Âme romantique et le rêve*, Paris, José Corti ; édition augmentée, 1946.

1941 Arthur O. LOVEJOY, "The Meaning of Romanticism for the Historian of Ideas", *Journal of the History of Ideas*, Vol. 2, N° 3 (Jun. 1941), p. 257-278.

1944 Philippe VAN TIEGHEM, *Le Romantisme français*, Paris, Presses Universitaires de France.

1945 Pierre MARTINO, (1880-1953), *L'Époque romantique en France 1815-1830*, Paris, Boivin (Le livre de l'étudiant, n° 16).

1947 René JASINSKI (1898-1985), *Histoire de la littérature française*, t. II, Paris, Boivin & Cie.

Jules BERTAULT, *La Vie littéraire à l'époque romantique*, Paris, Taillandier.

Roger PICARD, *Le Romantisme social*, Paris, Coopérative du Livre.

1948 Paul Van TIEGHEM, *L'Ère romantique – t. I : Le Romantisme dans la littérature européenne*, Paris, Albin Michel.

1949 Albert BÉGUIN (éd.), « Le Romantisme allemand », Marseille, *Les Cahiers du Sud*, Paris, Rivages.

Francis DUMONT (éd.), « *Les Petits romantiques français* », Marseille, *Les Cahiers du Sud.*

HOOG (A.), « La révolte métaphysique et religieuse des petits romantiques », *Cahiers du sud*, 1949, « Les Petits romantiques », p. 13-26.

	René WELLEK, "The Concept of "Romanticism" in Literary History", *Comparative Literature*, n° I, 1949, p. 1-23, p. 147-172.
1951	Morse PECKHAM, "Toward a theory of romanticism", *PMLA*, mar. 1951, p. 5-23.
1953	Roland BARTHES, *Le Degré zéro de l'écriture*, Paris, Denoël.
	M. H. ABRAMS, *The Mirror and the lamp, romantic theory and the critical tradition*, New York, Oxford University Press.
1954	Roland BARTHES, *Michelet par lui-même*, Paris, Éditions du Seuil.
	Léon CELLIER, *L'Épopée romantique*, Paris, Presses Universitaires de France.
1955	Maurice BLANCHOT, *L'Espace littéraire*, Paris, Gallimard.
1957	Maurice BLANCHOT, *Le Livre à venir*, Paris, Gallimard.
1959	Christian JENSEN, *L'Évolution du romantisme. L'année 1826*, Genève, Droz.
1961	Roger AYRAULT, *La Genèse du romantisme allemand, t. 1. et 2. : Situation spirituelle de l'Allemagne dans la deuxième moitié du XVIIIe siècle*, Paris, Aubier – Éditions Montaigne.
	Maurice Z. SHROEDER, *Icarus : The image of the artist in French romanticism*, Cambridge, Harvard University Press.
	Elizabeth TEICHMANN, *La Fortune d'Hoffmann en France*, Genève, Droz et Paris, Minard.
	Philippe Van TIEGHEM, *Le Romantisme français*, Paris, Presses Universitaires de France, coll. « QSJ ».
1962-1978	Marcel BRION, *L'Allemagne romantique*, 4 vol., Paris, Albin Michel, 1962, 1963, 1977, 1978.
1963	Jean FABRE, *Lumières et Romantisme. Énergie et nostalgie de Rousseau à Mickiewicz*, Paris, Klincksieck.
1964	Charles DÉDÉYAN, *L'Imagination fantastique dans le romantisme européen (Angleterre, Allemagne, France)*, Paris, CDU.
1966	Michel FOUCAULT, *Les Mots et les Choses. Une archéologie des sciences humaines*, Paris, Gallimard, coll. « Bibliothèque des sciences humaines ».
	Jean STAROBINSKI, « Note sur le bouffon romantique », *Cahiers du Sud*, n° 387-388, p. 270-275.
1969	Pierre ALBOUY, *Mythes et mythologies dans la littérature française*, Paris, Armand Colin, coll. « U_2 ».
	Maurice BLANCHOT, *L'Entretien infini*, Paris, Gallimard.
	Romantisme et politique (1815-1851) [colloque de l'École normale supérieure de Saint-Cloud, 1966], Paris, Armand Colin.

Robert AYRAULT, *La Genèse du romantisme allemand*, t. III, 1797-1804 (I), Paris, Aubier-Montaigne.

1970 Pierre BARBÉRIS, *Balzac et le mal du siècle. Contribution à une physiologie du monde moderne*, 2 vol., Paris, Gallimard.

Roland BARTHES, *S/Z*, Paris, Éditions du Seuil.

Jean-Pierre RICHARD, *Études sur le romantisme*, Paris, Seuil.

1971 Léon CELLIER, *L'Épopée humanitaire et les grands mythes romantiques*, Paris, SEDES.

Brian JUDEN, *Traditions orphiques et tendances mystiques dans le romantisme français (1800-1855)*, Paris, Klincksieck.

Henri. M. PEYRE, *Qu'est-ce que le romantisme ?*, Paris, Presses Universitaires de France.

Georges POULET, *Trois essais de mythologie romantique*, Paris, José Corti.

Jacques SEEBACHER (éd.), *Romantisme*, n° 1-2 : « L'impossible unité ».

1972 Hans EICHNER, *"Romantic" and its Cognates : The European History of a Word*, Manchester, Manchester U. Press.

Jean-Paul SARTRE, *L'Idiot de la Famille*, 3 vol., Paris, Gallimard, « Bibliothèque des idées ».

Philippe van TIEGHEM, *Le Romantisme français*, Paris, Presses Universitaires de France, coll. « QSJ », Dixième édition.

1972-1973 Pierre BARBÉRIS et Claude DUCHET (éd.) *Histoire littéraire de la France*, t. IV (1789-1850), Paris, Éditions sociales.

1973 Paul BÉNICHOU, *Le Sacre de l'écrivain (1750-1830)*, Paris, José Corti.

Max MILNER, *Littérature française. T. XII : Le Romantisme. I. 1820-1843*, Paris, Arthaud.

Paul ROZENBERG, *Romantisme anglais : le défi des vulnérables*, Paris, Larousse.

1974 Julia KRISTEVA, *La Révolution du langage poétique*, Paris, Éditions du Seuil.

Peter SZONDI, *Poésie et poétique dans l'idéalisme allemand*, traduit par Jean Bollack, Paris, Minuit.

Hans Peter LUNDT, « Le Romantisme et son histoire », *Romantisme*, n° 7, 1974, p. 107-116.

1975 Paul VIALLANEIX (éd.), *Le Préromantisme. Hypothèse ou hypothèque*, colloque de Clermont-Ferrand de juin 1972, Paris, Klincksieck.

Max MILNER, « Romantisme et surréalisme : la redécouverte des petits romantiques », *Cahiers du XXe siècle*, 1975, n° 4, p. 33-47.

1976 Georges GUSDORF, *Naissance de la conscience romantique au siècle des lumières*, Paris, Payot.

Béatrice DIDIER, *Littérature française. T. XI Le XVIIIe siècle III (1778-1820)*, Paris, Arthaud.

Roger AYRAULT, *La Genèse du romantisme allemand*, t. IV, vol. II, Paris, Aubier – Éditions Montaigne.

1977 Paul BÉNICHOU, *Le Temps des prophètes*, Paris, Gallimard, « Bibliothèque des idées ».

Mario PRAZ, *La Chair, la mort et le diable dans la littérature du XIXe siècle : Le romantisme noir*, traduit par Constance Thompson Pasquali, Paris, Éditions Denoël.

Tzvetan TODOROV, *Théories du symbole*, Paris, Seuil, coll. « Poétique ».

1978 Philippe LACOUE-LABARTHE et Jean Luc NANCY, *L'Absolu littéraire. Théorie de la littérature du romantisme allemand*, Paris, Seuil, coll. « Poétique ».

1979 Claude PICHOIS, *Littérature française. T. XIII Le Romantisme II (1843-1869)*, Paris, Arthaud.

JEAN PAUL, *Cours préparatoire d'esthétique*, traduit par Anne-Marie Lang, Jean-Luc Nancy, Lausanne, L'Âge d'homme.

1982 James Smith ALLEN, *Popular French romanticism. Author, Reader and Books in the XIXe century*, Syracuse-New York, University Press, 1981.

Georges GUSDORF, *Fondements du savoir romantique*, Paris, Payot.

Georges GUSDORF, *Du néant à Dieu dans le savoir romantique* (*Les Sciences humaines et la pensée occidentale*, t. X), Paris, Payot, 1982.

Hans EICHNER, "The Rise of Modern Science and the Genesis of Romanticism", *PMLA*, vol. 97, nº 1, Jan. 1982, p. 8-30.

1983 Marguerite IKNAYAN, *The Concave Mirror. From imitation to expression in french esthetic theory (1800-1830)*, Saratoga, Anma Libri.

Jean-Marie SCHAEFFER, *La Naissance de la littérature. La théorie esthétique du romantisme allemand*, Paris, Pens.

1984 Antoine BERMAN, *L'Épreuve de l'étranger. Culture et traduction dans l'Allemagne romantique*, Paris, Gallimard.

Georges GUSDORF (1912-2000), *L'Homme romantique* (*Les Sciences humaines et la pensée occidentale*, t. XI), Paris, Payot.

Philippe MURAY, *Le XIXe siècle à travers les âges*, Paris, Denoël, coll. « L'infini ».

1985 Max MILNER, Claude PICHOIS, *Littérature française 7. De Chateaubriand à Baudelaire*, Paris, Arthaud.

1986 Walter BENJAMIN, *Le Concept de critique esthétique dans le romantisme allemand*, trad. Philippe Lacoue-Labarthe et Anne-Marie Lang, Pairs, Flammarion.

1988 Paul BÉNICHOU, *Les Mages romantiques*, Paris, Gallimard, « Bibliothèque des idées ».

1990 Madeleine AMBRIÈRE (dir.), *Précis de littérature française du XIXe siècle*, Paris, Presses Universitaires de France.

Max MILNER, « *Les Cahiers du Sud* ont-ils inventé les "petits romantiques" ? », *Romantisme*, 1988, vol. 18, n° 59, p. 83-90.

1992 Paul BÉNICHOU, *L'École du désenchantement : Sainte-Beuve, Nodier, Musset, Nerval, Gautier*, Paris, Gallimard, « Bibliothèque des idées ».

Jacques BONY, *Lire le romantisme*, Paris, Dunod.

Ernst BEHLER, *Le Premier romantisme allemand*, trad. Élisabeth Décultot, Paris, Presses Universitaires de France.

Michael LÖWY et Robert SAYRE, *Révolte et mélancolie. Le romantisme à contre-courant de la modernité*, Paris, Payot.

1993 Georges GUSDORF, *L'Homme, Dieu, la Nature dans le savoir romantique*, Paris Payot.

1994 Claude MILLET, *L'Esthétique romantique. Une anthologie*, Paris, Pocket, « Agora ».

1995 *Mélanges sur l'œuvre de Paul Bénichou*, textes réunis par M. Fumaroli et T. Tzodorov, Paris, Gallimard.

1996 Denis THOUARD, *Critique et herméneutique dans le premier romantisme allemand*, Villeneuve d'Ascq, PU du Septentrion.

1998 Alexander MINSKI, *Le Préromantisme*, Paris, Armand Colin.

2001 Jacques LANDRIN, « Histoire littéraire sur l'époque romantique », *L'Histoire littéraire : ses méthodes et ses résultats ; mélanges offerts à Madeleine Bertaud*, publié par Luc Fraisse, ADIREL, Genève, Droz.

2005 Michael LÖWY et Max BLECHMAN (éd.), « Le Romantisme révolutionnaire », *Europe*, n° spécial, avril 2004, n° 900.

2006 Jean-Pierre BERTRAND et Pascal DURAND, *La Modernité romantique. De Lamartine à Nerval*, Paris-Bruxelles, Les Impressions nouvelles.

2007 José-Luis DIAZ, *L'Écrivain imaginaire. Scénographies auctoriales à l'époque romantique (1770-1850)*, Paris, Honoré Champion.

Claude MILLET, *Le Romantisme : du bouleversement des lettres dans la France postrévolutionnaire*, Paris, Le Livre de Poche.

2009 Jean-Louis CABANÈS (éd.), *Romantismes : l'esthétique en acte*, actes du IIe Congrès de la SERD, Nanterre, janvier 2005, PU de Paris-Ouest.

2010 Claude MILLET (éd.), « Contre le romantisme », *Textuel*, n° 61.

Florian PENNANECH, « L'antiromantisme dans la théorie littéraire », « Contre le romantisme », *Textuel*, n° 61.

2012 Claude MILLET (éd.), *Politiques antiromantiques*, Paris, Classiques Garnier.

Alain VAILLANT, *Dictionnaire du romantisme*, Paris, CNRS Éditions.

2013 Éric LECLER, *L'Absolu et la littérature du romantisme allemand à Kafka. Pour une critique politique*, Paris, Classiques Garnier, coll. « Théorie de la littérature ».

2014 Marie BLAISE (dir.), *Réévaluations du romantisme. Mutations des idées de littérature – 1*, Montpellier, Presses Universitaires de la Méditerranée.

INDEX

RÉSUMÉS/*ABSTRACTS*

Matthieu VERNET, « Le Massif Central de la critique française (1900-1930) »

Cet article revient sur l'héritage problématique que constitue le romantisme dans la critique française du début du XXe siècle. Le romantisme apparaît comme un objet de débats à la fois décrié et central dans la presse littéraire et les ouvrages critiques, car sa définition et ses enjeux touchent à des questions très sensibles en ce début de siècle : le régime politique et la République, le statut de l'individu et une dimension morale, qui implique un certain rapport au monde.

This essay offers a rereading of the problematic heritage of Romanticism in early 20th century French criticism. It stands as an object of debate, at the same time castigated and central in the literary press as well as critical texts, since its definition and the stakes it triggers are related to questions highly sensitive at the beginning of the century : the political regime and the Republic, the status of the individual and a moral dimension, implying a certain relationship towards the world.

Victoire FEUILLEBOIS, « Le romantisme des comparatistes (1900-1960) »

Cet article propose de remonter aux sources du « mythe romantique » (Antoine Berman) en littérature comparée depuis 1900. Il s'agit pour nous de mettre en valeur le fait que, si le romantisme n'était pas à l'origine le modèle le plus évident pour les comparatistes, il a été amené à constituer un paradigme méthodologique, de même qu'un réservoir d'objets d'étude, pour penser les rapports des littératures étrangères entre elles.

This paper offers to go back to the sources of the "Romantic myth" (Antoine Berman) in comparative literature from 1900. We would like to emphasize that, though Romanticism was not at the beginning the most obvious model for the new discipline, it progressively became a methodological paradigm, as well as a set of case studies, to think how foreign literatures interact.

Patrick MAROT, « Romantisme allemand et négativité »

Cet article revient sur la réception du romantisme allemand dans la critique française du XXe siècle : il souligne que, de manière paradoxale, la lecture proposée par les critiques français repose dans une large mesure sur une appréhension très partielle du phénomène romantique allemand ; mais parallèlement ce dernier apparaît comme un véritable modèle permettant de dépasser les critiques adressées au romantisme français et d'inscrire le courant dans une forme de modernité littéraire.

This essay offers a overview of the reception of German Romanticism in 20th century French criticism: it underlines that, in a paradoxical manner, the reading offered by French criticism rests widely on an incomplete apprehension of the phenomenon of German Romanticism; but at the same time it serves as a true model allowing to go beyond the critics addressed to French Romanticism and to enroll Romanticism in a form of literary.

Éric LECLER, « "Échapper à la tutelle du temps". Le romantisme révolutionnaire des essais de Lukács, Bloch et Benjamin »

Ernst Bloch a caractérisé la renaissance du romantisme au XXe siècle comme un « romantisme révolutionnaire ». Elle se manifeste en particulier dans le genre nouveau de l'essai. Il ne s'agit pas ici seulement d'une affiliation historique au premier romantisme de Friedrich Schlegel ou d'un intérêt particulier pour un corpus romantique du siècle passé, mais d'une double recherche, dans le contenu des œuvres comme dans la forme de l'essai, d'une nouvelle articulation du temps.

Ernst Bloch famously caracterised the revival of Romanticism in the 20th century as a "revolutionary Romanticism". It is mostly apparent in the new genre of the essay. It is not a matter of historical affiliation to Friedrich Schlegel's early Romanticism or of a particular interest in a Romantic, past set of texts, but of a double research, in the works themselves as well as in the form of the essay, for a new articulation of time.

Philippe FORGET, « Remisant le texte. Schleiermacher – Gadamer – Rombach – Hölderlin »

Cet article revient sur la lecture que fait Hans Georg Gadamer de l'herméneutique de Friedrich Schleiermacher dans *Vérité et Méthode* (1960), qui aura une influence très durable sur la réception de Schleiermacher au XXe siècle : il s'agit de montrer le caractère paradoxal de cette lecture, qui a été fondamentale pour la constitution de l'herméneutique comme domaine philosophique à part entière, mais qui repose sur une torsion réelle de la pensée du philosophe allemand.

This essay investigates the reading of Friedrich Schleiermacher's hermeneutics which Hans Georg Gadamer offers in Truth and Method *(1960) and which will have a lasting influence on Schleiermacher's reception in the 20th century: it aims to show how paradoxical such a reading appears, since it worked as a ground stone for establishing hermeneutics as a philosophical area of its own right, but it rests on an equivocate reading of the German philosopher's thought.*

José-Luis DIAZ, « Penser le romantisme français en 1970 »

Dans cette tentative d'historisation des lectures critiques du romantisme au XXe siècle, on observe un faisceau d'essais qui ne se proposent pas de raconter le romantisme, d'en rappeler les principaux auteurs et les principaux épisodes, mais bien de le structurer et de le penser : le penser dans l'histoire, dans l'histoire sociale en particulier ; le penser aussi dans une chronologie historique précise, soit donc, comme on dit, le périodiser ; le penser enfin dans son essence, le conceptualiser.

In this attempt to cast an historical gaze on the critical responses to Romanticism in the 20th century, several critical essays published around 1970 share an ambition of going beyond just telling Romanticism's story, reminding of its main authors and periods and of trying to structure and conceptualize it – in history, and in particular in social history; in a precise historical chronology; and in its essence.

Yvon LE SCANFF, « Le romantisme et le paradigme du sublime. Modernité, anti-modernité, postmodernité »

Cet article se penche sur le paradoxe de l'association entre romantisme et sublime à partir des années 1980 : emblème d'une modernité qui rompt avec une poétique classique fondée sur le faire et non sur l'effet, sur la production plutôt que la réception, sur un goût élitiste plutôt que sur un jugement universel ; mais également marque d'une réaction et d'une révolution qui fait retour vers l'originaire, d'une régénération qui renie la marche du progrès linéaire de la modernité.

This essay investigates the paradoxical association between Romanticism and the sublime from the 1980's: it stands for a modernity which has broken up with classical poetics based on the artefact and not on the poetic process, on production rather than on reception, on an elitist taste rather than on universal judgement, but it is also the mark of a revolution heading back to an origin, of a regeneration negating the linear progress of modernity.

Mark SANDY, « Constructions et concepts du romantisme. Quelques réflexions sur les perspectives anglo-saxonnes »

L'article propose quelques réflexions sur les définitions, les courants critiques et les constructions majeures dont le romantisme a été l'objet ou le laboratoire dans la critique anglo-saxonne des XXe et XXIe siècles. Ces remarques ne prétendent en aucun cas à l'exhaustivité, mais elles illustrent les différentes approches, préoccupations et questions qui ont informé et renouvelé la perception du romantisme dans la tradition critique anglo-saxonne de ce siècle et du précédent.

This chapter reflects on major definitions, trends, and constructions of Romanticism in twentieth- and twenty-first century Anglo-American criticism. The reflections offered here are by no means intended to be comprehensive, but to illustrate those approaches, preoccupations, and issues that have shaped and renewed our sense of Romanticism in the Anglo-American critical tradition in the twentieth- and twenty-first centuries.

Serge ZENKINE, « L'amour romantique. Quelques échos théoriques au XXe siècle »

L'interprétation et l'évaluation de l'amour romantique au XXe siècle prennent elles aussi une dimension collective et relèvent d'une pensée historico-culturelle autant que morale. La réflexion sur l'amour déborde donc le cadre éthique et psychologique vers ce qu'on appelle aujourd'hui la « théorie » au sens interdisciplinaire – théorie de la culture, de la littérature, de l'existence humaine, ainsi que le montre la lecture de Denis de Rougemont, René Girard et Roland Barthes.

Interpretation and evaluation of romantic love in the 20th century have a collective dimension and are related to a historical and cultural, as well as moral, thought. Reflections on love thus outgrow the ethical and psychological frame to expand towards what we call today "theory" in an interdisciplinary meaning – theory of culture, theory of literature, theory of human existence, as is well shown by the works of Denis de Rougemont, René Girard and Roland Barthes.

Michael LÖWY et Robert SAYRE, « Le romantisme révolutionnaire au XXe siècle »

Ce texte propose une définition de « romantisme » et de « romantisme révolutionnaire » qui n'est pas celle habituellement utilisée par les dix-neuviémistes, et qui aspire à rendre compte de phénomènes culturels non seulement du XIXe mais aussi du XXe siècle. L'article illustre ensuite cette hypothèse avec quelques exemples du siècle dernier : le surréalisme, le situationnisme, et une variante de la critique littéraire marxiste, représentée notamment par Raymond Williams.

This paper offers a definition of "Romanticism" and "revolutionary Romanticism" which differs from the one in common use among 19th century scholars and whose aim is to highlight a set of cultural phenomena from the 19th as well as the 20th century. The paper then illustrates this hypothesis thanks to a few examples from the past century: surrealism, "situationnisme" and a variant of Marxist literary criticism, most notably represented by Raymond Williams.

TABLE DES MATIÈRES

TROISIÈME PARTIE

TENTATIVES
DE CONCEPTUALISATION

DÉFINITIONS ET ÉLÉMENTS DE POÉTIQUE

QUATRIÈME PARTIE

PERSPECTIVES CULTURELLES

VERS UNE DÉFINITION OUVERTE
DU ROMANTISME

Achevé d'imprimer par Corlet Numéric,
Z.A. Charles Tellier, Condé-en-Normandie (Calvados), en juillet 2018
N° d'impression : 149807 – Dépôt légal : juillet 2018
Imprimé en France